대한민국
부동산을 보는 눈

대한민국 부동산을 보는 눈

1판 1쇄 발행일 2021년 4월 15일

지은이 박은정 | **펴낸이** 김민희, 김준영

편집 김민희, 김준영 | **교정·교열** 백도라지

디자인 이유진 | **영업** 김영란

펴낸곳 두사람 | **등록** 2016년 2월 1일 제2016-000031호

팩스 02-6442-1718 | **메일** twopeople1718@gmail.com

ISBN 979-11-90061-26-1 03320

Published by TWOPEOPLE, Inc. Printed in Korea

대한민국 부동산을 보는 눈

박감사(박은정) 지음

두사람

프롤로그

부동산을 보는 안목

2020년 한 해는 자고 일어나면 수천만 원씩 오르는 부동산 폭등기였다 서울 강남 아파트 평당 1억원은 기정사실이고, 수도권 주변도 10억, 20억 클럽에 가입했다는 이야기가 당연하게 여겨졌다. 하루가 다르게 정부의 부동산 정책이 발표되었고, 언론은 이에 대한 각종 뉴스를 하루에도 수백여 개씩 생산해냈다. 부동산 가격은 더 오를테니 지금이라도 부동산 시장으로 뛰어들어야 한다는 분위기 팽배했다. 사람들은 연령과 하는 일에 상관없이 모두가 부동산에 대해 이야기했다. 어떤 이들은 생떼 같은 빚을 내서 집을 장만하기도 했고, 또 다른 이들은 그때 집을 사지 않은 것을 후회한다는 푸념을 늘어 놓기도 했다.

부동산에 대한 각종 신조어가 등장했다. '지금이 아니면 못산다'는 불안감에 영혼까지 끌어모아 아파트를 산다는 '영끌', 가격 상승과 공급부족이라는 불안 심리에 가격에 상관없이 막차 매수를 한다는 '패닉바잉', 높은 가점과 경쟁률로 청약가점과 현금이 부족한 청년층이 청약을 포기한다는 '청포족', 집값 내릴 기대심리에 아파트 구매를 미루었다가 매매와 전셋값 모두 올라 이도저도 못하게 된 '벼락거지' 등이다. 부동산에 대한 큰 관심만큼이나 상대적 박탈감과 상실감 또한 커졌다. 그래서 코로나 팬데믹으로 등장한 '코로나 블루'라는 말에 이어 남들은 부동산으로 돈을 번다는 데 나만 뒤쳐지고 소외되는 것처럼 느끼는 '부동산 블루'라는 말까지 생겨났다.

박근혜 정부의 '빚 내서 집 사라' 정책에서 시작된 부동산 시장은 '집 값 안정화'를 기조로 한 문재인 정부에 들어 폭등을 거듭하고 있다. 거기에 코로나 팬데믹으로 인한 전세계적 경기 침체를 겪으며 부동산이 부를 가져다 줄거라는 장미빛 미래는 암울한 미래로 바뀌어 가고 있다.

기성세대는 과열된 부동산 시장에 휩쓸려 생업을 통해 힘들게 모은 종잣돈을 부동산에 쏟아 붓고, 2030세대는 영혼까지 끌어모아 아파트를 사서 대출금과 이자를 갚는 데 허덕이면서도 부동산 가격이 하락할까봐 전전긍긍하는 모습을 보면서 안타까운 마음이 들었다. 부동산으로 인한 불로소득을 바라지 않고 열심히 일하던 사람이 '벼락거지'가 되는 세상을 우리 자녀들에게까지는 물려주지 않았으면 하는 바람이 커졌다.

그래서 부동산 시장을 바라보는 제대로된 안목과 올바른 지식을 공유하고자 부동산 관련 유튜브 '박감사 리얼아이'를 시작하게 되었다. 부동산 석사, 한국과 미국감정평가사, 공인중개사, 정비사업 전문관리업자이며 2003년부터 한국감정원에서 14년간 근무, 현재는 제1금융권에서 감정평가업무를 담당하고 있다.

『대한민국 부동산을 보는 눈』은 2019년부터 2021년까지 '박감사 리얼아이' 유튜브에서 이야기했던 내용을 바탕으로 했다. 이를 통해 잘못된 정보에 좌절하지 않고 언론의 기사에 흔들리지 않고 부동산 시장을 제대로 평가할 수 있는 안목을 기를 수 있었으면 한다.

2021년 4월

박은정

차례

2장. 부동산 정책과 시장의 관계

3장. 만들어진 부동산 심리

들어가기 전에

우리는 왜 부동산에 관심을 갖는가?

- 모두가 부동산을 외치는 시대

대한민국은 최근 몇 년간 부동산 열풍에 휩싸여 있다고 해도 과언이 아니다. 20대 대학생들조차 부동산 동아리를 만들어 부동산 투자 공부에 열을 올리고 있고, 30~40대는 유명 부동산 강사의 족집게 강의를 듣기 위해 시간과 비용을 투자하고 있다. 주말에는 실전을 위해 부동산 투자처를 임장하는 노력을 아끼지 않는 게 지금의 세태다.

왜 우리는 이렇게 부동산에 미치다시피 빠지게 되었을까? 부동산 시장, 특히 아파트 시장이 이렇게까지 뜨거워진 것은 불과 3~4년 사이의 일이다. 특히 문재인 정부 출범 이후 서울 집값 상승률은 15.73%로 이전 정부의 6배 수준으로 상승(2019. 11.21 기준)했고, 사람들의 체감은 실제로 배가 되며 폭등의 시간을 겪고 있다.

2020년 8월 경제정의실천시민연합(경실련)은 KB주택가격 동

문재인 정부 및 과거 정부 서울 주택유형별 매매 중위가격

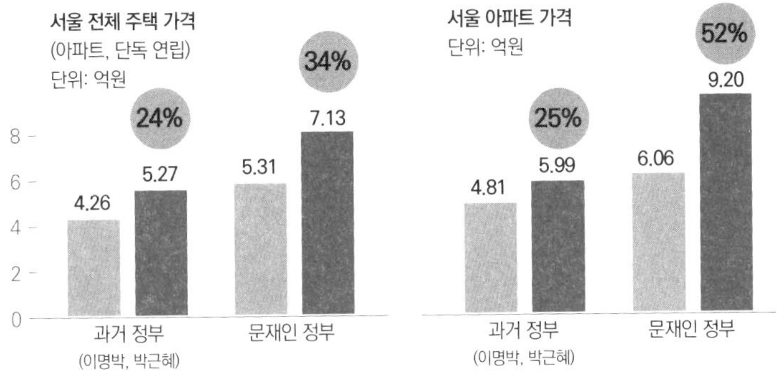

향과 한국은행, 통계청 발표자료를 바탕으로 문재인 대통령 임기 3년 동안 전국 아파트값 상승률이 지난 3개 정부 가운데 가장 높다고 밝혔다. 이명박 정부(2008년 12월~2013년 2월)에서는 서울 아파트값이 약 3% 하락했다. 박근혜 정부(2013년 2월~2017년 3월)에서는 1억 3,400만원(29%) 올랐다. 반면 문재인 정부(2007년 5월~2020년 5월) 3년 간은 3억 1,000만원이 올라 52% 상승률을 기록했다.

최저임금을 모아 중위 가격의 서울 아파트를 구매하는 데 걸리는 시간을 정권별로 분석했을 때 정권 말 기준으로 이명박 정부와 박근혜 정부는 각각 38년과 37년이 걸리는 것으로 나왔다. 반면 문재인 정부는 이전 두 정부 때보다 5~6년이 더 길어진 43년이 걸리는 것으로 나왔다. 이들 정권별 적용된 최저임금은 인상된 수치로, 문재인 정부가 지난 3년간 인상한 연 최저임금은 530만원에 달한다.

경실련 관계자는 "이명박·박근혜 정부에서 최저임금 인상이 낮았음에도 불구하고 집값 상승률이 비교적 안정상태여서 내 집 마련 기간은 줄어든 것"이라며 "문재인 정부 임기 동안은 정부가 필수재인 집값 잡기에 실패하면서 아무리 소득을 모아도 집을 마련하는 일이 어려워져, 사회적 합의를 통해 어렵게 추진된 최저임금 인상 효과는 사실상 사라지고 있다"고 주장했다.

┃ 뜨거운 부동산 시장의 시작

2009년 서브프라임 모기지 이후 부동산은 다른 자산시장에 비해 훨씬 더 긴 침체기를 겪었다. "이제 부동산은 끝났다"라는 말이 여기저기서 나올 정도로 회복의 기미가 보이지 않았던 시절이었다. 시장에 매물을 내놓아도 오랫동안 팔리지 않는 상황이었다.

아파트는 자산이자 주거를 위한 필수적 재화이기에 가격이 하락하더라도 가장 마지막까지 처분하지 않는 특성을 갖고 있다. 시장이 얼어붙고 제일 후순위로 밀린 상황에서는 경매 등으로 강제적으로 거래되며, 그 직전 상황까지는 매매로 이어지지 않고 그냥 거주하게 된다. 그래서 매매가격동향은 거래 유무와 상관없이 호가 중심으로 파악되고 침체기에는 실제보다 완만하게 하락한다. 반면 폭등기에는 실제보다 급격하게 오르는 것처럼 보이는 것이다.

부동산 시장에 볕이 들기 시작한 이유는 침체기에 뿌려진 많은 완화정책의 후행적 효과도 있었지만 결정적인 것은 바로 박근혜 정부에서 추진한 '빚내서 집사라' 정책이었다. 세금도 깎아주고, 분양조건도 완화해주고, 돈이 없어도 대출로 집을 살 수 있게 정책을 완화해 주었다.

가장 먼저 시장을 감지한 것은 이전부터 부동산에 투자했던 사람들이었다. 재건축·재개발 투자, 분양권 투자 등 기존 부동산의 맛을 본 집단이 물건을 사들이기 시작했다. 재건축·재개발 사업이 진척되면서 이주, 철거 등 실질적인 주택 감소가 이루어지니 수급의 균형이 깨지면서 아파트값이 상승하기 시작했고, 대출이 쉬워 너도나도 아파트 투자에 뛰어들면서 가격 상승은 더 가속화되었다.

전세값과 거의 차이가 없던 매매가가 급속도로 오르는 것을 보면서 사람들의 마음은 조급해졌다. 기존보다 비싼 값을 불러도 매수세가 붙어주니 아파트를 투자의 대상으로 받아들이게 되었고, 한 채만 갖고 있으면 아무리 시세가 올라도 그 이익을 실현하는 것이 사실상 불가하기에 여러 채를 투자 목적으로 사들였다. 실수요 뿐아니라 투자수요까지 가세했지만 공급을 위해서는 시간이 걸리니 집값 상승은 계속되었다. 실패는 없고 수익이 확실한 투자처로 인식되면서 뜨거운 부동산의 여름이 시작되었다.

앞으로의 부동산, 기억해야 할 점

세계적인 장기 경기 침체가 예상되는 상황에서 부동산을 보유하는 것은 '레버리지 감당'이라는 장부상의 문제뿐 아니라 실물인 부동산에 대한 관리 문제도 있다. 부동산 시장의 겨울이 끝난다고 해도 그 재화가 과열되었던 시절로 다시 돌아가지 않는다. 부동산 시장의 여름이 뜨겁고 길었던 만큼 그 겨울의 길이도 우리가 상상하는 것 이상이 될 것이다. 이는 실제 아파트의 원래 가치에 기준을 두고 의사결정을 하는 본질로의 회귀를 의미한다.

주거용 부동산은 투자의 대상이 아니라 실제 주거에 미치는 효용에 그 중점을 두어야 한다. 집을 사는 사람의 입장에서 최악의 경우 내가 들어가 살아도 된다는 생각으로 골라야 하고, 그러한 기준은 결국 나와 비슷한 수요층이 있는 시장을 선택하게 만들고, 집값이 떨어지든 오르든 간에 현금화가 가능한 안전한 상품을 고른다는 것을 의미한다.

모든 재화는 시간이 지나면 감가상각을 통해 가치가 하락하는데 부동산의 경우 건물의 감가를 상쇄하는 토지가치의 상승이 수반되는 경우가 많다. 따라서 투자를 결정할 때는 과연 투자하려는 대상이 토지가치 상승이 가능한지를 판단할 수 있어야 한다. 토지가치의 상승은 건물의 수명이 다한 경우 새로운 개발이 가능하거나 지역의 발전 등으로 수요의 유입이 이루어 질수 있는 지역에서 발생한다. 곧 개발이 될거라는 막연한 기대감으로 개발에 따르는 비용을 고려하지 않고 소위 전문가라고 말하는 사람들의 말을 따르는 '묻지마 투자'는 피해야 한다. 침체기에 접어들면 가짜와 진짜가 구분되어 그중에서 옥석을 고를 수 있는 기회가 주어지기에

평상시 관심을 갖고 구체적인 분석을 하는 자세가 필요하다

집은 근본적으로 누가 살아주지 않으면 의미가 없기에 사용가치 측면에서 본인에게도 효용이 있는지를 생각해야 한다. 주거용 부동산의 경우는 보유하는 것만으로도 충분한 가치가 있다고 판단되는 경우에만 매입하는 보수적인 접근이 필요하다. 예를 들어 서울에서 모든 활동을 하고 있는데 대전이 핫하다고 해서 그 지역을 매수하는 것과 같이 사용가치를 배제한 투자는 지양해야 한다. 핫하다고 이야기하는 건 일시적이고, 그 이슈가 지나면 처분도 관리도 못하는 상황에 빠질 수 있다.

마지막으로 가장 중요한 문제는 감당할 수 있는지 여부다. 부동산 불황이 온다는 것은 전반적인 경제상황 또한 안좋다는 것을 의미한다. 집이 있고 없고의 문제가 아니라 당장 소득을 유지할 수 없는 상황이 닥칠 수 있는 시점에 무리하게 대출을 통해 구매에 나선다면 중산층의 지위에서 도태될 수 있다. 원한다고 해서 모든 것을 가질 수 없고, 설령 가진다고 해도 그것이 내가 감당할 수 없는 것이라면 갖지 않은 것보다 못하다는 사실을 반드시 기억해야 한다.

부동산 공부를 해야 하는 이유

- 부동산의 네 가지 특징

우리가 한 달에 100만원씩 저축한다 하더라도 1억원을 모으려면 약 8년 정도 걸린다. 1억이란 큰 액수다. 그런데 부동산을 살 때는 기본 단위가 억이다. 그래서 부동산을 담보로 대출을 받는다거나, 전세를 끼고 사는 방식으로 레버리지(leverage)*를 이용한다. 레버리지를 이용한다는 것은 앞으로 그 엄청난 빚을 갚아나가겠다는 뜻이다. 자기 돈으로 주택을 산다는 것은 그동안 아끼고 저축해서 모은 현금을 부동산이라는 현물로 바꾸는 행위이기 때문에 매우 중요하다. 하지만 대부분 "당장 계약금만 있으면 된다", "지금이 아니면 늦는다"는 이야기에 충동적으로 저질러 버리는 경우가 많다. '나만 뒤쳐지지 않을까' 하는 불안감, '지금 집을 사는 것이 맞을까' 하는 고민을 해결하기 위해 부동산에 대해 공부해야 한다. 그렇다면 부동산의 특징부터 살펴보자.

부동산은 비싸다

부동산의 가장 큰 특징은 바로 고가성이다. 말 그대로 부동산을 거래하기 위해서는 큰 비용이 발생한다는 뜻이다. 비싼 재화이기 때문에 사고 싶다고 바로 살 수 있는 물건이 아니다. 부동산을 살 때는 그만큼 고민하고 알아보고 결정해야 한다. 비싼 물건을 사는데 가격 비교 또한 필수다. 부동산은 똑같은 물건이 없다. 주거용 부동산이라면 그 돈을 내고 거주할만한 충분한 가치가 있는지를 생각해야 하고, 상업용 부동산이라면 내가 기대하는 수익을 가져다 줄 수 있는지 비교하여 효용 대비 가격이 싼 것을 찾는 노력을 기울여야 한다.

부동산은 물건이다

부동산을 사는 것은 현금을 주고 부동산이라는 물건을 교환하는 행위다. 현금은 당장 무언가를 살 수 있는 강력한 도구지만 부동산은 누군가에게 팔아야만 다시 현금으로 바꿀 수 있기 때문에 급하게 처분하기 어려운 단점이 있다. 부동산을 담보로 대출을 받는 방식으로 일부를 현금화할 수 있지만, 자신이 지불한 현금보다 적은 금액만 쓸 수 있는 한계가 있다. 그러니까 그 물건을 내 귀중한 현금과 바꾸는 것에 더욱 신중할 필요가 있다.

부동산은 현물이다

부동산은 우리 눈앞에 존재하는 실재하는 현물이다. 주식처럼 한 순간에 사라져버릴 수 있는 것이 아니라 실제 특정 위치에 자리하면서 우리가 거주하고 또 장사하고, 생산하는 공간이다. 그래서 부동산은 끊임없이 관리해야 한다. 은행에 돈을 넣어놓으면 이자를 받는 것처럼 부동산을 사놓으면 월세를 따박따박 받을 수 있는 게 아니라 세입자 관리도 해야 하고, 보수도 해줘야 한다. 수고로움에 대해 임대료라는 보수가 주어지는 것이기에 그에 대한 이해가 필수다.

❙ 부동산은 투자다

부동산은 어려운 만큼 관심과 노력을 쏟아 붓는다면 남들이 발견하지 못한 이익을 찾아낼 수 있는 매력적인 투자상품이다. 그렇기 때문에 레버리지를 일으켜서라도 부동산에 투자하는 이유다.

주식은 10만원 하던 게 천원이 되어 버릴 수도 있지만 부동산은 실재하는 공간이기 때문에 임대가 안되면 내가 살면 되고, 장사를 해도 되고, 이용할 수 있다는 장점이 있다. 또 어떤 위치를 딱 차지하고 있고 더 이상 생산해내지 못하는 유일성을 갖고 있다. 부동산에 대한 안목을 길러 제대로 된 투자를 한다면 새로운 기회를 마련할 수 있다.

---

* 레버리지 : 지렛대를 의미한다. 안전성을 추구하는 저축과 달리, 실제 가격변동률보다 몇 배 많은 투자수익률이 발생하는 현상을 지렛대에 비유하여 레버리지라고 표현한다.

박감사의 부동산 공부 01

부동산 공부법 세 가지

생산의 3요소로 토지, 자본, 노동이 있다. 무언가 생산해 재화를 만들려면 공간이 있어야 되고, 재료를 살 돈이 있어야 하고, 물건을 만들어낼 노동력이 있어야 한다는 뜻이다. 그렇게 해서 만들어낸 물건의 대가를 토지, 자본, 노동이 나눠 갖게 된다.

우리 대부분은 회사에서 일을 하고 월급을 받는다. 이것은 생산의 3요소 중 노동에 해당한다. 그런데 만약 나에게 토지 즉, 부동산이 있다면 그 생산을 해내는 공간을 제공함으로써 임대료를 받을 수 있다. 즉, 내가 노동을 통해서 벌어들일 수 있는 돈은 한계가 있으니 노동이 아닌 생산의 다른 요소에 참여함으로써 추가적으로 돈을 벌 수 있다는 것이다. 지금 나의 월급이나 벌이가 부족하다면 부동산에 투자함으로써 그걸 보완할 수 있다.

사실을 확인하며 부동산 뉴스를 읽어라

사실에 기초하여 부동산 뉴스를 소비해야 한다. 부동산 전문가들의 코멘트, 여러 통계 자료 등 부동산 관련 기사가 매일 같이 쏟아져 나온다. 감정원에서 발표하는 통계는 기준 설정, 조사방법 등에 따라 실제 내가 보려는 시장의 수치와는 차이가 있을 수 있다. 부동산 전문가의 말 또한 미래를 맞출 수는 없고, 특정 이익집단의 영향을 받을 수 있기 때문에 이를 검증하며 읽어야 한다.

예를 들어 부동산 가격이 상승할 거라고 주장하는 부동산 전문가들이 근거로 내세우는 것은 바로 유동성 증가다. 그들은 "시중에 돈이 많고 금리가 낮으니 그 돈이 부동산 시장으로 갈 수밖에 없다. 그럼 부동산 가격이 올라갈 것이다"라고 이야기 한다. 하지만 단기 예금 같이 쉽게 움직일 수 있는 유동성 자금이 많아졌다고 부동산 가격이 정말 오를까? 특히 아파트는 계약을 통해서 앞으로 수년간 중도금 등의 형태로 계속 돈이 흘러들어가도록 예정되어 있다. 블랙홀처럼 계속 돈이 부동산 시장으로 흘러들어가지만, 새로운 수요로 창출되는 게 아니라 이미 소비된 부동산의 값을 지불하는데 쓰이게 되니 유동성 자금이 많다고 해서 부동산 가격이 올라가는 것은 아니다.

부동산 정책을 알아야 한다

부동산 정책은 직간접적으로 부동산의 수요와 공급에 영향을 끼치고, 나아가 시장 참여자의 심리에도 중요한 영향을 끼친다. 부동산 가격은 결국 수급의 균형에서 결정되지만 거래의 비밀성, 특수성 때문에 그 균형점을 파악하기 어렵다. 시장의 왜곡이 빈번히 발생하는 시장이기에 정책의 변화와 그에 따른 영향에 관심을 가져야 한다.

부동산 정책은 공급적인 측면에서 실질적인 공급대책을 통한 신규 공급과 세부담 강화등을 통한 기존 공급에 영향을 주고, 수요적인 측면에서는 청약제도 개편, 다주택 억제, 정비사업 규제 등을 통해 영향을 끼친다. 정책의 발표는 시장 참여자들에 향후 시장의 변화방향을 인식시켜 시장의 과열 내지 침체를 완화시키는 효과가 있다. 정책의 실현은 실제 결과로 나타나게 되는데 그 효과는 다소 후행적으로 나타나고 그 정도 조절의 실패로 시장 등락곡

선의 골을 더 깊게 만들기도 한다. 정책의 효과가 후행적이기는 하지만 그 영향이 크기 때문에 시장 흐름을 파악하기 위해서는 정책의 방향 및 내용에 대한 이해가 필수다.

부동산학개론을 공부하라

공인중개사 시험과목은 부동산학개론, 민법, 중개론, 부동산공법, 공시법, 세법 등으로 구성되어 있다. 노후 준비를 위해 또는 새로운 직업을 위해 공인중개사를 준비하는 경우도 많지만 시험을 보든 안 보든 공인중개사 공부는 부동산을 이해하는데 큰 도움이 된다.

여러 과목 중에서 부동산학개론이라도 한번 살펴보자. 부동산의 특징, 경기변동, 부동산 시장에 대한 내용을 읽으면서 부동산이 어떤 특성이 있는지에 대한 개념을 잡는 것이 중요하다. 그 특성을 알고 그 특성에 기초해서 시장을 봐야 일반적인 경제 현상과 다른 부분을 볼 수 있고, 쏟아지는 정보나 광고의 홍수 속에서 옥석을 가리는 눈을 가질 수 있다.

1장. 유동성, 그리고 수요와 공급

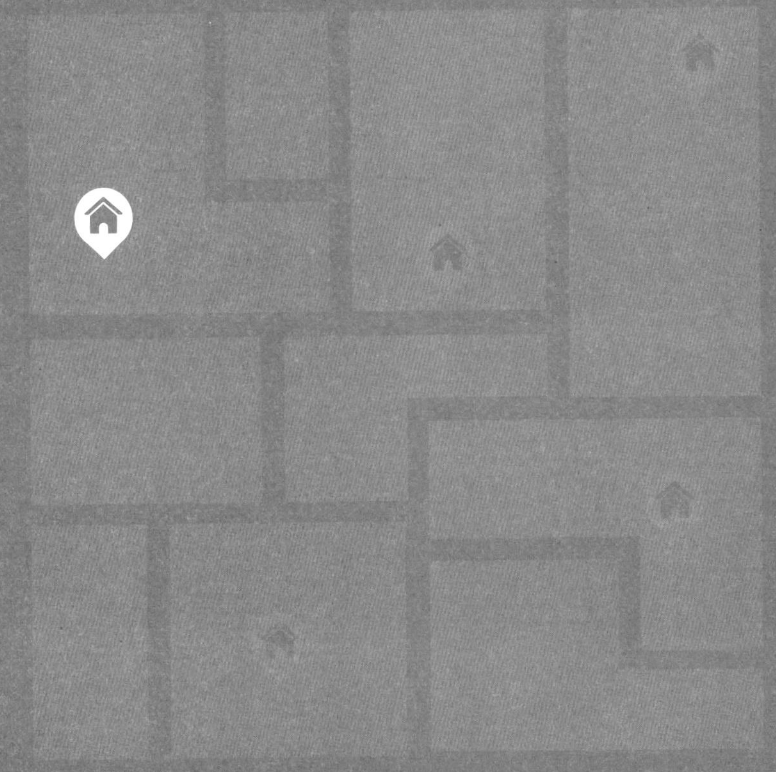

유동성이 풍부하면 부동산 가격이 오를까?

– 유동성 기초편

부동산 가격 변동을 이야기할 때 가장 많이 나오는 이야기는 바로 금리와 유동성이다. 외환위기 이후 우리나라 부동산 가격은 서울 강남과 수도권 일부를 중심으로 큰 폭으로 상승했다. 이 당시 부동산 가격 급등의 원인으로 저금리 기조와 유동성 증가를 꼽는다. 최근도 마찬가지다. 박근혜 정부 때부터 시작된 저금리 기조와 코로나 팬데믹으로 인한 정부의 경기부양책, 경제 불확실성에 대비한 기업의 유동성 자금 확보로 인해 시중에 유동성이 풍부해졌다. 하지만 코로나19가 종식되면 가계대출 부실을 최소화하기 위한 기준금리 인상으로 유동성이 축소되고 집값이 급락할 거라는 전망도 심심치 않게 나오고 있다. 유동성과 금리는 부동산 가격을 이야기할 때 빼놓을 수 없는 필수 요소다.

지난 1월 15일 한국은행 경제통계시스템을 살펴 보면, 시중 통화량을 나타내는 광의통화(M2) 지표는 2020년 1월 2,927조

5,000억원에서 같은 해 11월 3,178조 4,000억원으로 증가했다. 지난해 12월 수치를 11월과 같다고 가정하여 2020년 연평균 M2를 계산하면 3,069조 6,000억원이라는 결과가 나온다. 이는 전년도 2019년 2,809조 9,000억원과 비교하면 9.2% 급증한 수치다. 2009년 글로벌 금융위기 때 전년 대비 10.3% 오른 이후 최대 증가 폭이다. 코로나19 충격에 따른 시중 유동성 증가폭이 금융위기 시절과 비견될 정도다.

2021년에도 집값은 상승할 거라고 주장하는 이들이 근거로 대는 유동성, 정말 시중에 돈이 있는 걸까? 시중에 유동 자금이 많으니 부동산 가격이 떨어질 리가 없을까? 이 문제를 살펴보기 전에 우선 통화량과 유동성에 대해서 알아보자.

통화, 그리고 유동성은 무엇인가?

가장 좁은 의미의 통화는 우리가 쓰는 현금이다. 통장에 들어있어 바로 빼서 쓸 수 있는 돈까지를 협의의 통화 또는 좁은 의미의 통화, M1*이라고 부른다. 이에 비해 언론에서 '통화량이 늘었다'라고 표현하는 기준은 이보다는 더 범위가 넓다. 약간의 손해를 감수하고 바로 현금화할 수 있는 금융상품에 투자되어 있는 돈까지 포함하여 광의의 통화, M2**라고 한다.

우리가 현금을 은행에 넣으면 돈이 필요한 사람들이 신용을 기반으로 돈을 빌려다 쓴다. 이런 식으로 돈이 시중에 돌게 되며, 통화량이 늘어나게 된다. 경제 규모가 커지면서 통화량이 증가하고, 통화량이 증가해서 경제 규모가 커진다고 볼 수도 있다. 경제를 신체에 비교하면 통화량은 피라고 볼 수 있다. 현금 이외에 다른 자산들은 거래를 통해 현금화된다. 흐름이 되려면 거래라는 게 있어야 하므로, 즉 거래는 피가 돌게 하는 힘이다. 피가 많아도 잘 돌아야 건강한 거니까, 통화량이 많다고 해도 돈이 흐르지 않으면 경제에 이상이 생긴다고 볼 수 있다.

그렇다면 유동성은 무엇일까? 흘러가는 돈이 통화, 유동성은 돈이 흐를 수 있는 정도를 말한다. 유동성의 의미에서 조금 더 깊이 들어가보면 화폐의 유동성과 자산의 유동성 두 가지가 있다. 돈을 주고 물건을 사는 것은 화폐의 유동성, 자산의 유동성은 자산을 처분해서 그 돈이 다른 데 흘러들어갈 수 있음을 뜻한다.

경제 주체의 유동성이라는 개념도 있다. 가계, 기업, 정부 이들 경제 주체의 유동성도 전체 유동성에 포함이 된다. 경제 주체가 채무를 충당할 수 있는 능력이 있으면 이것을 '유동성이 있다'라고 판단할 수 있다.

부동산 가격이 계속 상승할 걸로 보는 사람들의 논리는 크게 두 가지다. 하나는 통화량이 증가하면 화폐가 많아지니까 화폐 가치는 떨어지고, 화폐 가치가 떨어지면 실물 가치인 부동산 가격이 올라간다는 논리다. 또 다른 논리는 시중에 많은 유동성 자금이 있기 때문에 부동 자금이 갈 곳이 없어서 부동산으로 흘러 들어갈 것이므로 부동산 가격은 떨어지지 않는다는 것이다. 그렇다면 두 가지 논리에 대해 하나씩 살펴보자.

❙ 단기 유동성 자금은 부동산으로 흘러 갈까?

언론은 무주택자들에게 청약을 받으라고 한다. 주택 가격이 떨어져야 부동산 시장으로 자금이 들어오는데 지금처럼 많이 오른 상황에서 부동산을 사라고 하는 것이다. 청약은 미래에 살 아파트에 대해서 값을 지불하는 것이다. 청약에 가계의 단기 유동성자금이 모두 들어가는 것이다. 대출받은 사람들은 그 금액을 다 집어넣어서 돈을 갚아야 한다. 그렇게 자금이 부동산 시장으로 흘러들어간다. 통화량은 그렇게 흘러가고 있다.

단기 유동성 자금이 많기 때문에 이게 부동산 자금으로 흘러들어 간다고 이야기한다. 그러나 일단 시장의 통화에는 이미 유동성이라는 개념이 포함되어 있다. 단기 부동 자금이 많다는 것은 현금을 가지고 있는 사람이 현재 투자처가 마땅치가 않아서 잠깐 보류하고 있는 것이다. 부동산 가격이 천정부지로 오를 거라고 생각하면 부동 자금이 모두 부동산으로 들어와야 한다. 그러나 이에 대한 확신은 없다. 현금 부자들이 투자를 홀딩하고 있는 것은 그만큼 불확실하다는 뜻이다. 만약 오를 만한 요인이 확실하고, 부동산이 큰 이윤을 가져온다고 생각하면 부자들이 다 청약을 해야겠지만 부자들은 부동산에 투자하지 않는다.

❙ 금리 인하는 부동산 가격을 상승시킬까?

금리 인하로 부동산 가격이 오를 것이다라고 생각하는 사람들도 있다. 당연히 금리가 떨어지면 돈을 은행에다 넣어도 이자가 얼마 되지 않으니까 사람들이 다른 곳에 투자를 하게 된다. 그렇다고 해도 부동산 시장이 매력이 있어야 그 자금이 부동산 시장으로 들어올 것이다.

시중에 현금 보유량이 늘어난다는 의미는 그만큼 사람들이 현금을 보유하고 있지만 부동산이 주는 수익이 지금 금리보다 더 높을 거라는 보장이 없기에 부동산 시장에 자금을 쏟아내지 않고 있다. 또 현금 부자가 아니라면 레버리지를 활용해야 비로소 시장의 참여자가 될 수 있는데 대출이 가능하고 금리도 낮아야 더 많은 사람들이 참여할 수 있다.

그런데 점점 더 대출의 여력은 줄어들고 있다. 은행에서는 바젤 3**** 시행에 맞추어 가계대출에 대한 축소가 예정되어 있다. 급격하게 늘어난 가계부채로 대출은 축소되고 있는 상황이기에 레버리지 활용폭이 줄어들어 시장에 더 이상 참여자가 들어오기 어려워졌다. 또한 일반적으로 금리가 낮아지면 유동성이 증가하게 되기 때문에 부동산의 가격이 오를 여지가 생기지만 현재 상황은 더 이상 금리를 내려도 시장 유동성에 영향을 끼치지 못하는 실효하한의 초저금리 상황이기에 이를 통해 부동산 가격의 상승을 기대하기 어려운 것이 현실이다.

❙ 화폐 가치가 떨어지면 부동산 가격이 오를까?

통화량이 증가하면 화폐 가치가 떨어지고, 화폐 가치가 떨어지면 실물인 부동산의 가격이 상승할까? 당연히 통화량이 늘어나면 화폐 가치가 떨어진다. 예전에 200원 하던 새우깡이 지금은 1,000원 정도다. 당연히 인플레이션이 생기니까 물가 상승 만큼 가격이 올라간다. 부동산도 실물이니까 물가 상승처럼 가격이 올라가는 것이 맞다.

부동산은 정가가 아니다. 파는 사람, 가격 붙이는 사람 마음이다. 어느 지역에 보면 수상한 집값이 있다. 그래서 거품이 있다고 사람들이 느끼면 거래가 끊긴다. 거래가 끊기고 거품이 빠지고 나면 사람들이 사려고 할 것이다. 모든 재화의 가격은 물가 상승에 따라 당연히 오른다. 표시 가격 자체가 올라갈 수 있는 것이다. 하지만 지금 상황에서 부동산도 실물 가치이기 때문에 가격은 오른다고 생각하면 안 된다. 인플레이션을 고려하면 부동산 가격이 오르지만 지금은 그것보다 더 많이 올랐다.

전국 연평균 주택 공급 현황

2005~2007년	2008~2012년	2013~2016년	2017~2020년
36.3만 호	35.7 만 호	45.0 만 호	54.6 만 호

해마다 주택 공급이 꾸준하게 이루어지고 있는 상황에서 집값은 무한정 올라가지 않고 어느 순간 상승 폭이 둔화되고, 오히려 싸질 수도 있다. 선택적 인플레이션, 이른바 캔틸런 효과(Cantillon effect)다. 코로나19 위기로 풀린 돈은 결국 인플레이션의 원인이 되는데 가장 먼저 자산시장으로 자금이 몰려 자산의

버블이 생기고, 이에 비해 상대적으로 덜 오른 재화의 가격이 상승하게 되는 선택적 인플레이션 상황을 겪게 되는 것이다. 코로나 팬데믹 이전부터 막대한 유동성을 풀어서 경제를 지탱해 왔고, 예상치 못한 사태로 추가로 풀린 유동성이 부동산 시장의 거품을 키웠다. 이런 상황에서 추가 상승을 기대하기 어렵고 오히려 다른 재화와의 상대적 가치에 비추어 정상화(거품의 증발)로 가는 조정을 거치게 되는 것이다.

❙ 경제 주체의 유동성 - 미국 대공황 사례

통화량, 유동성을 기초로 집값 상승을 설명하기 전에 우리가 놓치고 있는 게 있다. 경제 주체가 채무를 감당할 수 있는 능력을 경제 주체의 유동성이라고 했는데, 아파트 시장에 참여하는 경제 주체는 집을 공급받는 가계와 공급하는 기업이 있다. 또 기존의 주택 소유자와 주택 구매 예정자들은 가계 대 가계의 거래로 볼 수 있다. 그런데 가계의 가처분소득*****이 줄었다. 이는 아파트를 사줄 사람들이 채무를 감당할 수 있는 능력이 줄어든 것이고, 이는 바로 유동성 약화를 의미한다.

과거 경제 주체의 유동성에 심각한 위기가 있었는데, 바로 미국의 대공황이다. 대공황의 원인이 정확하게 밝혀지진 않았지만 많은 학자들은 공급 과잉을 원인으로 본다. 유럽에서 세계대전이 일어나서 미국 기업들이 돈을 많이 벌어 통화량은 많았고 유동성이 있었다. 이후 경제 대공황이 왔다. 구두닦이도 주식을 산다는 얘기가 있으니 펀드매니저가 '아 이제 주식을 처분 할 때다' 하면서 팔았다는 이야기가 있을 정도였다. 기업은 돈이 많았지만 기업이 생산한 물건을 사줄 사람에게 돈이 없었다. 경제 주체 중 국가와 기업의 상황은 양호했지만 가계의 소득 상황은 좋지 않았다. 소득 불균형의 심화로 경제 주체의 유동성이 완전히 바닥을 쳤고 공황이 왔다. 그래서 뉴딜 정책******을 펼쳤다.

미국은 1920년을 전후해서 전쟁 후유증에 따른 경기 침체를 경험했다. 하지만 엄청난 자원과 기술력을 바탕으로 경제 성장 정책을 추진, 불과 수년 만에 세계 경제의 중심으로 자리를 잡았다. 전쟁으로 온 국토가 파괴된 서유럽 국가들은 이미 미국의 경쟁 상대가 아니었다. 국내적으로 1922년부터 신흥 공업과 새로운 생산 기술의 발달이 이루어졌고, 산업 전반에 걸친 기계화, 기업 조직의 거대화, 새로운 기업 경영방식의 도입, 그리고 신용제도의 정비로 미국 자본주의 경제는 비약적으로 발전하기 시작했다. 1927년 이르러 미국 경제는 사상 최대의 호황을 맞았다.

하지만 이런 번영에도 불구하고 미국 경제는 구조적으로 심각한 문제점들을 드러내기 시작했다. 계층간 소득 불평등 문제가 가장 심각했다. 경제 성장의 과실이 일부 계층에만 국한되어 국민의 5%에 해당하는 상류 부유층이 소득의 1/3을 차지했다. 국민 대다수의 구매력은 늘어나지 않아 공장 창고에는 소비되지 못한 물건들이 쌓이기 시작했다.

경제는 경제 주체가 돈은 쓸 수 있어야 돌아간다. 이에 따라 미국 정부는 대규모 토목 공사 등을 실시했고, 가난한 사람이 돈을 벌 수 있게 만들어주는 정책을 펼쳤다. 뉴딜 정책이 성공할 수 있었던 이유는 미국 정부가 부자들에게 세금을 걷어서 가난한 사람들을 대상으로 사회 보장 정책을 펼쳤기 때문이다. 또 부자들은 현금을 보유하고 은행에 맡기지 않자 국가가 지급 보증을 할테니 은행에 예금하라고 설득하면서 돈이 시중에 돌 수 있도록 장려했다. 미국이 대공황을 극복할 수 있었던 이유는 기본적으로 자급자족이 가능한 구조이기 때문이다.

❙ 국가 및 가계 경제의 불황과 유동성

그렇다면 우리나라는 유동성 문제를 스스로 해결할 수 있을까? 우리나라는 수출 의존도가 높은데 코로나 팬데믹으로 인해 수출 경기가 악화되었다. 국내 경제의 경우 소수 대기업에 대한 의존도가 높은데 기업들은 가속화되는 경기 침체를 대비해 부동산을 팔아 유동성을 확보하고 있다. 다수의 가계는 자영업에 종사하기 때문에 가처분소득이 없다. 가처분소득 증가율은 2019년 1/4분기 마이너스를 기록했다. 전년 동기 대비 1.0%대로 하락하고 실제 구매력을 보여주는 명목 가처분소득 증가율도 -0.5%를 기록하면서 가계 경제가 불황임을 나타내고 있다. 모든 돈이 부동산 시장으로 다 쏟아져 들어갔기 때문에 가계는 쓸 돈이 없는 것이다.

부동산이 더 큰 부와 경제적 이익을 가져다줄 수도 있다. 그런데 지금처럼 경제가 어렵고 미래가 불확실한 상황에서도 "더 오를 거니까 지금이라도 집을 사라", "영혼까지 끌어들여서 집을 사라"는 것은 맞지 않다.

* M1(협의통화) : 현금통화와 요구불예금 수시입출식예금(투신사 MMF 포함)의 합계를 말한다.

** M2(광의통화) : M1과 만기 2년 미만 금융상품(예적금, 시장형 및 실적배당형, 금융채 등)의 합계를 말한다.

*** 바젤 3(Third Basel Accord, Basel Standards) : 2010년 9월 바젤은행감독위원회(BCBS)에서 금융위기 재발을 막기 위해 내놓은 은행자본 건전화방안이다. 기존의 국제결제은행(BIS) 기준 자본 규제를 세분화하고 항목별 기준치를 상향 조정하는 한편 완충자본과 레버리지(차입 투자) 규제를 신설한 것이 골자로 2013년 12월부터 우리나라에 도입되었다.

**** 가처분소득 : 국민소득 통계상의 용어로 가계의 수입 중 소비와 저축 등으로 자유롭게 소비할 수 있는 소득을 가리킨다. 총 소득에서 비소비지출(세금이나 의료보험료 등)을 제하고 남아 저축에 쓸 수 있는 금액을 말한다. '개인가처분소득'이라고도 한다.

***** 뉴딜 정책(New Deal Policy) : 미국의 루스벨트 대통령이 대공황을 극복하기 위하여 1933~1938년에 추진한 일련의 경제 정책이다.

팔릴 물건만 팔린다

– 매도인의 유동성

매도자는 자산을 매각해서 매수인한테 넘기고 그 대가로 현금 유동성을 확보하게 된다. 매수자는 현금을 넘기고 그 대가로 자산을 확보하는 형태다. 그런데 매도인이라도 다 같은 매도인이 아니고, 급에 따라 나눌 수 있다.

매도인 중에서 1급 매도인은 자산을 직접 공급할 수 있는 사람들이다. 집을 직접 지어서 공급할 수 있는 1급 매도인은 건설사나 조합이 해당된다. 그 다음 도매상과 같은 역할을 하는 2급 매도인이 있다. 특정 지역의 시세를 컨트롤할 수 있는 수준으로 집을 대량으로 보유, 법인이나 수십 채 수백 채의 집을 보유한 사람들 또는 임대사업자가 여기에 해당된다. 마지막으로 3급 매도인은 소매상에 해당하는 사람들로 우리 주변에서 많이 볼 수 있는 사람들이다. 여러 채 갭투자 한 개인들이 3급 매도인에 해당된다.

❙ 유동성이 풍부한 1급 매도인

매도인별로 유동성에 차이가 있다. 1급 매도인은 이미 대부분의 유동성을 확보하고 있고, 이제 남아 있는 것들까지 팔아 치우면서 유동성을 확보하고 있다. 이들은 최근 4~5년간 분양된 역대급 분양 물량을 통해서 집을 팔아 많은 현금을 보유하게 되었다.

1급 매도인의 예를 들어보면, 부영·호반 건설사는 박근혜 정부 시절 공공 택지를 거의 싹쓸이했다. 계열사나 자회사까지 동원해서 LH가 분양한 택지들을 사들였고, 그 부지에 많은 아파트를 지어 공급했다. 부동산 경기 침체기에 현금이 많은 건설사들은 부지를 싸게 매입했고 거기에 아파트를 지어서 지금은 현금 부자가 됐다. 호반건설 같은 경우는 원래부터 현금이 많기로 유명한 기업이었는데 인천·평택·대전·시흥·위례 등 많은 지역에 분양을 했다. 10년 전에 시공능력평가 62위였는데 2019년 TOP 10 내 진입을 했고, 2020년 12위에 올랐다.

중흥토건도 현금이 많은 건설사다. 추석 전에 공사 대금 천억 정도는 바로 쏴줄 수 있는, 현금이 많은 기업이다. 세종시 공공택지사업을 통해서 중견 건설사에 올랐고, 2019년 시공능력평가 17위권으로 도약했다. 2020년 초 중흥토건 대표는 3년 안에 4조원 정도는 확보할 수 있기 때문에 이걸로 대기업을 인수하겠다고 말하기도 했다.

유동성 관리를 잘했고 또 현금을 많이 보유하고 있던 건설사들은 이렇게 부자가 됐다. 대우건설 같은 경우는 다소 위태로웠지만 주택 사업이 승승장구하면서 막대한 실적으로 회복을 했다. 지난해 3만 5천 가구를 분양, 2020년 시공능력평가 6위에 올랐다. 유동성을 확보하고 있던 기업들은 더 부자가 됐고 아파트를 팔아서 유동성을 확보한 기업도 기사회생했다.

건설사뿐 아니고 재계도 지금 유동성 확보에 몰두하고 있다. 경기 침체 때문에 저가 매물로 나온 투자처를 잡기 위한 대비 목적도 있고, 또 여러 가지 상황을 대비해서 현금을 많이 보유하고 있다. 이렇듯 1급 매도인들의 유동성은 풍부한 상태다.

유동성을 확보했거나 확보 중인 2급 매도인

2급 매도인을 살펴보자. 2급 매도인은 대량으로 주택을 매입했다가 팔아서 이미 유동성 확보를 완료했거나 진행 중에 있다. 특정 단체의 시세를 쥐락펴락할 정도의 물량을 가지고 있는 사람들이다. 건설 전문가인 서울시의원이 37채 정도 갖고 있는데 이러한 다주택자가 엄청 많다. 2020년 11월 17일 통계청이 발표한 '2019년 기준 주택소유 통계'에 따르면, 지난해 전국에서 2채 이상 주택을 가진 다주택자는 228만 4,000명으로 전체 주택 소유자의 15.9%를 차지했다. 역대 최대 규모다. 다주택자 수는 2017년 211만 9,000명(15.5%)에서 2년 만에 16만 5,000명 증가했다. 숫자로 보면 2018년과 비교했을때 2019년 보유주택 수가 1채 증가한 사람은 무주택자와 유주택자 모두 포함해 117만명, 2채 증가한 사람은 5만명, 5채 이상 증가한 사람도 9천명에 달하는 것으로 조사되었다. 이중 11채 이상 갖고 있는 다주택자만 해도 3만 7,000명에 달한다. 수십 채 이상 갖고 있어야 2급 매도인이라고 볼 수 있다.

다주택자의 비중은 2012년 13.6%, 2016년 14.9%, 2018년 15.6%로 계속 증가하고 있다. 주택을 소유한 가구의 평균 주택자산가액은 2억 7,500만원인데, 이중 주택 자산가액 상위 10%의 평균 주택가격은 11억 300만원이었으며, 평균 소유주택수는 2.55호였다. 그런데 6채에서 10채 정도 갖고 있는 사람들은 더 늘어나고 있는데, 이러한 사람들을 흉내내려는 사람들도 많이 늘어났다. 수백 채 갭투자에서 성공한 사람들은 이미 현금을 확보하고 있는 반면 그렇지 않은 사람들은 줄줄이 파산한 경우도 있다. 2019년에 화성 동탄이나 천안에서 수백 채 갭투자한 사람이 줄파산을 해서 깡통 전세 때문에 난리가 난 적도 있었고, 또 2020년에는 양천구에서 집장사 하는 사람이 400억원 전세금 떼먹어서 문제가 되기도 했다. 그러나 어쨌든 이렇게 기사화되지 않은 많은 사람들이 장기간의 상승장을 통해서 이미 이익을 실현했다.

1급·2급 매도인과 다른 3급 매도인

1급·2급 매도인들은 일반적인 사람들은 아니다. 우리가 주변에서 흔히 볼 수 있는 사람들은 바로 3급 매도인으로 소매상급이라고 할 수 있다. 부동산 관련 유튜브나 카페에서 정보를 얻어 갭투자 모임을 하고 '영끌'로 여러 차례 상경한 사람들로 유동성 확보를 진행하고 있거나 아니면 진행 예정이다.

오를 곳은 오른다고 하니까 비싼 전세금을 끼고 갭투자자들이 강남에 많이 몰렸다. 서초 강남의 70%가 갭투자라고 한다. 경기도에도 영끌해서 갭투자에 뛰어든 사람이 많았다. 2년 만에 갑자기 폭증할 정도로 갭투자 수요가 늘었다고 한다. 비규제 지역이 오른다고 하고 청약도 가열되니까 경기권에 영끌을 해서 갭투자한 사람들이 늘어났는데, 이 사람들은 실거주 목적이 아니고 결국 매도 차익을 실현하기 위해서 집을 산 것이다. 이 사람들이 3급 매도인에 해당된다.

또 단타로 뛰어든 사람들도 있다. 아파트 분양권을 팔아서 발생하는 양도차익이 급등하하면서 이른바 '부동산 돈벼락'이 폭증했다. 국세청에 따르면 최근 5년간 양도소득 매매차익 현황에 따르면 2014년 83만 3,000건이었던 부동산 거래 건수는 2018년 85만 9,000건으로 3.1% 늘었고, 거래로 인한 양도 차익은 5년간 4배로 증가했다. 전매가 가능한 아파트 단지에 청약을 해서 당첨이 되면 당첨자 4명 중 1명이 전매제한 종료 후 6개월 내 분양권을 팔아서 현금을 확보했다. 따라서 현금을 확보한 경우는 유동성 확보에 성공을 했지만 나머지는 아직 진행 중인 것이다.

3급 매도인들도 1급·2급 매도인들처럼 유동성을 확보할 수 있을까? 건설사나 수백 채의 집을 갖고 있는 1급·2급 매도인들은 경기가 좋아지고 나빠짐에 큰 영향을 받지 않는다. 부동산 침체기에 자본을 가지고 저가로 매입을 했고, 그걸 상승장에 팔아서 유동성을 확보했기 때문이다. 또 그렇게 확보한 현금으로 다시 침체기가 오면 또 사들이면 되는 것이다.

그런데 3급 매도인들은 그렇지가 않다. 부동산이 계속 오른다고 하니까 영끌에서 들어온 사람들로 고소득 신용대출을 받은 전문직들도 많다. 결국 차액을 바라고 1급·2급 매도인들이 던진 매물을 사들인 건데 이제는 유동성을 확보하려면 이들이 산 가격보다 훨씬 비싼 값에 사주는 사람이 있어야 하는데, 시장에는 그런 사람이 남아 있지 않다.

3급 매도인의 상황

1급 매도인이 파는 물건은 '로또'라고 일컬어지는 분양 물건들이다. 공급자 입장이기 때문에 지금 올라간 시세보다 훨씬 저렴한 가격에 팔아도 남는다. 2급 매도인의 물건도 마찬가지다. 좋은 물건은 남들이 다 거들떠보지 않던 시기에 샀다가 파는 것이기 때문에 지금 시세보다 좀 싸게 팔아도 전혀 손해보지 않는다.

그렇지만 3급 매도인은 1급·2급 매도인들보다 훨씬 비싸게 사들였고 그 비용을 생각한다면 그들보다 절대 싼값에 팔 수 없는 사람들이다. 집을 사지 않은 매수인들이 3급 매도인들의 물건을 받아줘야 하는데 그들의 유동성이 어떤지가 굉장히 중요한 상황이다. 3급 매도인 같은 경우는 이미 유동성을 확보한 경우를 제외하고는 앞으로 유동성을 확보하기가 굉장히 어렵다. 아직도 1급 매도인들이 물건을 팔고 있기 때문이다.

2021년 2월 주택도시보증공사(HUG)의 민간아파트 초기 분양률 동향 자료에 따르면 서울은 지난해 1분기부터 4분기까지 네 분기 연속으로 초기 분양률 100%를 기록했다. 앞으로 유동성을 끌어낼 수 있는 매수자은 이런 물건들을 사지 3급 매도인이 던지는 물건을 살 이유는 없는 것이다.

지금 집을 사는 사람들

– 매수인의 유동성

매도인 중에서 집을 직접 지어서 공급하는 1급 매도인이나 대량의 집을 가지고 있는 2급 매도인들은 유동성을 이미 확보해 많은 현금을 가지고 있다. 그러나 대부분의 3급 매도인들은 유동성을 확보한 경우도 있지만 그렇지 않은 경우가 대부분이다. 이들이 유동성을 확보하려면 매수인들이 유동성을 가지고 있어야 가능하다. 거래를 통해서 매수인들의 유동성을 넘겨받아야 유동성을 확보할 수 있다. 사줄 사람이 있어야 한다는 뜻이다.

❙ 매수인들은 유동성을 가지고 있을까?

부동산 가지고 있는 사람들 중에서 10명 중 6명은 팔지 않겠다고 한다. 아파트값이 더 오를 거라서 안 팔고 버틴다고 하는데, 실상은 팔려고 내놓은 매물도 안 팔리고 있다. 먼저 발 빠르게 움직이는 사람들은 아파트를 팔고 꼬마 빌딩 같은 다른 부동산에 투자

하고 있다. 팔아서 유동성을 확보한 후에 수익형 부동산으로 갈아타거나 아니면 현금을 가지고 있는 상황이다. 유동성 때문에 부동산 가격이 계속 오를 거라고 했는데 지금 아파트 시장에 흘러 들어간 대부분의 유동성은 소수의 1급·2급 매도인들이 갖고 있다.

이미 유동성을 투입한 사람들 말고 매수를 통해서 자기의 유동성을 또 부동산 시장으로 쏟아 넣을 사람이 있어야 되는데 그들이 유동성을 더 창출해낼 수 있을까? KB에서 발표한 '한국 부자 보고서'에 따르면 10억 이상 현금 부자가 32만명에 달한다. 이들은 주택을 가지고 있고 또 투자용 주택도 가지고 있다. 그런데 부자면 부자일수록 주택 말고 다른 부동산을 많이 가지고 있다. 투자 목적의 주택은 실제로 많이 가지고 있지 않다.

어쨌든 현금은 10억 이상 되면 부자라고 얘기할 수 있다. 현금이 유동성이라고 할 수 있는데 상위 1%가 시중 은행 현금의 45.5%를 가지고 있다. 10억 이상 현금 부자들 빼고 나머지 일반인들 중에서 현금을 1억원 이상 5억원 미만 가지고 있는 사람이 66만명 정도 되고, 5억 이상 10억 미만 가지고 있는 사람이 3만 6,000명 정도 된다. 이만큼 현금이 있는 사람들도 거의 주택을 가지고 있을 가능성이 굉장히 높다. 그들 중에서 아직 집을 갖고 있지 않은 사람들을 매수인으로 볼 수 있다.

매수인은 실거주 목적으로 매수하는 사람 아니면 갭을 끼고 투자 목적으로 매수하는 사람으로 나눌 수 있다. 실거주 목적으로 주택을 매입할 때 동원할 수 있는 금액이 바로 유동성이라고 볼 수 있다. 자기가 살고 있는 전세보증금과 약간의 예금, 그리고 나머지는 대출로 유동성을 창출해야 집을 살 수 있다. 대출은 주택을 담보로 대출받을 수도 있고 또 자신의 신용으로 대출을 받을 수도 있다. 갭을 끼고 투자를 하는 경우에는 세입자 보증금의 신용대출을 통해서 유동성을 확보해서 집을 살 수 있다. 즉 집을 사려면 자기 돈 말고 대출을 통해서 유동성을 더 끌어와야 되는데 그 여력이 없는 것이다.

일단 가격이 너무 많이 올랐다. 기존에 가고 있던 전세금과 대출을 통해서 집을 사야 되는데 2017년도만 해도 9억원 이하 전세보증금이 95%에 달했다. 그중에 4억 이하가 60% 가까이 된다. 가지고 있는 자기 자본은 얼마 안되는데 서울 집값은 평균 10억원을 넘었다. 전세 보증금과 대출 영끌을 해도 범접할 수 없을 정도로 지금 추세가 올랐기 때문에 유동성을 최대한 끌어들여도 살 수 없는 지경에 이르렀다.

2020년 서울 아파트 평균 매매가 (단위: 만원)

2020년 서울 아파트 평균 전세가 (단위: 만원)

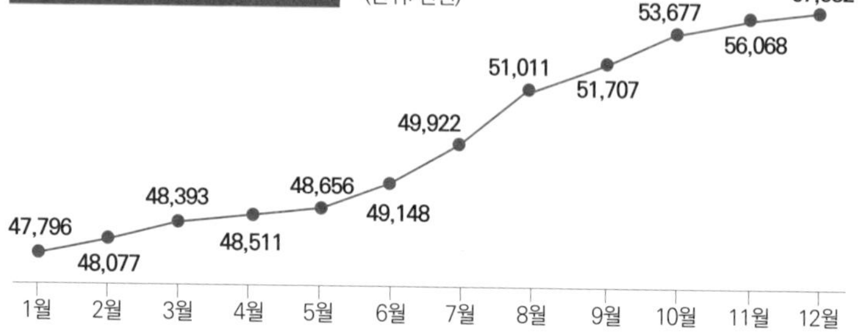

메말라가는 매수인의 유동성

유동성을 끌어내는 길도 막혔다. 15억원 초과 아파트는 대출이 전면 금지되었는데도 풍선효과를 운운하면서 계속 투기가 기승을 부리니까 웬만한 곳의 주택담보대출이 금지되거나 축소되었다. 또한 전세 보증금이 바로 유동성 중의 일부였는데 전세자금 대출도 차단됐다. 3억 넘는 집을 사면 전세대출을 못 받기 때문에 기존의 전세보증금이 다 자기 돈이 아닌 이상 전세자금 대출받은 경우에는 유동성이 더욱 줄어들게 된다. 은행들이 신용대출도 지금 잠그고 있다. 신용대출 한도를 줄이고 금리를 인상하면서 대출 조이기를 본격화하고 있다.

2021년 2월 은행권에 따르면 국민·신한·하나·우리·농협 등 5대 은행의 주요 직장인 신용대출 상품의 최고한도는 현재 1억 5,000만~2억 5,000만원 선으로, 연초보다 5천만~1억원 가량 줄었다. 종전 1억원 이상 받을 수 있던 마이너스통장(한도 대출)도 5천만원 이상 개설하기가 어려워졌다.

급등한 금액이기 때문에 이제 영끌을 하려는 사람들도 대출할 능력이 있어야 부동산 시장에 들어올 수 있다. 예전에는 고소득자 전문직 부부 같은 경우는 최대 8억까지 끌어들여서 들어왔는데 지금은 그렇게 해도 들어올 수가 없게 되었다. 이미 그렇게 들어와서 3급 매도인의 입장이 되었거나 아니면 활황이라는 주식시장에 투자하고 있거나, 지금이라도 들어가고는 싶은데 대출이 막혀 들어올 수가 없는 것이다.

또 아빠 찬스가 많이 있었다. 자금조달계획서 대상이 아니었던 경우에 부모님한테 몰래 받은 돈으로 유동성을 끌어내서 집을 사들였는데, 이제는 아빠 찬스도 불가능해졌다. 조정대상지역 3억원이상이면 자금조달계획서를 의무적으로 제출해야 하는 상황이기 때문이다.

정부의 부동산 규제 강화 이후 주택 거래가 얼어붙으며 부동산 중개업소 매출이 7년 만에 최대폭으로 급감했다. 통계청에 따르면 2020년 10월 부동산업 생산지수는 한 달 전보다 6.7% 하락해 2013년 7월(-8.1%) 이후 7년 1개월 만에 최대 폭의 감소치를 기록했다. 폐업하는 업체도 속출하고 있다.

매도인 유동성에서 언급했던 것처럼 1급·2급 매도인들은 지금 유동성이 풍부한 상태다. 그런데 3급 매도인들은 1급·2급 매도인에게 파는 게 아니고, 지금 언급한 매수인들한테 팔지 않으면 유동성을 확보할 수 없다. 그런데 매수인들이 유동성이 없는 것이다. 3급 매도인들이 끌어낸 것 이상으로 유동성을 확보해서 이 시장에 들어와줘야 이 가격이 유지될 수 있는데 그럴 수가 없기 때문이다.

내 집을 비싸게 사줄 사람은 없다

신고가는 신고되지만 거래가 줄어든 상황에서 더 비싸게 다른 사람한테 팔아야 하는 사람들은 지금 무엇을 팔고 있을까? 가계는 가처분소득 증가액의 70% 이상을 빚 갚는데 쓰고 있다. 가처분소득 증가율보다 원리금 상환 증가율이 3배나 높다. 쓸 수 있는 돈은 점점 줄어들고 빚 갚는데 쓰고 있기 때문에 비싼 물건을 살 능력이 없다.

한국은행이 2020년 12월 발표한 '금융안정 상황 보고서'에 따르면 지난 3분기 말 현재 민간 부문의 신용(가계·기업의 부채)은 명목 국내총생산(GDP)의 211.2%로 집계됐다. 2분기(206.9%)와 비교해 3개월 만에 4.8%포인트 올랐고, 관련 통계 작성을 시작한 1975년 이래 가장 높은 수준이다. 가계 부채는 3분기말 1,682조 1,000억원으로 1년 전보다 7% 늘었다. 주택담보대출과 기타대출(신용대출 포함)이 각 7.2%, 6.8% 증가해 가계 빚은 빠르게 불었지만, 처분가능소득은 1년동안 불과 0.3% 늘어나는 데 그치면서 가처분소득 대비 가계 부채 비율이 171.3%로 높아졌다. 통계 작성이 시작된 2002년 4분기 이후 최고 기록이다.

영끌해서 뛰어들고 갭투자하고 했던 3급 매도인들이 빚내기에 동참해서 가계 빚이 역대 최대를 찍었다. 들어올 사람은 다 들어왔고 이제 팔 사람밖에 없는 시장에서 대다수의 3급 매도인들은 유동성이 없다. 매수인 또한 유동성이 없지만 그들은 청약, 즉 1급 매도인이 던지는 매물을 받는다. 1급 매도인이 던지는 매물이 3급 매도인이 던지는 매물보다 훨씬 싸기 때문에 기존 주택을 사는 게 아니라 분양을 받는다. 정말 시장에 사줄 수 있는 사람이 사라졌다.

유동성도 없고, 유동성 있는 사람이더라도 못난이 물건을 비싸게 사주지 않는 게 현실이다. 돈 있는 사람이 있긴 있다. 그런데 그 돈 있는 사람들이 지금 이렇게 오른 금액에도 더 오를 거라고 영끌해 뛰어든 사람들 물건을 받아주진 않는다. 살 수 있는 사람이 없다. 시중에 유동성이 많이 풀렸지만 그 유동성의 대부분이 부자들한테 있지 내 물건을 사줄 수 있는 사람한테 있지 않다. 이런 데도 유동성 때문에 더 집값이 오를 거라고 얘기하고 있는 게 지금의 상황이다.

이제는 유동성을 확보해야 할 시간

– 가계, 기업, 정부의 상황

2020년 5월 한국은행이 기준금리를 0.25% 인하했다. 코로나 팬데믹으로 인한 경제 타격이 심각하기 때문이다. 기준금리를 인하한 건 이번이 처음이 아니다. 한국은행은 2016년 6월 기준금리를 1.25%로 내리고 나서 2017년과 2018년 각각 11월에 0.25%씩 올려 1.75%까지 인상했다. 그러다 2019년 7월과 10월 각각 0.25%, 2020년 3월과 5월 0.25%씩 내려 0.50%까지 낮췄다. 미국연방준비제도(Fed)가 기준금리를 기존 1.00%~1.25%에서 0.00%~0.25%로 1% 인하, 사실상 제로 금리로 낮춤에 따라 국내 기준금리도 0%대로 내려갔다. 이는 코로나 팬데믹으로 인한 내수 위축과 경기 부진은 물론 세계 경제 위기에 따른 조치다. 특히 대외경제 의존도가 높은 우리나라의 경우에는 그 타격이 더 크게 다가오고 있다.

세계 금융위기 당시보다 더 급격한 하락세를 보이고 있고, 디

한국은행 기준금리 변동 추이

(단위: %)

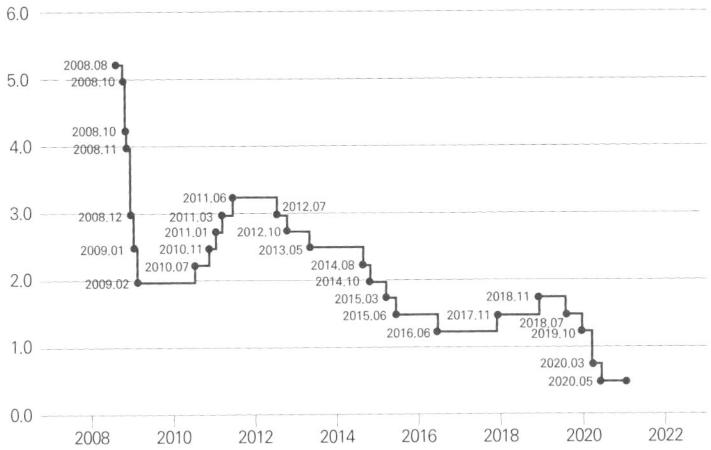

플레이션*의 공포도 엄습하고 있다. 코로나19 확산 이전부터 우리나라는 0% 소비자물가 상승률, 소비지출전망 하락세 등 디플레이션이 우려되는 상황이었다. 현대경제연구원은 지난 1월 17일 '국내 고부가 산업 동향과 시사점 보고서'에서 2019년 국내 제조업 부가가치 증가율이 -1.4%를 기록했다고 밝혔다. 2010년대 중반 이후 제조업 부가가치 성장세가 둔화로 국내 고부가 산업의 총 부가가치 증가에도 불구하고 GDP 대비 고부가 산업 비중이 하락 중이고, 세계 고부가 산업 점유율도 3% 초반에서 정체하고 있다고 지적했다. 저출산과 고령화 사회로의 진입 또한 디플레이션에 대한 우려의 목소리를 키우고 있다. 제조업 전반의 부진, 실업률 증가 등 경제가 좋지 않은 상황에서 유동성을 확보를 위한 노력이 어느 때보다 중요해지고 있다.

❙ 경제 회복을 위한 돈 풀기와 부동산

한국은행이 기준금리 완화 정책을 펼치는 이유는 대내외적인 상황이 좋지 않기 때문이다. 금리 인하 뿐 아니라 초슈퍼 추경을 발표했다. 1997년 IMF 때는 13조 9,000억원을 풀었고, 2009년 금융위기 때는 28조 4,000억원의 추경을 폈다. 그리고 코로나 팬데믹으로 35조원의 추경을 진행하고 있다. 추경안과 금리를 인하하는 건 시장의 유동성을 공급하기 위한 조치라고 볼 수 있다. 하지만 이렇게 풀어준 유동성 효과로 주식시장만 지금 난리가 났다. 코스피는 코로나19 충격 이전 수준을 뛰어 넘었다.

우리나라뿐 아니라 세계 각국이 연일 돈풀기를 하고 있고, 늘어난 유동성이 결국 증시로 몰리는 현상이 특히 우리나라에서 심하게 나타나고 있다. 돈을 많이 푸는 이유는 실물경제의 충격을 완화하고 경제가 원활하게 돌아가게 하기 위해서인데 자산시장으로만 흘러 들어가고 있는 것이다.

주식뿐 아니다. 아파트값도 급등하고 있다. '20억 클럽'에 가입한 수원·광교 집값이 홍콩·서울 집값을 추월한다는 기사가 나왔다. 서울은 15억 대출 규제에 막혀서 거래가 실종되고 가격도 하락하고 있는데 수원이 20억원이라고 하니 집값이 떨어질 줄 알고 청약을 준비하던 사람들이 대출이 가능한 지역에 마구마구 돈을 집어넣고 있다.

현 상황을 종합해보면 코로나19 충격을 극복하기 위해서 유동성을 공급하는 정책, 즉 금리를 인하하고 적극적인 재정 완화 정책을 펴고 있는데 이 영향으로 유동성이 풍부해져서 자산시장의 양대 산맥인 주식과 부동산이 오르고 있는 것이다. 돈이 안 돌아서 기업들이 당장 결제할 돈이 없어서 유동성 위기에 직면했으니 제발 도와달라고 하고 있고, 신용 경색이 와서 유동성 문제가 금융권까지 퍼지지 않도록 돈을 돌게 하기 위해 지원금을 뿌리고, 기업에게 돈을 더 싸게 빌려주라고 금리 인하까지 하고 있는데, 이제 이 돈이 잘 돌아서 주식과 부동산 시장이 오른다고 이야기하고 있는 것이다.

자산을 현금으로 전환할 수 있는 정도가 유동성이다. 실물 화폐를 기초로 신용을 통해서 통화량이 많아진다. 통화량이 많아지면 유동성도 커진다. 또 통화량도 많고 잘 돌아야 유동성이 풍부한 것이다. 그런데 우리의 상황은 어떨까? 돈을 많이 풀었으니까 양은 늘어났지만 돈이 돌고 있는 상황은 굉장히 좋지 않다.

돈이 잘 돌고 있는지를 확인할 수 있는 방법은 통화승수와 통화유통속도를 보면 알 수 있다. 통화승수는 실물 화폐를 기초로 얼마만큼 통화를 만들어 냈는지를 보여주는 지표로 통화량(M2)을 중앙은행이 공급하는 본원통화로 나눈 수치다. 통화승수가 떨어진다는 건 경제 주체가 현금을 보유, 즉 실물 화폐를 꽉 쥐고 있어 이에 따른 신용 창출은 덜하고 있다는 의미다. 통화승수가 떨어지면 그만큼 돈이 돌지 않는다는 뜻이다.

통화유통속도는 일정 기간 동안(통상 1년) 한 단위 통화가 거래에 사용되는 횟수다. M2 대비 GDP의 수준을 통화 유통 속도로 정의한다. 통화 유통 속도가 떨어진다는 것은 돈이 잘 유통되지 않아서 그 나라 경제가 활력을 잃고 있다는 것을 의미한다.

지금 우리나라의 상황은 돈의 흐름이 최악인 상황이다. 돈을 퍼부어도 돈이 돌지 않는다. 앞서 이야기한 통화유통속도와 통화승수가 하락하고 있는 추세를 보이고 있다. 재정을 확대하고 금리를 낮추고 있지만 돈이 돌지 않고 있는 것이다.

❙ 가계의 상황은 어떨까?

돈의 흐름 측면에서 더 깊이 살펴보자. 우리가 속해 있는 곳은 가계다. 경제 주체인 가계와 정부, 기업 중에서 가계 주체는 보통 일을 해서 돈을 벌어들인다. 일해서 번 돈으로 세금도 내고 또 기업의 물건도 구입한다. 그리고 남는 돈으로 투자를 하거나 저축을 한다. 이렇게 하면서 돈이 돈다. 그런데 코로나19 사태가 터지면서 가계가 돈을 안 쓰니까 기업이 원래 생각했던 만큼 돈을 벌지 못하고 있다. 기업은 보통 자기 돈만으로 꾸려가는 것이 아니고 은행에서도 돈을 빌린다. 기업이 꼬박꼬박 이자를 갚아야 하는데 지금 가계가 돈을 안 쓰니까 기업이 상환 능력을 일시적으로 상실하게 되고 망할 위기에 처하는 것이다. 그래서 정부는 기업에 추가적으로 대출을 해주고, 가계에는 기업의 물건을 사라고 재난지원금 등 돈을 공급하고 있는 것이다.

가계만 똑 떼어서 한번 살펴보자. 가계는 월급을 받거나 장사를 해서 돈을 번다. 그리고 이렇게 번 돈으로 물건도 사고 밥도 사 먹는 등 소비를 통해서 지출하며 기업이나 또 다른 가계에게 흘러 들어가게 된다. 가계가 저축을 하면 은행으로 돈이 흘러 들어간다. 그러면 은행은 그 돈을 기업이나 다른 가계에 빌려주는 데 쓴다. 가계는 소비와 저축 외에 불확실한 미래에 대비하기 위해 투자도 한다. 그 투자의 양대 산맥이 부동산과 주식이다. 부동산 중에 집을 사는 것은 소비와 투자의 중간쯤에 위치한다고 볼 수 있다. 집을 사려면 자기 돈만으로는 어렵기 때문에 보통 은행에서 대출을 받게 된다.

가계를 중심으로 살펴보는 이유는 가계가 바로 아파트, 주택을 소비하는 주체이기 때문이다. 모든 가계는 기본적으로 이런 현금 흐름을 가지고 있다. 그런데 최근 수년간 정말 많은 가계가 부동산, 특히 집을 사는 데 많은 돈을 썼다. 월급이나 장사를 통해서 들어오는 돈이 획기적으로 늘어나긴 쉽지 않다. 그런데 들어온 돈 중에 많은 부분을 집을 소비하거나 투자하는 데 썼다. 이러다 보니 가계는 쓸 돈이 없다. 작년 말 통계를 보면 가처분소득이 감소했다. 세금이나 보험료 그리고 이자를 내느라고 자기가 직접 쓰는 돈이 아닌 비소비 지출이 늘었기 때문에 가처분소득이 더욱 줄어들었다.

소득보다 더 빨리 부채가 늘어났기 때문에, 빚을 갚느라 비소비적 지출이 늘어났기 때문에 실질적으로 쓸 돈이 사라진 것이다.

비소비적인 지출은 통장에서 따박따박 그냥 빠져나가는 돈이다. 많은 사람들이 대출을 받아 집을 샀고 그 이자를 갚느라 그 빚을 갚느라 쓸 돈이 사라진 상황이다. 심각한 상황임에도 여전히 부채는 늘고 있다. 가계부채가 증가폭은 감소했지만 여전히 늘어나고 있다. 코로나19로 인해 기업과 가계는 대출을 추가로 받거나 대출 만기 연장 등 상환 유예 조치를 받으며 부채 1,000조원 시대를 직면했다.

2021년 1월 15일 한국은행이 내놓은 금융시장 동향을 살펴보면, 작년 12월 말 현재 은행의 가계대출 잔액은 988조 8,000억원으로 1년 새 100조 5,000억원이 증가했다. 연간 증가액이 이전 2년간 한해 60조원 대였던 것과 비교하면 상승폭이 매우 높다. 기업부채도 작년 12월 말 현대 대출 잔액이 976조 4,000억원으로 1년 전보다 107조 4,000억원 늘었다. 2018년과 2019년 연간 증가액은 40조원 대였다.

가계부채에서 가장 높은 비중을 차지하고 있는 것이 주택담보대출이다. 주택담보대출은 68조 3,000억원, 기타대출은 32조 4,000억원 증가했다. 서울 등 도시지역을 중심으로 한 아파트 가격 폭등과 코스피 급등은 대출로 인해 가능했던 투자였던 셈이다. 가계부채 문제는 결국 표면화될 수밖에 없다. 급격한 경기 위축에 따라서 일단은 은행에서 대출을 당겼지만 이 사태가 길어지면 금융권의 부실로 이어질 수 있기 때문에 이러한 대출은 곧 회수될 것이다. 그러면 가계는 버티기 어려워지는 상황이 된다.

가계는 굉장히 불안한 상황이다. 미래에 대한 불확실성이 더 커지니까 소비를 극도로 줄이고 있다. 그리고 저축을 해봤자 얼마 안 되기 때문에 저축도 하지 않는다. 그래서 온 국민이 투자에 뛰어들었다. 쓸 돈이 없어도 빚을 내서 투자하고 있다. 앞서 이야기했듯 투자의 양대 산맥은 부동산과 주식인데, 웬만한 고가의 부동산은 투자할 상황이 못 된다. 따라서 너도나도 주식으로 몰려들고 있다. 15억원 초과 아파트에 대한 대출이 금지되는 등 규제가 강화되니까 주식시장에 많은 사람들이 눈을 돌리고 있다. 또는 대출이 가능한 지역의 청약에 몰리고 있는 상황이다.

❙ 우리가 잊고 있는 것

정부가 유동성 공급 조치를 한 이유는 가계 유동성 때문이 아니라 경제 전반이 멈추지 않도록 하기 위해서다. 기업이 망하면 가계에 그나마 들어오던 돈까지 들어오지 못할 테니 어쩔 수 없이 돈을 풀고 있는 것이다. 현 상황이 급격히 악화되는 걸 막기 위해서 지금 조치를 취하고 있는 건데, 가계는 유동성이 늘어났다고 투자를 늘리고 있는 것이다. 원래 쓸 돈도 없는 상황이지만 빚을 내서 투자하고 있다.

코로나19 사태 이전에도 경기 활성화를 위해서 계속 금리를 낮춰 유동성을 공급하는 정책을 펴왔다. 큰 돈이 경제 주체 곳곳으로 흘러 들어가서 경제가 활성화되기를 기대하고 편 정책인데, 부동산 시장으로만 돈이 몰리는 결과가 생겨났다. 부동산을 논이라고 하면 돈이 된다고 믿는 논으로만 사람들이 물을 대고 있는 것이다.

가처분 소득이 없는 가계가 댈 수 있는 물의 양은 얼마 안 된다. 논에 돈을 다 넣어버린 가계는 원래도 쓸 돈이 없어 여전히 돈이 돌지 않고 있다. 현실은 이런데 금리 인하가 시작됐다고 하니까 지금 유동성으로 부동산 값이 오른다고 이야기하고 있다. 예적금 금리 인하가 시작되니까 청약에 관심이 쏠리며 열기가 대단하다. 많은 부자들은 부동산 자산의 비중을 줄이고 있고 현금을 보유하면서 조정을 기다리고 때를 기다리고 있는데, 가뜩이나 돈이 없는 가계는 지금 돈 된다고 생각하며 부동산으로 또 뛰어들려고 하고 있다.

부동자금 규모가 1,100조라고 한다. 당장 현금화가 가능한 부동자금이 늘어난 이유가 기업이 돌발 사태에 대비하기 위해서 자금 확보 노력에 들어간 탓이다. 이 부동자금이 아파트를 사는데 쓰이지 않는다.

코로나19의 악영향은 계속 나타나고 있다. 2020년 4월 경상수지***가 31억 2,000만 달러로 2011년 이후 최대 적자를 기록했다. 가계처럼 부동산 사느라 돈 다 써버린 것이 아닌데도 기업들은 지금 한계 상황에 처해 있다. 이자 낼 돈도 못 벌고 있는 기업의 숫자가 사상 최대로 늘어났다.

주식시장이 활황이니까 "이제 나머지 자금은 부동산으로 올 거다", "아파트 시장으로 올 거다"라고 이야기 한다. 주식은 가격이 등락폭이 크지만 현금화가 가능하며, 그만큼 유동성을 갖고 있다. 그런데 부동산은 어떤가. 유동성이 가장 떨어지는 자산이 부동산이기 때문에 내가 현금화를 하려고 할 때 가장 손해를 보는 게 바로 부동산이다.

예를 하나 보면, "집값이 떨어지자 대출금 갚느라고 지금 깡통주택 공포가 덮친 일산"이라는 기사가 나왔다. 대출을 받아서 집을 아파트를 구입했는데 몇 년 사이에 아파트 가격이 급락했고 은행에서 대출 만기가 돌아온 주택담보대출에 대해 기존 금액 그대로 연장해줄 수 없다고 통보했다. 은행들은 만기 일시상황 방식 대출의 경우 담보 가격 이하로 집값이 떨어지면 만기시 차액 상환을 요구하기 때문이다. 당장 갚을 능력이 없어 급하게 팔려고 하니까 순식간에 몇 억이 하락하는 모양새를 보인 것이다. 위기 상황에서 가장 유동성이 떨어지는 게 부동산이다.

요즘 상황을 보면 아무 위기가 느껴지지 않는다. 마치 아무 일도 없었던 것처럼 다들 이야기하고 있다. 20대가 1억 투자해서 10억을 벌었다고 투자의 귀재라고 소개하는 기사가 부동산 뉴스의 상위를 차지하고 있다. 그만큼 많은 사람들이 상대적인 박탈감을 느끼고 '나도 해야 하는 거 아닌가' 하는 불안과 탐욕을 조장하고 있다. 평년보다 훨씬 많은 입주 물량이 있는데 이런 얘기는 없고 이제 집 안 사고 대기하는 수요가 많기 때문에 전세 대란이 올거고, 결국 집값은 오를 거다라는 불안감을 조성하는 기사가 연일 나오고 있다.

지금 부양책을 펴고 있는 건 현 상황을 유지하기 위해서 펴는 게 아니라 급격하게 악화되는 걸 막기 위해서 하고 있는 것이다. 그것도 미래 세대한테 막대한 빚을 물려주면서 하고 있다. 막대한 빚을 감당해야 하는 미래 세대가 지금 내가 사는 집을 나중에 사 줄 사람들이다. 이러한 현실을 생각하면서 더욱더 남아 있는 내 유동성을 지키기 위해 노력하고, 미래를 대비해야 할 시기다.

* 디플레이션(Deflation) : 통화량 축소에 의해 물가가 하락하고 경제활동이 침체되는 현상을 말한다. 물가가 오르면서 화폐가치가 떨어지는 인플레이션(Inflation)과 달리 디플레이션에서는 물가는 떨어지고, 화폐가치는 오른다. 인플레이션에 따라 화폐가치가 하락하면 부동산 등 실물자산의 가치가 올라가서 부동산 투자자에게 유리한 환경이 조성된다.

** 경상수지 : 국가 간 상품 및 서비스의 수출입, 자본 노동 등 생산요소의 이동에 따른 대가의 수입과 지급을 종합적으로 나타내는 지표다. '국제수지'를 이루는 중요한 요소로 상품수지, 서비스수지, 소득수지, 경상이전수지 등으로 구분된다.

규제 때문에 살고 싶은 집은 씨가 말랐다?

- 공급은 수요보다 늘어난다

공급을 이야기 하려면 수요가 빠질 수가 없다. 아무리 절대적으로 많은 양이 공급된다 하더라도 수요가 그만큼 늘어나면 계속 부족하다고 느끼게 된다. 최근까지의 상황은 수요가 너무 많았다. 이유는 크게 두 가지다. 첫 번째 멸실에 따른 절대적인 수요 증가가 가격 상승의 큰 원인이 됐다. 주택 멸실 통계를 보면, 기존에는 전국에서 멸실이 7~8% 정도였는데 2015년 이후에는 10만 채 이상주택이 감소하고 있다.

특히나 서울는 2015년까지 2만 채 정도 사라졌던 집이 2016~2018년에 걸쳐서 매년 4만 채 이상씩 집이 없어졌다. 기존보다 2배의 집이 한꺼번에 사라지다 보니까 사람들은 정말 집이 없다고 느꼈고, 이에 수요가 자극이 돼서 계속 집값이 상승하는 모양새를 보였다.

서울 주택 입주 및 멸실 물량 추이

(단위: 가구)

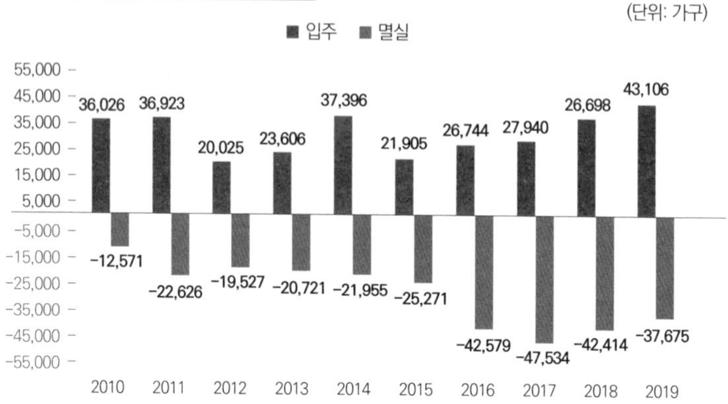

늘어나는 공급, 줄어드는 수요

그런데 앞으로는 이 정도의 멸실이 없다. 단기간에 그리고 한꺼번에 집이 사라지는 상황이 오지 않는다. 많은 집이 갑자기 사라진 이유는 재건축 관련 이슈 때문이었다. 서울의 인허가 실적을 살펴보면 평균적으로 서울이 매년 3만 5,000호 정도씩 인허가를 받는다. 그런데 2017년에는 평상시보다 2배나 되는 물량이 인허가를 받았다. 바로 재건축 초과이익 환수제의 유예 기간이 끝났기 때문이다. 2017년 12월 31일 이전에 관리 처분을 해야 재소환 대상이 되지 않아 기존에 재건축 사업을 추진하던 단체들이 사업을 엄청 서둘렀고, 역대급 실적을 보이게 되었다.

일단 받아놓고 계획을 변경하더라도 인허가를 받아서 재소환은 일단 피하자, 이런 분위기가 반영이 된 것이다. 재건축 사업은 시간과의 싸움이다. 사업 기간을 단축하기 위해서는 변경 인가와 동시에 이주 철거 등을 진행해서 사업 기간을 단축하려고 많은 조합들이 이러한 선택을 했고, 그 멸실 물량이 모두 다 반영이 된 것이다. 한꺼번에 멸실이 진행되다 보니까 수요가 자극되고 가격이 계속 오르는 현상이 나타났다.

그런데 이제는 멸실보다 지어지는 집이 더 많은 순증의 상황이 왔다. 민간 기관에서 발표한 2019년 이후 통계를 보면 예상 멸실 수는 3만 7,000호 정도 된다. 이 예상 멸실 물량이 2019년도에 다 이루어졌는지도 확인은 불투명하다.

어쨌든 순증의 상황이 왔다. 더 이상 수요가 자극되지 않는 상황이라고 볼 수 있다. 또 수요적인 측면에서 절대적인 수요가 굉장히 많이 줄었다. 인구는 계속 줄고 있다. 2019년부터 시작된 인구 자연 감소는 계속 이어지고 있다. 2021년 1월 통계청이 발표한 '2020년 11월 인구동향'에 따르면, 지난해 11월 자연 감소한 인구는 5,583명이었는데, 지난 2019년 12월(5,494명 감소)보다 감소한 인구가 약 100명 많아 역대 가장 큰 인구 감소폭이었다. 이는 2019년 11월 이후 13개월 째 감소로, 역대 최장 기간 자연 감소다.

2020년의 경우는 인구가 1만 3,000명 정도 줄었다. 2016년도에 인구 전망을 내놓았을 때보다 10년이나 앞당겨진 속도로 인구 감소가 빠르게 진행되고 있다. 그만큼 집을 수용할 수 있는 절대 수요가 줄어들고 있다. 또 새로 결혼을 하고 사람들이 가정을 이뤄야 아파트 수요자가 되는데 결혼을 포기하는 경우가 많이 늘었고, 혼인율도 계속 줄어들고 있다. 혼인을 안 하니까 출산율도 계속 떨어지고 있다. 상대적으로 1인 가구의 비율은 늘고 있다. 1인 가구 비율이 30%를 넘었고, 서울 같은 경우는 3명 중 1명이 혼자 살고 있다.

그런데 내 집 마련에 성공한 사람도 90만명에 달한다. 무주택자가 그만큼 많이 줄어들었다는 걸 의미한다. 또 다주택자의 비율이 굉장히 높아졌다. 이는 그만큼 투자수요가 많이 늘었다는 걸 의미한다. 그래서 공급이 수년 동안 계속됐지만 계속 집이 부족한 것처럼 느껴졌다. 그런데 이제는 그 투자수요가 정책적인 측면에서 다 차단되었다.

❙ 공급은 정말 부족할까?

공급 측면을 살펴보자. 아파트가 공급이 되려면 인허가를 받고 착공에 들어가야 실질적으로 집으로 공급이 된다. 인허가 같은 경우는 매년 평균 3만 5,000호 정도 계속 꾸준히 이루어지고 있다. 그렇지만 인허가를 받고도 상당 기간 표류하는 경우도 때문에 실제 착공으로 이어진 수치를 봐야 공급량을 정확히 알 수 있다.

착공 실적을 보면 2012년 이전에는 평균 2만 5,000호 정도였다. 그리고 2013~2016년에는 3만 3,000호가 착공되었다. 2016년도에 착공한 물량이 2018년도에 시장에 들어오게 된다. 2017~2019년까지 착공한 물량은 기존보다 훨씬 많은 수다. 매년 평균 5만 채 이상의 물량이 서울에서 착공을 했다. 착공을 하면 통상 2~3년 안에 완공되서 실제 집으로 공급이 된다.

이런 상황인데 언론에서는 계속 공급이 부족하다고 이야기한다. 특히나 2021년에 입주 물량이 반토막 나기 때문에 심각한 상황이 올 거고, 그래서 집값 떨어질 일은 없다고 한다. 그런데 서울 입주 물량은 정부에서 발표한 물량과 민간에서 발표한 실제 수치와 차이가 난다. 정부에서 예측하는 물량보다 훨씬 적은 양을 2021년 입주 물량이라고 예측한다. 착공하면 2~3년 안에 입주를 하는 게 일반적인 상황인데, 왜 내년에 수치면 현격하게 차이가 나는 것일까.

착공 물량과 예측 물량을 한번 비교해 보면, 2018년도 입주 물량은 3만 8천 호이다. 2018년도 입주 물량은 2016년에 착공한 물량들이다. 2016년도에 3만 3,000호 정도 착공을 했으니까 2018년도에 3만 8,000호면 얼추 비슷하다. 2019년에 4만 5,000호 정도가 입주를 했는데 이 물량은 2017년도 착공 물량이다. 2017년도에 5만 호가 착공을 했는데 4만 5,000호가 입주를 했으니까 이것도 큰 차이가 없다. 2020년 입주 물량은 4만 9,000호에 이른다. 이 물량은 2018년도 착공 물량일 것이다. 2018년도에 4만 5,000호 정도 착공을 했으니까 이월된 물량 등을 감안하면 큰 차이가 없다. 그러면 2021년 입주 물량은 2019년에 착공한 물량들이다. 2019년 착공 실적은 5만 4,000호이다. 그런데 언론에서 이야기하는 2021년 입주 물량은 2만 5,000호이다. 나머지 절반은 2021년에 입주를 못 한다 하더라도 그 물량들은 그럼 그 다음에 다 입주할 수밖에 없다.

2020년 분양 물량은 서울에서만 5만 세대가 넘는다. 41개 단지 5만 4,000호은 2023년에 들어오게 되니까 공급 물량은 큰 차이가 없다.

패닉바잉 현상을 잠재울 공급

이렇게 계속 공급이 되고 있는데 패닉바잉* 현상이 일어나니까 정부가 추가적인 공급을 발표했다. 서울에 36만호, 수도권에 127만호를 또 공급할 예정이다. 지금부터 준비해서 공급하면 그 이후에 민간에서 공급을 전혀 안 하더라도 이 많은 물량들이 또 들어올 것이다. 서울의 36만 주택 중에 공공택지로 공급되는 양이 강남 6만, 강북 5만 등 12만호다. 이렇게 많은 물량이 예정되어 있다. 또 정비사업을 통해서 20만호를 예정하고 있다. 서울의 외곽보다 오히려 더 접근성이 좋은 3기 신도시 포함해서 수도권에만 127만호가 공급 예정이다. 특히나 경기도권 공급 물량은 80%가 택지로 공급된다. 이는 일반 분양 물량이 엄청나게 많다는 걸 의미하기도 한다.

분양가상한제를 시행하면 정비사업이 진행을 안 해서 민간 공급이 아예 사라질 거라는 이야기도 있고, 정비사업 20만호가 다 허수라는 이야기도 있다. 여태껏 안 했던 사업장들조차 하려고 지금 난리가 났다. 스타 조합장을 영입하고 조합 설립에 속도전을 내고 있다. 목동에 죽기 전에 멀쩡한 집에 살게 해달라면서 재건축 추진하게 해달라고 현수막을 잔뜩 붙여놨다. 또 그동안 패닉바잉이 정말 많이 있었던 지역인데 노원 상계도 재건축 한다고 지금 난리다. 사실 상계동 재건축 같은 경우에는 대부분이 15층 이상이기 때문에 사업성이 굉장히 낮은 데도 하겠다고 지금 난리다.

이게 현실이다. 정말 집을 살 사람은 점점 없고 집을 짓는 건 계속되고 있다. 공급이 수요보다 훨씬 많은 상황이 오고 있다. 계속 살 사람 많다고 했는데 재건축 멸실이 이제 많이 없다. 투자자는 더 이상 들어오지 못하고, 절대적인 수요도 줄어들고 있다. 분양가상한제 하면 이제 공급 없다고 했는데 계속 공급이 있다. 공급이 안 될 거라는 불안감은 갖지 않아도 된다.

*패닉바잉(panic buying) : 가격 상승, 물량 소진 등에 대한 불안으로 가격에 관계없이 생필품이나 주식, 부동산 등을 사들이는 일을 가리키는 말이다.

세금 무서워 팔까? 버틸까?

– 정책이 시장으로 끌어낼 매물

정책적인 측면에서 수급을 살펴보자. 실제로 시장이 실수요자 위주의 시장이라면 집값은 지금처럼 미쳐 날뛰지는 않았을 것이다. 시장에 투자수요가 얼마나 유입이 되고 또 얼마나 빠져나가는지에 따라 가격 변동이 일어난다. 그런데 이것은 정책과 아주 밀접한 관련이 있다. 우리나라 경제에서 부동산은 큰 축을 차지하고 있다. 그래서 경기가 안 좋을 때는 부동산 시장을 자극하는 방법으로 또 부동산 시장이 너무 과열되면 이를 억제하는 정책을 펴면서 조정해왔다.

부동산 경기뿐 아니라 경제가 전반적인 침체기를 겪은 적이 있다. 그래서 박근혜 정부 시절 부동산 경기 띄우기에 돌입한다. 실수요자 위주의 안정적인 시장을 활성화시키기 위해서 투자수요 유인책을 발표했다. 2주택 이상의 보유자 청약 감점 제도를 폐지했다. 무주택자들한테 주택을 우선 공급하기 위해서 만든 가점 제도를 폐지할테니 여러 채 갖고 있는 사람들도 제발 시장으로 들어오라는 시그널을 준 것이다. 청약제도도 간소화해서 가입 1년이면 1순위 자격을 얻을 수 있고, 1주택자도 국민주택 규모의 주택을 받을 수 있도록 청약제도를 대폭 완화했다. 완화한 배경은 무주택자들한테 우선 순위를 줘도 계속 미분양이 났고, 계속 안 팔리면 건설사들이 다 망하니까 투자 목적인 사람들한테도 팔게 해줘야 되는 거 아니냐 해서 도입된 것이다.

가점제 비율도 줄이고 청약 시 무주택으로 인정받을 수 있는 기준도 완화했다. 거의 전체 주택의 30%가 해당할 수준으로 완화를 시켰다. 또 세대주 지위를 잃더라도 1가구 1주택인 경우에는 국민주택 청약을 허용키로 했다. 지금 들으면 정말 말도 안 되는 수준으로 대폭적인 완화책을 폈다. 주택 매매를 활성화해서 경기를 부양하겠다는 게 주된 목적이었다. 집을 살려면 돈이 있어야 되는데 '빚내서 집 사라'가 이때 나온 것이다. LTV*와 DTI**를 완화해서 70%까지 대출을 해줬다. 재건축 연한도 완화를 했고 분양가상한제도 폐지했다. 재건축 초과이익 환수제도를 유예하고 주택을 여러 채 살 수 있도록 정책적으로 팍팍 밀어줬다.

❙ 정책을 불러일으킨 시장

우리가 정책을 비난하기 이전에 정책을 내놓을 당시의 상황을 살펴볼 필요가 있다. 기존에 완화 정책을 했을 때 보면 아무리 많이 분양하고 할인해도 사지를 않았다. 실수요자 시장에서는 이렇게 꿈쩍도 안 하던 게 팩트다. 그런데 가수요가 들어오면서 과열이 되었고, 이제 그 반대의 정책을 엄청나게 풀어내고 있는 것이다. 그동안 들어왔던 투자수요들에게 시장을 떠나라는 정책을 펼치고 있다.

가장 먼저 돈줄을 조였다. 70%까지 해주던 대출을 40%대로 줄이고, 2주택 이상이나 고가 주택에 대해서는 주택담보대출을 금지했다. 1주택도 원칙적으로는 불가능하지만 처분 조건으로 대출이 가능하다. 9억원 초과 주택을 사면 실거주 목적 이외에는 대출을 해주지 않는 강경한 규제책을 발표했다. 또 법인을 세워서 대출받아서 여러 채 매입하는 경우가 많았는데 이부분에 대해서도 대출을 제한했다. 이렇게 해도 지금과 같은 상승장에서 소외됐다고 생각했던 사람들이 영혼까지 끌어 모아서 또 대출을 받았다. 정말 많은 사람들이 대출을 다 당겨놨고 대출을 받아서 참여할 수 있는 길은 이제 막혔다.

'빚내서 집 사라' 했던 그 시절을 자꾸 언급하는 이유는 그때가 시발점이기 때문이다. 다른 걸로 경제 활성화를 했어야 하는데 가장 쉬운 길인 부동산 띄우기를 택한 것이다. 그 결과 사람들의 욕심은 끝이 없기 때문에 계속 대출 금액이 폭증했는데, 이걸 어떻게 감당할지가 정말 걱정스러운 상황이다.

우리나라는 가계대출 규모가 세계 최고 수준으로 임계점에 이미 도달했다. GDP 대비해서 거의 100%에 육박하는 수준의 부채를 지고 있다. 2020년 12월 한국은행이 국회에 제출한 '2020

년 하반기 금융안정 보고서'에 따르면 3분기 말 기준 명목 GDP 대비 가계대출 비율은 101.1%로 전년 동기 대비 7.4% 상승했다. 명목 GDP 대비 가계대출 비율이 100%를 넘은 것은 처음이다.

대부분이 집 사느라 지금 이런 상황이 된 것이다. 너무 늦은 감이 있지만 어쨌든 대출을 제한해서 정책적인 측면에서 투자 목적으로 들어오는 사람들의 돈줄을 막았다. 또한 투기 지역을 확대했다. 규제 지역은 더 대출이 안 나온다는 걸 의미하고, 또 투자수요의 폭을 줄이는 역할을 한다. 투기과열지역, 조정대상 지역이 점점 확대됐다.

그동안 규제를 피해서 투자수요가 몰려들었던 지역들을 다 틀어막고 있다. 투자수요는 샀다 팔았다 해야 하는데 전매제한 등을 통해서 빠른 회전이 차단되었다. 또한 자금 조달의 출처도 밝혀야 하며, 실거주 의무도 늘어나서 투자의 메리트가 사라졌다. 또한 10억원짜리 주택을 하나 더 사면 1억 2,000만원을 내야 한다. 2주택은 8%, 3주택 이상, 법인은 12%로 취득세를 인상했다. 법인 명의로 여러 채 사들이는 투자수요를 차단하기 위한 조치로 기존에 들어왔던 투자수요 외에 더 추가적인 투자수요가 들어올 길이 차단되었다. 지금 똘똘한 한 채 시대가 도래를 했으니까 투자 목적으로 더 사들인다는 건 말이 안 된다. 정책적인 측면에서 수요는 이렇게 조정이 되었다.

❙ 매물이 나올 수 밖에 없는 이유 – 세금 인상

공급을 살펴보자. 정책적인 측면에서의 공급은 투자수요가 매수했던 물건이 시장에 공급되도록 하는 조치를 의미한다. 그동안 매수한 물건을 갖고 있으면 곡소리 나게 만들어서 다 시장에 내놓게 만드는 것이다. 가장 확실한 방법은 갖고 있으면 부담이 되도록 세금을 걷는 것이다. 또한 내놓으라고 할 때 안 내놓으면 불이익을 받게 하는 것이다.

지금 안 팔면 나중에는 세금을 거두겠다는 정책을 발표했다. 버티면 대폭 늘어난 보유세를 내야 한다. 예전에는 몇 백만원 수준이었다면 이제 1천만원 단위로 금액이 올라간다. 집은 여러 채 갖고 있지만 당장 세금 내려면 몇 천만원이 필요하고, 월로 환산하면 한 달에 약 100만원 꼴로 세금을 내야 하는데 감당하기 쉽지 않다. 또 여러 채 갖고 있으면 이 세금이 가중된다. 여기에 공시가격도 지금 올릴 예정이니 다주택자의 세금 폭탄은 현실화되었다.

마포 84제곱미터 같은 경우는 325만원에서 766만원으로 2배 이상 올라간다. 반포의 30억원 정도 하는 고가 아파트의 1년 보유세는 2,600만원이니, 한 달에 200만원이 세금이다. 마포와 강남에 두 채 갖고 있으면 1년에 9,000만원이다. 버티는 것이 어렵기 때문에 부자들에게 자문을 제공하는 세무사들 매매가 현실적이라고 얘기하고 있다.

양도소득세도 인상된다. 잠깐만 갖고 있어도 예외 없이 다 세금으로 내고, 여러 채 갖고 있으면 중과세도 적용된다. 앞으로 더 오른다는 보장이 없고 올라도 세금으로 다 걷어간다고 하는데 정말 안 팔까? 차액이 5억원이면 양도세가 5천만원인데, 더 올라간다고 한다. 결국 이익을 실현하기 위해 갖고 있었던 물건들이니까 가격이 가장 좋을 때 파는 게 현명한 투자다. 2021년 6월까지 유예 기간 이후 시장에 공급될 일만 남았다. .

┃ 매물이 나올 수 밖에 없는 이유 – 임대사업자 말소

2020년 연말까지 수도권에서 등록 임대가 27만 채가 자동 말소된다. 국토교통부 '등록임대주택 개선에 따른 자동말소 주택 현황'에 따르면 2020년 연말까지 폐지 유형에 속해 의무임대 기간 종료와 함께 자동 말소되는 전국의 등록임대주택은 46만 7,885채로 집계됐다. 수도권 주택은 27만 1,890채(58.1%)로 이중 서울 14 만2,244채, 경기 10만 8,503채, 인천 2만 1,143채다. 수도권 주택의 절반 이상이 서울에서 나온다.

임대사업자를 등록하면 주택 수에서도 빠지고 세금에서도 혜택이 있고 여러 가지 장점이 있었는데 정부는 7.10대책에서 4년 단기임대와 8년 장기임대 중 아파트 매입 임대 유형을 폐지하기로 했다. 2021년부터 부동산 세제도 대폭 강화되기 때문에 임대주택 세제 혜택이 사라진 주택이 매물로 나올 가능성이 크다. 다만 임대주택 등록 말소와 관계없이 기존 세입자는 계약갱신요구권을 한 번 더 행사할 수 있다. 최근 세입자 유무에 따라 주택 매매가격이 다른 점을 감안하면, 이들 주택이 매물로 나오기까지는 최장 2년 걸릴 것으로 보인다.

법인의 주택 처분도 늘었다. 한국감정원에 따르면 2020년 10월 법인이 개인에게 소유권을 이전한 주택은 9월에 4만 1,525 채로 전월 대비 25% 증가했다. 그중 서울은 지난달 법인이 개인에게 넘긴 주택수는 4,915채를 기록해 전월 2,466채 대비 99.3% 증가했다. 경기 역시 같은 기간 9,317채에서 9,989채로 7.2% 늘었다.

아파트로 범위를 좁혀보면, 지난달 법인이 개인에게 소유권을 이전한 아파트 가구수는 전국 총 3만 9,815채를 기록해 전월 3만 1,402채 대비 26.8% 증가했다. 지역별로는 서울이 4,516가구로 전월 1,957가구 대비 130.8% 늘었다. 경기도도 같은 기간 8,672가구에서 9,433가구로 8.8% 증가했다. 정부의 규제가 강화하자 지난 해 상반기까지 법인 설립으로 우회 투자를 했던 다주택자들이 세금 부과를 피해 보유 매물을 처분하기 시작한 것이다.

다주택자 세금 폭탄이 시작되니 여러 채에서 똘똘한 한 채로 정리하는 트렌드로 가고 있다. 시기를 재고 있지만 물량이 나올 수밖에 없다. 정책적인 측면에서 투자수요는 아예 못 들어오게 길을 막아버렸고, 투자했던 물건을 이제 시장에 내놓도록 압박하는 정책을 펴고 있다. 수요는 없고 공급은 늘어나고 있다. 이게 팩트다. 계속 물량이 소리 소문 없이 늘어나고 있다.

아파트 시장이 먹을 게 없다고 하면 이렇게 빚내서 달려들지 않았을 것이다. 지금은 오른다 하고 계속 올랐던 시장을 봤기 때문에 너무나 많은 투자수요가 들어와 있는 상황이다. 이제는 이 투자수요가 차단이 되고 공급이 월등히 많은 상황이 되었다. 결코 공급 부족을 불안해하거나 지금이 아니면 늦을지도 모른다는 조급한 마음을 가질 필요가 없다.

---

* LTV(Loan to value) : '주택담보인정비율'로 쉽게 표현하면 담보 대출시, 담보물의 가치 중 얼마만큼을 대출로 받을 수 있는지를 말한다. 만약 LTV가 60%라면, 3억원짜리 주택을 담보로 대출을 받을 시, 3억의 60%인 최대 1억 8천만원까지 대출을 받을 수 있다는 것을 의미한다.

** DTI(Debt to income) : '총부채상환비율'로 연 소득에서 갚아야 할 원리금이 차지하는 비율을 말한다. 소득 수준 대비 부채 상황에 따라서 대출 여부와 한도를 결정하는 것이다. 예를 들어, 연 소득이 5천만원인데 DTI가 40%라면 대출을 받을 때 매년 상환해야 할 원리금이 5천만원의 40%인 2천만원을 넘을 수 없도록 대출 한도가 설정된다.

공급이 부족하다는 거짓말

- 2.4 부동산 대책이 나온 배경

2021년 2.4 공급 대책 발표 이후 부동산 카페에서는 "전혀 소용도 없고 절대 실현되지 않을 것이기에 오히려 집값은 더 오를 것이다"라고 이야기하고 있다. 원희룡 제주도지사는 자신의 SNS에서 25번째 부동산 대책에 대해 "'가붕개(가재·붕어·개구리)들아 한 번만 더 속아봐라' 딱 이거 같다"고 말하며 공공이 주도하는 방식은 난개발의 위험성이 높고, 그나마도 원활하게 이루어진 지지 않을 거라고 이야기했다. 또 이것 때문에 땅값만 크게 오르고 공공이 강제로 민간 토지를 강탈한다는 재산권 침해 문제가 생길 수 있다고 말했다. 그리고 대출 규제에 대해서도 대출 완화 조치가 없으면 돈 있는 사람들만의 리그가 될 거라고 비판했다.

야당 측에서는 선거용 정책밖에 안 된다고 하면서 조목조목 반박을 했다. 부동산 시장의 안정화와 정권의 운명은 궤를 같이 하고 있음을 보여 주는 것이다. 언론은 "24전 24패에 25번째 주자,

변창흠은 다를까" 하며 2.4 공급 대책이 기대에 못 미칠 거라는 태도를 취하고 있다.

❙ 공급 부족이라는 불안감

서울시장 선거를 포함해서 보궐선거가 기다리고 있는 선거철인데 정치권은 부동산을 가지고 주도권을 잡기 위해서 서로 다투고 있다. 사람들이 먹고 사는 문제의 핵심이 바로 부동산이다. 그 중 가장 중요한 주거 문제를 해결하지 못하면 정권도 끝날 상황이기에 정부는 열심히 홍보하고 있다.

서울역 쪽방촌이 최고 40층 아파트 단지로 재탄생한다는 대책 발표 직후에 바로 계획을 발표를 했다. 서울역에서 남산 방향으로 있는 용산구 동자동 일명 서울역 쪽방촌을 없애고 여기에 공공주택을 짓겠다고 발표를 했다. 하지만 일반적인 민간이 하는 방식과 조금 다르게 진행한다. 먼저 1천명이 넘는 쪽방촌 사람들의 선 이주 단지를 조성한다. 당장 오갈 데 없는 사람들 시설 만들어서 수용하고 임대주택 지어서 정착시키기 위해 나머지 땅에 남산 조망 40층 아파트를 지어서 공급했다는 게 주된 내용이다.

서울역은 모든 계획의 중심인 곳이다. 입지도 훌륭하고, 남산 조망권도 가질 수 있는 좋은 자리다. 하지만 이 정도 위치면 충분히 민간도 할 수 있었을 텐데 왜 안 했을까? 쪽방촌 문제를 해결하지 않으면 사업이 안 되는 지역이기 때문이다. 민간 주도로 재개발이 추진됐지만 해결이 안돼서 무산됐다. 그런데 건물은 노화

돼서 정비를 할 수밖에 없는 지역이다. 노른자 위에 위치하고 있지만 민간이 못하는 지역을 개발하겠다고 발표를 한 것이다. 그리고 여기에 토지를 갖고 있는 사람들은 정당 보상을 통해서 수용해서 아예 개발을 하겠다고 발표를 했다. "정말 실현이 될 것인가?", "언제 실현 가능하냐?"라는 실효성 문제를 제기할 것을 알고 있었던 것이다.

정부의 의도는 공급 부족에서 오는 불안 심리를 잠재우는 것이다. 실현이 안 될 거라고 할 게 뻔하니까 실현 가능성을 보여주는 것이다. 실제 공급 부족이 아님에도 분양가상한제를 하면 공급이 안 될거라 하고, 3기 신도시를 만든다고 해도 "그럼 그 다음은 어쩔 것이냐?"라고 불안감을 조정하기 때문에 계속 주택을 공급할 수 있음을 보여주는 것이다.

┃ 공공주도 재건축, 그래 봤자 공공?

여기에 "그래봤자 공공"라고 하면서 재건축 초과이익 부담금 면제에도 재건축 단지들이 고개를 젓고 있다는 기사가 나왔다. 이유는 공공이 짓는 것에 대한 품질 우려 때문이라고 한다. 품질은 집값에 직접적인 영향을 주기 때문에 공공주도 재건축은 메리트가 없고 오히려 권리만 침해받을 수 있다고 하면서 굉장히 회의적이라고 이야기를 한다. 이런 인터뷰를 한 사람은 조합과 관련된 이들이다. 조합은 공공이 재건축을 진행하면 필요 없어지기 때문에 공공주도 재건축에 대해 좋은 이야기를 하지 않는다.

공공이 직접 시행하는 방식은 조합원 과반수의 요청으로 시작이 된다. 조합원 절반 이상이 요청해서 공공이 직접 시행하는 방식을 택하게 되면 조합총회나 관리처분인가 등을 생략할 수 있다. 재건축에서 가장 어렵고 시간이 많이 걸리는 부분이 바로 사람들의 의견을 모으는 일인데 공공에게 맡기면 그 절차를 대폭 간소화해서 원스톱으로 진행하겠다는 뜻이다. 그러면 당연히 사업 기간은 단축된다.

또 정부한테 맡기면 한 단계 좋은 상향을 해주거나 법적 상한 용적률을 120%로 상향, 재건축 조합원 2년 의무 거주도 적용하지 않고, 분담금 증가 위험도 제거하겠다고 당근을 제시했다. 조합에서 재건축 사업을 추진하면 여러 가지 비리가 발생하고, 실제로 문제가 된 적이 많았기 때문에 여의도나 한남 재건축의 경우 민간 회사에게 수수료를 주고 맡기는 신탁 방식으로 진행하고 있다. 그런데 이걸 정부가 수수료도 안 받고 나서서 해주겠다고는 것이다.

방식은 관리처분방식이 아니고 현물 선납 방식을 통해서 진행한다고 한다. 관리처분을 하면 관리처분인가 때 대략적인 분담금을 확정하고 사업비의 정산을 통해서 최종 분담금이 확정이 되는데 이걸 현물 선납 방식으로 진행하겠다는 것이다. 현물 선납 방식은 지금 갖고 있는 소유권을 공공으로 넘겼다가 사업이 완료되는 시점에 다시 새집을 받게 되는 방식으로 진행한다. 또 통합 심의를 도입해서 신속한 사업 추진을 담보하겠다고 한다.

일각에서 비판하고 있는 것처럼 "5년 안에 이게 가능할 것인가?"에 대해서는 실질적으로 5년 안에는 불가능할 것이다. 평균 13년 걸린다는 정비사업도 실제 사업장에 따라서 15년에서 20년 이상 걸렸던 게 현실이기 때문이다. 실제로 당장 5년 안에 일어나는 건 어려울 수 있지만 사람들한테 이렇게 공급이 계속될 수 있음을 인식시키고 있다.

정부는 공공주도 재건축의 경우 빨리 진행할 수 있도록 지원하겠다고 입장을 밝혔다. 다만 원하지 않으면 기존 방식대로 하라고 얘기하며 민간 재건축·재개발을 풀어주는 특단은 없다고 못박았다. 민간 재건축도 신탁 방식으로 하는데 더 확실한 공공이 해주겠다고 하고, 그것도 인센티브 주면서 빨리 진행해주겠다고 하는데도 안 한다고 하면 원래대로 하면 된다.

공공이 하면 SH, LH 이름으로 허접한 아파트를 만드는 거 아니냐는 비판에 브랜드는 주민이 결정한다고 입장을 표명했다. 재건축 사업을 추진할 때 설계와 시공 브랜드는 주민이 결정한다. 비싼 브랜드 아파트를 만들려면 1군 시공사를 뽑으면 되고, 호텔처럼 고급 자재를 쓰면 된다. 하지만 그만큼 사업비는 올라간다. 그게 부담이 돼서 도저히 못하겠다고 하면 그보다 저렴한 브랜드 건설사를 선택하면 된다. 민간이 하든 공공이 하든 브랜드 선택의 문제는 그 소유자들이 그만큼 리스크를 감당할 것이냐 말 것이냐의 문제인 것이다.

2.4 공급 대책이 발표되고 강남 지역의 재건축 문의가 가장 많

았다. 왜 문의가 많을까? 당연히 이익이 있다고 생각하기 때문이다. 지금 재건축 방식보다 이익이 있을 거라고 판단하니까 물어보는 것이다. 공공이 개발할 수 있는 후보지가 200곳이 넘고 사람들이 원하면 해주겠다고 발표했다. 지금 우리 사회의 가장 중요한 문제이기 때문에 공공의 인력을 투입하려는 것이다.

❙ 도심공공주택 복합사업과 현금 청산

공공의 정비사업 추진과 함께 또 하나의 핵심적인 공급 방법은 도심 공공주택 복합사업이다. 역세권 중공업 지역 저층 주거지 노후화된 지역을 한시적으로 풀어줘서 여기에 인센티브를 주고 사업을 하라고 독려하고 있다. 기존 민간 사업으로는 개발 이익이 거의 없는 지역이 대상이다. 예전에 안 되던 땅에도 개발을 할 수 있는 길이 열렸기 때문에 개발업자들은 관심을 갖고 있다.

역세권 같은 경우 용적률을 700%까지 상향하여 고밀 개발을 허용한다. 이 경우 주상복합 형태로 개발될 가능성이 높은데 주상복합의 경우 공실이 문제였던 의무 상업시설 비율을 10%로 줄이고 집을 더 많이 짓도록 허용한다고 한다. 주택이 많아지면 그만큼 주차장도 필요하지만 대중교통 연계책을 확보하면 설치 의무를 감면해 주겠다고 한다. 개발업체는 상가 분양에 대한 리스크도 덜어 수익률을 높이고, 정부는 주택 공급을 늘릴 수 있는 것이다.

중공업 지역도 공장만 지으면 굉장히 부담스러웠는데 여기에 공동주택을 더 지을 수 있게 사업성을 개선해주었다. 그리고 연립, 다세대 등 저층주거가 있는 지역들을 종 상향시켜주고, 일조 채광과 높이 기준을 완화하여 사업화할 수 있도록 풀어주었다. 개발업체 입장에서는 굉장한 호재이고 이렇게 늘어날 물량들은 자연스레 공급으로 이어질 수 있다.

정부의 발표 후에 단기간에 시세차익을 노렸던 사람들은 울상을 짓고 있다. "부풀었던 빌라 재개발 투자 현금 청산 소식에 찬물"이라는 기사가 나왔다. 투자 목적으로 취득한 사람은 이제 발이 묶였다. 공공재개발 발표 지역을 보고 가격 급등을 노리고 들어왔지만 이제 더 비싼 값에 받아 줄 매수자를 찾기 어려워졌다. 기존 단독주택을 허물고 신축빌라를 지어 분양해도 2월 4일 발표 이후 건축 허가를 받았다면 새 아파트에 대한 우선공급권이 부여되지 않는다. 여러 채를 가지고 있어도 우선공급권은 1세대 1주택 공급 원칙이기 때문이다. 사업이 끝날 때까지 누구한테도 팔지 못하고 실수요자처럼 가지고 있어야 하는 것이다.

❙ 공급이 부족하다는 거짓말

전월세 신고제가 2021년 6월부터 시행된다. 임대차법 때문에 전월세 시장이 난리 났다고 계속 떠들었는데 이제 투명하게 공개하게 되었다. 거래를 취소하면 계약 해지 사실을 표시하게 되면서 그동안 수상한 거래로 집값 띄우기 했던 것들이 차단된다. 사실 이것만 가지고는 조금 부족하다. 실제로 계약서를 써놓고 잔금 때까지 일 년 이상 끄는 경우도 많기 때문에 실거래가를 전부 다 신퇴할 수는 없지만 정책적으로 계속 보완되고 있다.

그동안 집값 띄우기의 대표 주자였던 김포를 생각해 보자. 중대형 아파트가 실거래 10억을 돌파하며 상승세가 어디까지 갈까 하면서 풍선효과로 뜨거웠던 지역이다. 비규제 투기나 과열이 없어서 미분양 나고 사람들이 관심 없어서 규제하지 않았던 곳이 비규제 지역이다. 그런데 비규제가 호재라면서 김포, 파주, 동탄도 10억을 넘었다. 그런데 지금 그 결과는 어떨까? 김포의 한 단지 예를 들면 2020년 10월에 5억에 거래되는 것이 갑자기 9억을 찍었다가 다시 6억원으로 내려왔다. 이게 현실이다.

언론은 매번 입지가 어떻든 간에 새 아파트 때문에 결국 우상향한다고 노래를 불렀다. 하지만 메뚜기떼가 지나간 자리는 결국 제자리로 돌아가고 있다. 왜 이렇게 호들갑을 떨면서 공급 부족을 이야기 했을까? 결국 팔아야 할 아파트가 너무도 많기 때문이다. 언론에서 부동산 멘토를 자청하던 사람들의 공급 부족이라는 말에 패닉바잉한 사람들만 이제 큰일났다. 공급 부족 때문에 아니였다는 사실이 밝혀지고 있는 것이다.

전세가 비처럼 쏟아진다

- 임대차 3법과 전세가 이중 가격의 현실

임대차 3법 때문에 전세 매물이 없다고 언론은 말한다. 전세 시장의 안정을 위한 정책이 오히려 전세난의 원인이 되고 있다고 하며, 이사철은 다가오고 있는데 입주물량도 줄어들고 있어서 전세난이 더 가중될 거라고 이야기 한다. 전세난이 결국 전세 수요를 매매수요로 전환시켜서 매매가가 상승할 거고 그렇기 때문에 늦기 전에 집사라는 이야기다.

그동안 분양가상한제 하면 공급 부족해져서 집값이 계속 오를 거라고 이야기를 했었는데 올해 또 집값 상승의 원인으로 꼽고 있는 게 바로 전세난이다. 하지만 전세는 투자 개념이 아니다. 철저하게 실수요 입장에서 결정된다. 전셋값 상승에는 한계가 있고, 앞으로 쏟아지는 입주 물량이 많기 때문에 전세는 안정될 것이다.

❙ 전세가 이중 가격의 고착화

전세가 이중 가격이 고착화됐다며 신규와 갱신의 전셋값 차이가 2배까지 벌어졌다는 기사가 나왔다. 은마아파트를 예로 들었는데 전용면적 76제곱미터가 신규 전세는 10억이고, 갱신되는 경우에는 4억 3,000만원이라며 이중가격 현상이 보편적인 현상으로 굳어지고 있다고 한다. 그런데 한 달 사이 2억이 빠졌다는 기사가 나왔고, 며칠 뒤에 10억에 거래되던 전세가 9억원에 거래됐고, 7억 8,000만원 매물이 있다는 기사도 나왔다. 어느 것이 진짜일까?

은마아파트 기존 전세가 4억이었는데 임대차법이 도입되면 이제 전세가가 폭등할 거고 그래서 은마는 호가가 10억을 찍을 거라고 언론은 이야기했다. 은마의 집주인들 같은 경우는 재건축을 기다리며 전세를 많이 주고 있는데 언론에서 10억이라고 하니까 10억원에 매물을 내놨다. 하지만 거래되는 가격에는 차이가 있다. 실제 2021년 2월 은마아파트 전세가 그래프를 살펴보면 큰 변동이 없다. 전반적인 추세는 오히려 떨어지고 있다. 최근 실거래가 기준 1개월 평균이 5억이 안 되는데 매물은 9억 원이 넘게 나와 있다. 실거래가를 자세히 보면 10억원이 넘는다고 하던데 2021년 1월 15일에 10억, 29일에 9억 거래 외에는 전부 다 4억에서 5억대에 거래가 됐다. 7억에서 8억 사이의 매물이 90개나 있다. 중복 매물도 있겠지만 실제 거래가 된 건 5억 이하다.

서울에서 가장 큰 단지인 헬리오시티 같은 경우에는 84제곱미터짜리 전세 매물이 전체 단지에서 7개 정도밖에 안 나와 있다고 이야기를 한다. 헬리오시티의 경우 입주가 12월에 있었기 때문에 이후 2~3개월 내에 굉장히 많은 매물이 나올 수밖에 없고 실제 부동산 사이트에 나와 있는 매물은 전세가 533건에 달한다. 언론에서 얘기한 것보다 훨씬 많은 전세 매물이 나와 있다.

10억 이상 부르는 전세가가 다 안 나가고 있는 것이다. 전세난 노래를 부르니까 사람들이 불안한 마음에 집을 많이 샀다. 전세난에 패닉바잉이 활활 타오른 게 2020년 한 해 동안의 일이었다. '서울은 전세난이니 경기도에 가서 집을 사자'고 하고, '지금이라도 집 사지 않으면 안 된다'고 생각하는 사람들이 많았다.

❙ 전세를 채워줄 사람들의 상황

지난해 GDP 성장률이 -1%로 외환위기 이후에 최저점을 기록을 했다. 정부가 돈을 풀고 대기업이 수출해서 그나마 이 정도며 실제 소득은 2년째 감소하고 있다. 소득이 더 떨어지고 있는 게 현실이다.

정부가 이자 유예해 주고, 재난지원금 손에 쥐어주면서 이만큼 버티고 있을 뿐 실제 쓸 수 있는 돈은 굉장히 많이 줄었다. 그리고 누군가 떠나간 자리를 채워줘야 되는데 인구는 계속 줄어들고 있다. 그나마 고액 전세에 살고 있던 사람들이 돈을 묶으려 하지 않고 공급 물량이 쏟아질 것을 대비해 로또 청약을 기다리고 있다. 대출이 잠겨 있는 상태에서 계약금, 중도금을 차질 없이 조달하려면 지금 고액 전세에 묶였다가는 큰일 나는 상황이기 때문이다. 무리하지 않는 게 지금의 일반적인 상황이다.

대출은 굉장히 빡빡하게 조이고 있다. 가계대출 같은 경우는 5% 수준으로 지금 설정이 되어 있는데 이 정도면 이미 예정된 대출만 해주기도 버거운 상황이다. 수많은 아파트가 분양이 됐고 여기에 중도금, 잔금 대출이 줄줄이 예정되어 있기 때문에 신규 대출은 어려운 상황이다. 대출의 규모는 줄어들었고 대신 금리는 올라가고 있다. 기준금리는 9개월째 동결하고 있는데 대출금리는 계속 오르고 있다. 1금융권 대출금리는 3%까지 올라왔고, 2금융권으로 넘어가면 10% 수준으로 대출을 받을 수 있다. 대출을 더 당겨서 전세금을 메꾸기 불가능한 상황이다.

전세가 계속 오르려면 그 오른 전세가를 채워줄 수 있는 수요가 있어야 한다. 그런데 수요 중에서 청약을 대기하고 있는 사람들 돈을 묶지 않으려 하고 있고, 또 대출을 더 당겨서 연장해보려고 해도 대출이 어려운 상황이다.

❙ 전세 매물은 쌓이고 있다

오른 가격에 전셋집을 채워준 수요는 점점 줄어들고 있다. 그렇다면 공급은 어떨까? 전세가 사라진다고 그렇게들 떠들어대는데 오히려 매물은 쌓이고 있다. 서울 수도권에 전세 매물이 쌓이면서 가격이 내려가는 단지가 속속 등장하고 있다. 정부가 전셋값 잡겠다고 공언했었는데 전세가 조금씩 안정을 되찾고 있다.

부동산 빅데이터업체 아실에 따르면 서울의 아파트 전세 물량은 2021년 2월 13일 기준 2만 1,629건으로 집계됐다. 지난해 7월 4만건 수준이던 서울 아파트 전세 물량은 임대차법 시행 후 급감하기 시작해 2020년 10월 초 1만건 미만까지 줄었다가 11월 1만 2,000건, 12월 1만 5,000건, 올해 1월 2만건 등으로 점차 증가 추세다. 경기도 역시 2020년 8월 2만7,327건이던 전세 물건이 9월 1만5,976건, 10월 1만 647건 등으로 줄었다가 11월 1만 5,153건으로 반등을 시작해 12월 1만 9,808건, 2021년 1월 2만 2,409건, 2월 2만 3,455건으로 점점 매물이 쌓이고 있다.

질량은 보존이 된다. 지역에 지어져 있는 집의 수는 정해져 있다. 그중 일부는 자가로 이용하고, 나머지 일부는 전세를 주고 있는데 그 집을 채워주고 있던 사람들이 외부로 빠져나간 상황이다. 더 채워주려면 더 비싸게라도 여기에 들어와서 살 사람이 있어야 되는데 인구는 계속 유출되고 있다. 서울에 가구 수가 늘어나고 있기 때문에 더 집이 많이 필요하다고 하지만 서울 인구는 계속 줄어들고 1인 가구만 40년 만에 16배나 증가했다.

2020년 9월부터 입주를 했던 개포레미안포레스트는 2021년 2월에만 전세 매물이 360여 개 나와 있다. 높은 전세가를 부르면서 기다리면서 누군가가 채워줄 거라고 믿으면서 버티고 있는 것이다. 2021년 1월부터 입주를 시작한 고덕자이는 입주 전부터 굉장히 많은 전세 물량이 있었다. 입주가 시작되고 한달이 지났는데도 전세 매물이 860여개 넘게 나와 있다.

엎친 데 덮친 격으로 전세가 비처럼 쏟아지고 있다. 서울 강동과 위례의 전셋값이 2억이나 하락했다고 한다. 인근의 입주가 쏟아지고 있기 때문이다. 수많은 입주 물량이 대기 중이고 또 입주 중이고 앞으로도 더 많이 들어온다. 하남 감일지구, 위례 신도시에 1만 4,000천 가구가 입주 예정이다. 이 물량들이 쏟아지면서 전세가는 하락하고 있는 것이다.

전세가 다 사라지고 반전세에 월세만 남는다고 이야기 하기도 하는데 전세는 레버리지다. 은행에서 돈 빌리는 게 아니라 다른 사람한테 집을 빌려주는 대가로 목돈을 당기는 방식이다. 전세금을 받아서 메우지 못하면 파산인 사람들이 지금 집을 가지고 있다. 그러니 필연적으로 전세 매물은 나올 수밖에 없다.

부동산의 특징, 고부영개

여러 형태의 부동산 중 주택은 의식주의 하나로 경제 관점에서만 다뤄질 수 없는 재화이다. 부동산을 공부하기 위해서는 부동산의 자연적인 특성에 대한 이해와 부동산 시장의 특수성을 이해하는 것이 필수다.

부동산의 자연적 특성은 고정성, 부증성, 역속성, 개별성 이렇게 네 가지로 '고부영개'라고 한다. 부동산은 '동산'과 구별되는 개념으로 토지 및 그 정착물로 정의되는데 우리가 직관적으로 이해할 수 있는 땅, 건물 등이 이에 해당한다. 차이는 있지만 기본적으로 부동산의 특성은 토지의 특성에서 기인하고 이에 토지의 자연적 특성을 이해해야 한다.

1. 고정성

토지 그 자체는 그 자리에 고정되어서 이동할 수 없고, 그 지리적 위치를 변화시킬 수도 없는 성질을 말한다. 다른 말로 '부동성(immovability)'이라고 한다. 부동산을 투자할 때 입지의 중요성을 강조하는데, 이는 바로 부동산의 가장 큰 특징인 부동성에서 기인한다. 공간으로서 재화이고, 물리적 공간을 인위적으로 이동시킬 수 없기에 어디에 위치한 채 움직이지 않고 있음을 전제로 부동산을 파악해야 한다. 이동하지 않기 때문에 그 지역에 직접 가서 살펴보는 것이 필수다.

또 주변에서 발생하는 호재 내지 악재의 영향을 고스란히 받는다. 예를 들어 수원역 인근의 경우 지리적 위치는 아무런 변화가 없지만 주변에 낡은 주택 지대가 정비사업을 통해 대규모 아파트 단지로 탈바꿈하고, 수인선 복선전철, GTX 노선 수혜 등 교통 여건 등 호재의 영향을 받게 되는 것이 바로 부동성에 기초한다.

2. 부증성

부증성(unproductively)은 부동산의 자연적 특성 중 하나로서, 생산비나 노동을 투입하여 토지의 물리적 양을 임의로 증가시킬 수 없는 성질을 말한다. 우리나라 국토의 크기가 정해져 있는 것처럼 어떤 생산을 통해 늘릴 수 없다는 특징을 갖고 있다. 따라서 희소성과 입지경쟁, 그에 따른 지가 상승의 원인이 된다. 또 한정된 토지이기 때문에 그 이용에 있어서 공공성, 사회성이 요구되기도 한다.

입지경쟁이라는 것은 어떤 토지의 이용에 있어서 가장 비싼 값을 치를 수 있는 용도로 그 토지가 이용됨을 의미한다. 예를 들어 서울의 토지에 농경지가 거의 없는 이유와도 같다. 해당 토지에 농사를 짓는 것 대신 아파트나 빌딩을 짓는 것이 더 유리하기 때문에 입지경쟁 결과 농경지가 사라지고 다른 용도가 자리잡게 된 것이다. 그렇다고 모든 토지가 입지 경쟁을 통해서 용도가 결정되지는 않는다. 모두가 강남에 살기를 원한다고 아파트만 짓는다면 그 효용을 달성할 수 없기 때문에 도로나 공원, 공공시설 등 공공성, 사회성 측면에서 주된 용도들이 효용을 다할 수 있도록 일부의 토지는 다른 용도로 이용되도록 한다.

이런 특성에서 비롯된 주장이 '오를 곳은 오른다', 그리고 '똘똘한 한 채'다.

우리나라의 경우 전국민의 50% 가까이가 서울 수도권에 모여 살고 있다. 모두 살고 싶다고 주택을 무한정 늘릴 수 없기 때문에 오를 곳은 계속 오른다고 하는데, 이는 또 다른 부동산의 특성을 간과한 생각이다. 특정 위치의 토지 양을 늘릴 수는 없지만 토지이용규제 등을 통하여 그 양을 조절할 수 있다. 예를 들어 용적률의 조정 등을 통하여 그 공급을 대폭 증가시킬 수 있다.

또 서울 수도권에 인구가 집중되는 이유는 많은 생산활동이 이를 중심으로 이루어지기 때문인데, 이를 분산시키는 정책을 통해 선호지역이 변화할 수 있다. 서울을 제외한 다른 도시의 경우 개발축의 변화로 신도심으로 거점 이동, 구도심의 슬럼화가 일어나는 것이 일반적이다. 어찌 보면 강남을 대체할 지역이 없다라는 생각은 환상과도 가깝다.

예를 들어 1990년대 가장 핫했던 압구정의 경우도 압구정동 아파트지구 개발이 늦어지면서 인근 반포 등으로 그 자리를 내주었다. 도심재개발 등을 통해 지역이 정비되면서 소위 말하는 '마용성' 지역은 신흥 강자로 부상하였다. 예전에는 강남만이 가장 선호되었다면 이제는 다채로운 선택지가 주어지게 되었다. 이처럼 어떤 부동산의 지리적 위치는 물리적으로 늘릴 수 없지만 선택 가능한 유사한 지역의 개발 및 용도 집중 등을 통해 대체지역의 육성 등을 통해 전혀 새로운 국면을 맞이할 수 있다.

이미 포화 상태인 강남에 더 수요가 집중되지 않도록 개발의 기대감을 낮추고 적절한 규제책을 쓰는 동시에 타 지역으로 수요분산이 필요하다. 지리적으로 대동소이한 지역을 중심으로 지역 개량 및 개발 집중 등의 정책이 이루어진다면 기존의 중심은 이동하고 변화될 수 있기에 '여기만이 유일한 곳이고, 여기는 무조건'이라는 생각에 한번쯤 의문을 가져야 한다.

3. 영속성

토지는 계속 사용해도 소모되어 사라지지 않고 계속 존재한다는 영속성(indestructibility)을 가지고 있다. 건물의 경우 시간이 흐르면 낡게 되고 지속적으로 유지 보수가 필요하고 더 시간이 흐르면 사라질 수 밖에 없지만 토지는 건물이 사라져도 여전히 존재한다. 현대 도시 대부분의 토지 위에는 각종 용도의 건물이 지어져 있고, 그 소유 형태도 다양하기에 보통 토지만의 가치를 따로 인식하지 않고 전체 부동산의 효용과 가치에 따라 거래하는 것이 일반적이다.

사람은 토지를 영원히 점유·사용·소유할 수 없다. 설령 후손에게 지속적으로 상속시킨다 하더라도 혼인관계로 타인과 공동소유관계가 성립하기 때문에 일가(一家)가 배타적으로 독점할 수 없다. 이에 반해 건물은 인공물이기 때문에 반영속적이라 할 수 있다.

재건축이 활발하지 않던 1990년대 후반만 하더라도 사람들은 아파트 한 채가 갖고 있는 땅의 가치를 잘 이해하지 못했다. 그냥 사용하는 건물이 시간이 지나면서 수선 유지 비용이 들어가니 그냥 낡은 건물로만 여겨 헐값에 거래하는 경우가 비일비재했다. 그러다가 저층주공아파트에서 시작된 재건축을 통해 헌집 주고 새집을 공짜로 받고, 심지어 현금까지 쥐어주는 상황을 경험하면서 영속성에서 비롯된 그 가치를 이해하기 시작했다. 낡은 건물이 사라져도 남아있는 땅에 가치에 비례해서 새롭게 개발될 부동산이 벌어들일 이익에 대해 지분소유자로 그 이익을 향유하는 투자로서의 개념이 생기면서 재건축·재개발 아파트에 대한 투자가 활발해졌다. 과거 건설업체위주의 사업(지분제)에서 직접 조합이 주도하는 사업(도급제)으로 변화했다.

4. 개별성

부동산은 완전히 똑같은 물건이 없고, 각 부동산마다 다른 특징을 갖고 있다. 개별성은 부동성에서 파생된 특징으로 부동산은 공간이기에 어떤 부동산이 차지하고 있는 공간의 중복이 불가하기에 물리적으로 똑같은 부동산이 존재할 수 없다. 부동산 가격 또한 각기 다르게 형성되기 때문에 개별적으로 그 특성이나 현상을 살펴보아야 한다.

예를 들어 바로 인접해 있는 토지라도 대로변에 자리잡고 있는 토지와 후면 토지 가격이 차이가 나거나 동일 아파트 단지 내의 같은 평수라 하더라도 층, 호별 위치나 내부 인테리어에 따라 가격이 다른 것도 개별성 때문이다.

부동산은 개별성을 갖고 있으나 아파트와 같이 동일 또는 유사한 효용을 주는 부동산이 다수 존재하기도 한다. 공간적으로 101동 1004호가 2개 존재하는 것은 불가하지만 1004호를 대체하는 904호, 1104호 등 수개호의 아파트는 큰 차이 없이 동일한 효용을 제공할 수 있고 그래서 다수가 존재하는 일정 규모 이상 아파트의 같은 경우 보편적인 가격 시세 등이 존재한다.

개별성에 비추어 각호 간에 차이가 반영되어 가격이 형성되고, 인근 단지와의 비교(위치, 연식, 단지규모, 브랜드 등) 더 나아가 지역 간의 격차를 고려해서 가격은 키맞추기가 이루어진다.

12.16대책을 통해 15억원 초과대출 금지를 한 것은 이런 키맞추기 효과를 염두에 둔 정책으로 가장 비교 우위에 있는 아파트의 가격 상승 억제를 통해 안정화를 꾀한 것이라 하겠다. 예를 들어 고가 아파트 A가 대출 안되서 15억인데 아파트B는 원래 9억이었는데 대출이 가능하다는 이유로 급격히 가격이 올라 15억이라면 사람들은 A를 선택하게 되고, B는 A보다 상대적으로 낮은 금액이어야 선택될 수 있기에 키맞추기가 이루어지는 것이다.

2장. 부동산 정책과 시장의 관계

부동산 투기와의 전쟁이 시작되다

– 12.16 부동산 대책

정부가 범죄와의 전쟁처럼 부동산 투기와의 전쟁을 선언했다. 12.16 부동산 대책은 부동산 시장은 꼭 잡겠다는 의지를 보여주는 발표라고 할 수 있다. 주택으로 인한 불로소득을 용납치 않겠다고 하면서 시장이 계속 과열된다면 더 강력한 대책을 언제든 내놓겠다는 의지를 천명했다. 2019년 마지막 달 정부는 12.16 부동산 대책을 기습적으로 발표했다. 세제·대출·청약을 모두 규제하는 내용으로 발표를 했는데 평상시 같으면 언론에 조금이라도 흘러나오게 했을 텐데 이번에는 그렇지 않았다.

주택시장 안정화 방안을 크게 4가지로 나누었다. 투기적 대출수요 규제 강화, 주택 보유 부담 강화 및 양도소득세 제도 보완, 분양가상한제 확대 적용, 실수요자를 위한 공급 확대를 약속했다. 담고 있는 메시지는 크게 세 가지로 요약할 수 있다.

❙ 투기 수요의 차단

첫 번째 투기적 대출 수요 차단이다. 투기적 대출 수요를 누른다는 것은 공급이 부족에 대한 불안감 때문에 왜곡된 가격의 꼭대기를 누르는 것이다. 구체적 방법으로는 9억원까지는 40%, 9억 초과분은 20%로 대출 가능 비율을 제한해서 대출할 수 있는 금액 자체를 줄였다. 그리고 대출받는 차주의 상황에 따라서 DSR*이라든가 RTI**를 강화해서 더 까다롭게 만들었다.

무엇보다도 강력한 것은 바로 15억원 초과 주택에 대해서는 주택담보대출의 대출을 금지한 것이다. DSR이라든가 RTI 규제는 대출액을 감소시키는 효과를 가지고 있다. 15억원 초과 주택담보대출 금지는 해당 주택에 대한 거래를 완전히 멸종시키는 수준의 조치이다. 15억원 넘는 집을 사는 사람은 현금으로 집을 사라는, 즉 비싼 주택을 사려면 여러 개 갖고 있는 거 팔고 현금을 마련해서 집을 사라는 의미다.

왜 하필 15억원일까? 강남 주택의 70%가 15억원 이상이다. 아파트 가격은 가장 입지가 좋고 비싼 강남의 주택 기준으로 시작한다. 그 이후로는 상대적으로 가격이 결정되는 특성을 가지고 있다. 가격이 단계적으로 형성이 되는데 더 이상 더 치고 올라가지 못하도록 이 뚜껑을 닫아버린 것이다. 정말로 살 능력이 되는 사람만 시장에 들어오게 한 것이다.

강남에 웬만한 요지에 있는 곳들은 20~30억원이 넘는다. 몇 건 거래된 걸로 호가만 올라가고 그 영향으로 다른 지역까지 가격이 올라가게 되니까 20~30억원 하는 주택은 그 가격을 부담할 수 있는 사람만 사라고 선을 그은 것이다. 그런데 정말 이런 집을 사줄 수 있는 사람이 있을까?

15억원이 넘는 주택을 사려면 현금이 많아야 하는데, 강남에는 6만명 정도로 추산되는 현금 부자가 있다. 그러나 이 사람들이 이미 강남에 집을 가지고 있고, 각종 거래를 다 뒤지면서 자금 출처 조사하고 있는 상황에서 더 집을 살 수 있는 상황이 안 된다. 9억원 이상 고가 전세에 살고 있는 사람이 5천 가구 정도, 2년 기준 하면 1만 가구 정도 된다. 이 사람들은 전세금 외에 추가적으로 모아놓은 현금으로 15억원 이상 되는 집을 살 수 있는 현금 부자이다. 그렇지만 이런 사람들도 분양가상한제가 실시되면 청약에 뛰어들지 15억원 이상의 구축을 사는 시장에 뛰어들지는 않을 것이다.

말 그대로 거래 전멸의 상황을 초래된다. 물건만 쌓여 있고 살 수 있는 수요가 없는 상황이고, 대출을 끌어서 진입하려는 거품이 꺼지는 효과를 가져올 수 있다. 그래서 15억원이라는 기준을 정한 것이다. 강남의 거래가 멈추면 가격은 하락할 수밖에 없고 강남의 가격이 떨어지면 나머지 그 이하의 주택들의 가격이 조정받는 상황을 예상하고 이러한 정책을 도입한 거라고 볼 수 있다.

전세대출 이용한 갭투자 방지와 주택 보유 부담 강화

둘째, 전세 대출을 이용한 갭투자를 방지하는 정책이 나왔다.

전세자금 대출 후에 신규 주택을 매입하더라도 전세대출이 끝날 때까지는 그냥 내버려뒀었는데 이제는 전세자금 대출받은 다음에 9억원 이상 주택을 매입을 하거나 2주택 이상이 되는 경우에는 즉각 전세대출을 회수한다고 한다. 전세자금대출을 통한 갭투자를 완전히 막아버리는 정책이다. 이제는 전세금을 돌려줄 능력이 안 되는 사람들은 다주택을 보유하지 말라는 뜻이다.

보유세와 양도세를 강화하고 장기 보유 거주 요건을 추가했고, 분양권도 주택 수에 추가하는 내용을 발표했다. 종부세율을 올렸고, 세부담 상한을 200%에서 300%로 올렸다. 은마아파트를 한 채 가지고 있으면 630만원, 은마와 또 다른 대치아파트 하나를 가지고 있으면 6,500만원의 보유세를 부담하게 된다. 강남의 2주택 이상 보유자가 30%에 육박하는데 그 사람들이 대출을 40% 정도 끼고 이자를 부담해야 한다면, 예로 들었던 아파트를 소유하는 경우에는 이자로만 6,300만원의 이자, 종부세로 6,500만원, 합해서 연간 약 1억 3,000만원 정도를 부담하게 된다. 대출을 많이 끼고 전세를 주는 2주택자들은 연간 1억 이상씩 부담하면서 계속 끌고 가는 것이다. 이 사람들이 자기 연봉보다 많은 돈을 날리면서 계속 보유할 수 있을까?

그리고 또 공시가격 현실화율을 높이겠다고 발표했다. 부담은 더욱 증가될 수밖에 없다. 지금 구조상 다주택자가 자기가 살 수 없는 집을 보유하면서 정작 필요한 사람은 갖지 못하고 있으므로, 많이 보유하고 있으면 그만큼 더 많은 세금을 부과할 거고, 또 그

종합부동산세 세부담 상한

기존			개정안		
일반	조정지역 2주택	3주택 이상	일반	조정지역 2주택	3주택 이상
150%	200%	300%	150%	300%	300%

부과 강도는 더욱 세질 것이다. 1년여의 유예기간 줄 동안 얼른 팔라는 메시지를 전한 것이다.

세금 부담이 늘어날 거라는 내용이 나오니 언론은 한 채 갖고 있는 사람까지 지금 부담이 너무 커진다, 1주택자까지 털어간다고 비판하고 있는데 우리나라 보유세의 수준은 OECD 대비 굉장히 낮은 수준이다. 한국의 부동산 보유세의 실효세율은 0.16%로 OECD 13개국 평균이 0.33%인 걸 고려하면 절반 밖에 안 된다. 물론 이 부담이 크게 느껴질 수 있지만 지금처럼 부동산 시장이 과열된 상황이기에 전반적으로 주택에 대한 보유세까지 손댄 걸로 보여진다.

분양가상한제 적용 확대

세 번째 투명하고 공정한 거래질서 확립을 위해서 분양가상한제 적용 지역을 확대하기로 발표했다. 핀셋 지정이라고 해서 몇 개만 지정을 했더니 아닌 지역에서 난리가 났다. 광명이 10억원 찍었다는 기사들이 나왔다. 그래서 서울 전 지역 및 경기 과천·하남·광명 등 언론에서 떠들어대던 지역까지 다 추가로 지정해버렸다. 그리고 부족하지 않은데 부족하다고 하니까 더 많은 주택 공급을 빠른 시간 안에 이루어지도록 노력하겠다는 내용을 발표했다.

현재 서울은 매년 4만 가구씩 주택이 공급되고 있다. 그리고 2021~2022년까지 계속 공급이 될 것이다. 그런데도 장기적으로 집값은 오른다는 공포 마케팅이 작용을 해서 집값이 천정부지로 올라갔다. 재건축 인가받은 주택들 그리고 이미 착공했거나 관리처분 단계에 있는 주택이 13만 가구라고 한다. 주택은 계속 공급될 예정이고 이 모든 주택들이 분양가상한제 적용 대상이다. 분양가상한제 이후 당첨되면 시세차익이 최대 4억원이라는 기사가 나왔었다. 이제 다 분양가상한제 대상이다.

12.16 부동산 대책의 내용은 첫 번째 투기적인 대출을 막았고, 시장을 선도한다는 15억원 이상 주택에 대해서는 대출받지 말고, 가수요 뛰어들지 말고, 투기 수요 껴들지 말고, 현금되는 사람들만 사라는 내용으로 정리할 수 있다. 시중에 돈이 없는데 그렇게 돈 많은 사람 많다고 하고 이런 걸 사줄 사람이 있다고 한다. 결국 현금 부자들이 사는지를 보면 알 수 있을 것이다. 하지만 현금 부자들이 사주지 않으면 지금껏 치솟은 가격은 떨어질 수밖에 없다.

다주택자들 "버티면 된다", "정권 말까지 버티면 된다" 이런 이야기를 한다. 지금도 영끌해서 강남의 2주택 무리하게 자기 연봉보다 많은 돈을 고스란히 세금과 이자 비용으로 내면서 과연 버틸 수 있을까. 버티는 사람도 있겠지만 못 버티는 이들은 결국 매물을 쏟아낼 수밖에 없고, 매물이 나오면 가격은 떨어질 수밖에 없다.

* DSR(Debt Service Ratio) : 대출을 받으려는 사람의 소득 대비 전체 금융부채의 원리금 상환액 비율을 산정하는 지표다. 연간 총 부채 원리금 상환액(주택대출 원리금 상환액+기타 대출 원리금 상환액)÷연간 소득으로 계산한다.

** RTI(Rent To Interest) : 부동산 임대사업자의 대출이 부동산 투기로 흘러가는 것을 방지하기 위해 만든 임대업이자상환비율로 담보가치 외에 임대수익으로 어느 정도까지 이자상환이 가능한지 산정하는 지표다. (상가가치×임대수익률)÷(대출금×이자율)으로 계산한다.

누가 어떻게 샀나? 부동산판 금융실명제

- 자금조달계획서 시행

2020년 대통령 신년사의 주요 키워드는 공정과 부동산이었다. 부동산 시장의 안정과 실수요자 보호 그리고 투기 억제라는 정부의 강력한 의지를 표명하였고 같은 날 거래 신고 등에 관한 법률 시행령과 시행규칙의 개정안이 발표되었다. 그중 하나로 자금조달계획서의 내용과 기준이 더 깐깐해졌다. 자금조달계획서는 주택자금조달 및 입주계획서로 집을 살 때 어떤 돈으로 샀는지, 대출을 받았는지, 증여를 받았는지 등 돈의 원천에 대해 물어보는 양식으로 1993년 도입된 금융실명제에 버금가는 부동산 제도다.

구체화된 자금조달계획서 내용

예전에는 증여나 상속을 받은 경우에는 금액만 썼었는데 이제는 누구한테 받았는지도 밝히도록 했고, 현금과 비슷한 자산은 현금으로 썼는데, 금괴인지 비트코인인지 등을 구체적으로 기술하도록 바뀌었다.

그리고 이렇게 조달한 자금을 어떻게 지급할 것인지에 대해서도 구체적인 계획을 적시하도록 했다. 계좌이체·보증금·대출 승계·현금 지급 등으로 나누어서 밝히도록 했고, 만약에 현금으로 집값을 치렀다면 왜 굳이 힘들게 돈 뭉치를 가져가서 건넸는지에 대해서도 소명해야 한다고 한다. 웬만한 수도권 주요 지역은 다 자금조달계획서 제출 대상으로 편입되기 때문에 이 조치는 정말 강력하다고 할 수 있다.

이번 조치는 부동산판 금융실명제라고 할 수 있다. 자금조달계획서 강화의 목적은 부동산 구입에 대한 자금 이동 출처 등을 명확히 해서 거래의 투명성을 밝히기 위해서다. 부모가 친척들한테 준 다음에 친척들이 다시 자식들한테 주는 형태로 몰래 돈을 빼돌리는 걸 막는 것이다. 또한 자금 조달에 대해서 명확하게 밝히지 못하는 사람들은 이러한 거래에 뛰어들 수 없게 위축 효과를 발휘할 것으로 보인다. 또한 이러한 조치를 법 개정이 아니라 시행령과 시행령과 개정만으로 가능하게 한 것이다. 긴급 명령처럼 즉각 시행이 가능하도록 이러한 조치를 취했다.

자금조달계획서 첨부 서류

투기과열지구에 소재하는 주택의 거래계약을 체결한 경우에는 다음 각 호의 구분에 따른 서류를 첨부해야 합니다. 이 경우 주택취금자금 조달 및 입주계획서의 제출일을 기준으로 주택취득에 필요한 자금의 대출이 실행되지 않았거나 본인 소유 부동산의 매매계약이 체결되지 않은 경우 등 항목별 금액 증명이 어려운 경우에는 그 사유서를 첨부해야 합니다.

1. 금융기관 예금액 항목을 적은 경우: 예금잔액증명서 등 예금 금액을 증명할 수 있는 서류
2. 주식·채권 매각대금 항목을 적은 경우: 주식거래내역서 또는 예금잔액증명서 등 주식·채권 매각 금액을 증명할 수 있는 서류
3. 증여·상속 항목을 적은 경우: 증여세·상속세 신고서 또는 납세증명서 등 증여 또는 상속받은 금액을 증명할 수 있는 서류
4. 현금 등 그 밖의 자금 항목을 적은 경우: 소득금액증명원 또는 근로소득 원천징수영수증 등 소득을 증명할 수 있는 서류
5. 부동산 처분대금 등 항목을 적은 경우: 부동산 매매계약서 또는 부동산 임대차계약서 등 부동산 처분 등에 따른 금액을 증명할 수 있는 서류
6. 금융기관 대출액 합계 항목을 적은 경우: 금융거래확인서, 부채증명서 또는 금융기관 대출신청서 등 금융기관으로부터 대출받은 금액을 증명할 수 있는 서류
7. 임대보증금 항목을 적은 경우: 부동산 임대차계약서
8. 회사지원금·사채 또는 그 밖의 차입금 항목을 적은 경우: 금전을 빌린 사실과 그 금액을 확인할 수 있는 서류

그동안 정부가 범한 실수들

정부가 이런 강력한 의지를 표명했지만 정부는 그동안 부동산 정책 관련해서 많은 실책들을 범했다.

첫 번째 임대사업자에 대한 혜택이다. 임대사업자는 1채 이상의 주택을 매입해서 임대사업을 목적으로 등록한 사람들을 말한

다. 이런 사람들한테는 많은 혜택이 있다. 취득세·재산세에 대한 면제 내지 감면 조치가 있고, 종부세 및 양도세에 대해서도 혜택이 있다. 많은 갭투자자들이 임대사업자 등록을 했다. 당장 팔지 않을 것이므로 임대사업자 등록을 해서 세금 혜택을 누리고 나중에 시세 차익이 발생해도 양도세에 대비할 수 있도록 임대사업자 등록을 한 것이다. 이런 사람들은 정말 임대사업의 목적을 가진 것이 아니다.

개포동 래미안블레스티지 월세를 예로 들어보면, 보증금 3억에 월세 330만원 정도 수준이고, 연간 임대소득은 4,860만원이다. 26억원을 들여서 1년에 수익률이 1%도 안되는 4,860만원을 벌자고 임대사업자 등록한 것이 아니다. 임대사업자에게 주어지는 혜택을 누리고 나중에 시세 차익을 기대했기 때문이다. 이런 사람들은 진정한 임대사업자가 아니다. 그렇지만 많은 사람들이 세금을 회피하고 추후에 양도세 감면 등 여러 가지 혜택을 누리기 위해서 임대사업자에 등록했다. 전월세 안정이라는 목적으로 임대사업자 등록을 유도했지만 이러한 반작용이 나타났기 때문에 이제는 규제로 돌아섰다. 진짜 임대사업자에게만 혜택을 주고 그렇지 않은 사람들을 가려내겠다는 뜻이다.

두 번째 정부의 실책은 전세자금대출을 그대로 둔 것이다. 전세자금 대출이 4년 새 3배가 늘었다. 정부가 손을 못 댔던 이유는 실수요 대출이라는 인식이 강하기 때문이었다. 그렇지만 이렇게 손쉽게 빌려준 전세자금 대출로 갭투자나 실제 목적이 아닌 다른 용도로 많이 전용이 되는 사례가 나타났다. 그래서 전세자금 대출에 대해서도 고삐를 조이고 있다.

전세자금 대출에 대해서 갭투자자의 경우에는 회수 조치를 하는 정책을 발표했다. 그리고 이런 회수에 대한 예외 규정도 최소화했다. 또 은행에 관리하고 있는 전세자금 대출 현황을 따로 내라고 압박하고 있다. 전세자금대출 유용을 막기 위한 세밀한 정책을 펴고 있는 것이다.

세 번째 정부의 실책은 허위 실거래가에 대해서 아무런 조치를 하지 않은 것이다. 그동안 호가가 상승하고 또 분양가가 상승하는 데는 실거래가가 주요한 요인으로 작용했다. 12.16 대책 이후에 재건축 단지와 강남 대표 단지들이 가격이 줄줄이 하락하고 있는데도 불구하고 여전히 언론에서는 최고가에 대한 기사를 쏟아 냈다.

7.26 대책에도 서울과 분당에서 15억원 초과 아파트가 신고가를 경신했다는 내용이 나왔다. 그리고 아파트는 연일 신고가를 찍는다는 기사가 나온다. 헬리오시티가 얼마에 팔렸고, 15억원 이상 강남 아파트는 대출을 금지해도 계속 최고가를 경신하고 있고, 개포동의 아파트가 계속 신고가를 찍고 있다는 기사는 하루가 멀다하고 나오고 있다.

2018년 11월 아크로리버파크가 34억원에 팔려서 평당 1억원을 뚫었다는 기사가 나왔다. 실제로는 사실무근인 것으로 밝혀졌다 그렇지만 앵커링 효과*가 발생했다. 언론이 카더라 통신으로 보도를 했고 그 진위 여부는 확인하지 않은 채 끝났지만 그 파장은 어마어마했다. 정말 평당 1억을 뚫었나 보다 하면서 사람들이 호가를 올리기 시작했고 이로 인해 불안해진 수요자들이 실제로 거래에 나서면서 가격이 오르는 현상을 보였다.

요즘 같이 정보가 공개된 상태에서는 모든 사람들이 실거래가를 조회할 수 있지만 그 가격의 진위 여부는 아무도 알 수가 없다. 거래가 취소되었는지 등에 대한 후속적인 판단을 할 수가 없다. 거래가 없는 상황에서 의도한 대로 정보를 공개해서 충분히 왜곡시킬 소지가 있는데도 이를 제대로 관리하지 못했기 때문에 이런 현상이 발생했던 것이다.

❙ 분양 완판의 공식

2021년 서울에만 4만 7,000여 가구가 분양을 한다. 3,000 세대 이상 매머드급 단지들이 대기중인데 이중에 분양가상한제가 적용되는 물량도 많다. 일반 분양분만 1만 가구가 되는 역대 최대 수준의 지금 분양이 이루어질 예정이다.

고가 거래 기사에는 공식이 있다. 신축은 불패고, 고가 거래는 계속 신고가를 찍으면서 현금 부자가 많다고 기사가 쏟아지고, 높게 신고된 거래가가 있는 인근에는 반드시 신규 분양 단지가 있다. 이런 신규 분양단지는 신문에 실거래가 대비해서 굉장히 싸다고 느껴지기 때문에 분양은 성공적으로 이루어진다.

이게 공식이다. 고가 거래는 언론에서 실시간으로 보도한다.

12.16 대책이 나오고 수십억원의 거래가 일주일도 안 돼서 신고가를 경신하고 언론에서는 그걸 실시간으로 보도해주었다. 이런 걸 통해서 사람들한테 분양은 싸고, 분양을 받으면 로또라는 걸 인식시키면서 많은 사람들이 분양에 참여하게 된다. '래미안 블레스티지가 26억원에 팔렸으니 개포 프레지던스자이가 15~16억원 하면 당연히 그냥 받아야 한다' 이런 인식을 갖게 만드는 것이다.

이 거래에 대해서 우리는 한번 생각해 볼 필요가 있다. 지금 강남 물량들은 15억원이 없으면 살 수가 없다. 현금 부자들만 노난 상황이라고 언론에서도 마구마구 떠들어댔다. 추첨제 물량 40평대 이상은 줍줍할 수 있는데 그 가격이 20억원이면 살 수 있다. 그런데 왜 26억을 주고 블레스티지를 사야 할까? 새로 분양하는 단지가 20억원이면 사는데 지금 나와 있는 단지를 26억원에 살까? 당장 못 들어간다는 이유로 6억원이나 더 주고 거래를 할까?

❙ 배수진을 친 정부

거래 진위 여부를 판단할 수 없었던 상황을 바로잡기 위해서 2021년 2월부터 실거래가 취소되는 경우에도 신고를 의무화하도록 개정했다.

정부는 지금까지의 실책을 인정하고 그동안 놓친 틈새를 막기 위해 세밀한 정책을 펴고 있다. 금융위원장이 버블을 이야기하고 대통령이 직접 나서서 부동산 투기와의 전쟁을 선포한 상황이다. 부동산 시장의 안정은 정부의 최우선이고 정부에서 먼저 모범을 보이도록 다주택 참모들의 주택 처분을 종용하였다. 이에 따르지 않는 사람은 교체하고, 1주택자로 정책의 일관성과 책임감을 갖고 일하도록 쇄신하였다. 정부는 배수진을 친 상황이기에 이런 결연한 의지가 정책의 일관성, 그리고 신속성으로 이어졌으면 하는 바람이다.

---

*앵커링 효과(Anchoring effect) : 행동경제학 용어로, 닻을 내린 배가 많이 움직이지 못하는 것처럼 최초에 제시된 숫자가 기준점 역할을 하여 합리적인 사고를 하지 못하고 이후의 판단에 영향을 주는 현상을 일컫는다.

부동산 정책, 강력한 드라이빙이 시작됐다

– 용산 정비창 개발

2020년 5월 용산 정비청 부지에 8,000가구 규모의 아파트를 공급하겠다는 내용이 발표되었다. 예전에 국제업무지구로 개발하려다가 무산됐던 지역이다. 외곽에만 공급해서는 서울의 아파트값을 안정시킬 수 없다라는 비판이 많으니 이제 도심에, 그것도 서울의 중심 지역인 용산에 8,000가구 규모의 아파트를 공급하겠다는 정책을 발표한 것이다. 그랬더니 이게 득이 될까 하면서 또 많은 이야기들이 나오고 있다. "임대주택이 너무 많아서 우려된다", "금싸라기 땅에 임대주택이 말이 되느냐" 하는 등 많은 비판들이 쏟아지고 있다. 이런 비판은 사실 한두 번이 아니다. 정부가 부동산 관련 정책을 발표할 때마다 온갖 비판이 쏟아지고 효과 없을 거다라는 이야기가 나왔었다.

분양가상한제의 진실

먼저 분양가상한제*를 살펴보자. 2019년 여름, 민간 택지에 대한 분양가상한제를 실시하겠다고 정부가 발표했다. 그랬더니 "분양이 위축되면서 오히려 집값이 급등할 것이다", "분양가는 싸질지 모르겠지만 공급이 위축되어 로또 청약만 늘어날 것이다"라는 이야기들이 있었다. 그리고 민간 개발자들이 더 이상 공급을 하지 않아서 공급이 부족해지고 그에 따라 신축 가격이 오르고 이야기가 신문지상을 도배했다.

그런데 이때는 금융위기 시절이었다. 분양가상한제 자체가 유명무실할 정도로 아파트 경기가 굉장히 침체된 시기였다. 사업성이 없으니까 분양이 이루어지지 않은 것이지 분양가상한제 때문은 아니었다. 하지만 분양가상한제가 예고되자마자 아파트값이 상승했다는 기사가 연달아 나왔다. 분양가상한제에 영향이 없는 아파트들이 가격을 올리고 있다고 하면서 분양가상한제 실시로 아파트값이 더 오르는 현상이 나타난다고 계속 언론에서 이야기했다. 그런데 분양가상한제로 인해 정말 공급이 없어졌을까?

2020년 4월 개포 주공 1단지가 사상 최초로 재건축 총회를 드라이브 스루로 진행했다. 빨리 총회를 했어야 되는데 코로나19 사태 때문에 사람들 모이지 못하도록 하니 총회에 드라이브 스루가 도입이 된 것이다. 이런 방법까지 동원하면서 총회를 진행한 이유는 무엇일까? 분양가상한제를 피해 빨리 사업을 추진하기 위해서다. 또 분양가상한제로 제값 못 받을 바에는 후분양 하겠다고 난리쳤던 단지들도 분향가상한제 이전에 분양을 마무리 지었거나 분상제 적용을 기꺼이 받아들이며 분양을 앞두고 있다.

오히려 분향가상한제 적용으로 원하는 금액에 가깝게 분양하게 되었지 손해를 보고 분양하는 것은 절대 아님을 알수 있다. 분양가상한제는 들어간 비용에 적정 이윤을 포함한 가격으로 분양을 하라는 의미다. 들어간 돈이 얼마든 간에 인근 시세 대비 얼마를 받아야겠다는 게 아니라, 자기들이 들어간 비용에 적정 이윤을 포함한 금액에 맞춰서 분양을 하는 의미이므로, 사실 분양을 안 할 이유는 없다.

정부가 분양가상한제를 도입하겠다는 정책에 대해서 말뿐인 반대의 의견을 내놓고, 그걸로 시장을 혼란스럽게 만들었던 것이다. 12.16 대책 때도 마찬가지다. 분양가상한제를 하면 주택 공급이 줄어 든다는 건 공포 마케팅이라고 정부가 계속 얘기했다. 계속 공급이 될 거니까 걱정하지 말라고 했는데도 사람들이 불안에 떨었다. 그래서 정부는 주택으로 인한 불로소득을 용납하지 않겠다고 하면서 강력한 12.16 대책을 내놨다. 앞서 언급했듯이 15억원 초과 아파트에 대해서는 주택담보대출을 아예 금지하는 강력한 정책이었는데, 이 정책이 나오고 나서 또 15억원 초과 아파트는 현금 부자들만 신이 나고 9억원 이하 대출 가능한 아파트값은 폭등할 거다라는 얘기들이 언론을 도배했다.

12.16 대출 규제가 발표되자마자 부산이 핫하고, 수원이 뜨고, 성남이 뜨고 난리가 났다고 연이어 보도됐다. 그런데 그렇게 뜨겁던 지역들이 바람이 빠졌다. 신조어까지 만들어진 '수용성', 안성

'오동평'은 그동안 사람들이 관심 갖지 않던 지역에 집값이 올랐다고 막 얘기하더니 석 달도 안 돼서 바람이 빠졌다. 또 서울 전역에 중저가 아파트가 상승했다고 그렇게 호들갑을 떨었는데 그 풍선효과가 끝났다고 한다. 호가가 하락세로 접어들었다. 12.16 대책이 발표되고 석 달 사이에 거래가 씨가 말랐는데 풍선효과가 나타났다고 그렇게 떠들어댔던 것이다. 그리고 코로나19가 확산하고 나서 이상 펌프질을 할 수 없으니까 이제 호가가 빠졌다고 이야기하고 있다.

❙ 서울 도심 최고의 입지, 용산 정비창

12.16 대책 이후 인천이 분양 물량이 많고 각종 개발 호재에 가장 핫하다고 주목 받았다. 서울 사람들이 제일 많이 샀는데 2019년 1/4분기 대비해서 거의 300% 가까운 수치로 인천의 총 매매 거래량이 14년 만에 최고치를 찍었다.

인천 같은 경우는 서울 도심 기준으로 40킬로미터 정도 떨어져 있다. 인천이 핫하려면 경기도권 웬만한 지역이 전부 다 핫할 수밖에 없다. 또 정부가 발표한 정책 중에 3기 신도시가 있다. 3기 신도시 1~2기 신도시보다 서울 도심 접근성이 좋다. 그런데 엄청난 비판에 직면했다. "임대가 너무 많고, 서울에 공급이 부족한데 서울 바깥에 이렇게 공급한다고 되겠느냐", "뭐 하러 이런 걸 하느냐", "언제 될 거냐, 지금 당장 필요한데 늦게 공급하면 무슨 의미가 있느냐" 등 정부 정책을 비난하는 각종 내용들이 쏟아졌다.

3기 신도시는 2021년 말에 첫 분양을 할 수 있도록 굉장히 빠른 속도로 진행하고 있다. 이것도 모자라서 판교 신도시를 빨리 분양하기로 했다. 2021년에 9,000가구 정도 사전 청약제도를 도입한다고 한다. 인천 계양·과천·남양주 왕숙·하남 교산 모두 서울 접근성이 좋은 곳이다. 또한 고양 창릉·부천 대장 다 지금 진행하고 있다. 약 3만 가구가 대상이라고 한다. 그런데도 3기 신도시 발표되고 나니까 강남 집값은 못 잡고 딴 데만 박살날 것이며, 서울 집값 안정 효과는 전혀 없는 것처럼 이야기들을 했다.

그래서 도심에 공급하기로 한 것이다. 용산 정비창에 8,000가구 규모의 아파트를 짓는다고 한다. 입지의 끝판왕이라고 할 수 있는 용산에서 7년 동안 놀고 있던 정비창 부지는 어마어마하게 넓다. 여기에 아파트를 짓는 것이다. 그랬더니 또 이 좋은 위치에 서울의 맨하탄을 만들어도 모자랄 판에 여기다 임대주택 때려 짓는다고 막 비난이 들끓고 있다. 그런데 그 앞에 정비창 전면 1구역이라고 민간이 추진하고있는 구역을 보면 조합원 400명의 아파트 777세대를 짓는다. 민간이 지어도 아파트를 짓는 것이다.

정비창 지구 개발을 통해서 아파트 8,000가구 공급한다고 하지만 거기 아파트만 짓는 건 아니다. 호텔과 업무 시설도 짓는다. 민간이 추진하는 정비사업도 사업성 때문에 주택을 짓고 있는데 정부가 하면 잘못된 것인가? 정부가 여기다 아파트만 엄청나게 짓는 것도 아니고 업무시설과 호텔 포함해서 짓는 건데 왜 이게 문제가 되고 비난의 대상이 되는지 이해하기가 어렵다. 그리고 서울의 맨하탄으로 개발해야 한다는 주장이 있는데, 그 이익은 누가 받기 위한 것일까? 가뜩이나 서울에 인구가 집중되고 있고, 지금 그런 것 없어도 다들 서울에 살고 싶어 난리인데 꼭 이걸 해야 할까.

재건축·재개발 완화만이 도심에 공급을 늘리는 길이라고 많은 전문가들이 이야기를 한다. 그런데 재건축·재개발이 그렇게 빨리 진행될 수 없다. 수많은 토지주들이 함께 뜻을 모아야 이루어질 수 있는 사업이다. 사업성만 있다고 해서 되는 것이 아닐뿐더러 사람들의 의견이 모아지고 또 정당한 절차를 밟아서 진행할 수밖에 없는 사업이다. 기본 10년 이상 걸리는 시간이 많이 소요되는 사업이다. 근데 이렇게 놀고 있는 땅에 주택을 지어 하면 단기간에 공급이 가능하다. 이것이야말로 다들 그렇게 걱정하는 3년 후 공백을 메울 수 있는 아주 신박한 방법 아닐까.

부동산 하락의 징조

부동산 시장을 결정하는 요소는 크게 세 가지다. 부동산 시장에 존재하고 있는 사실, 시장에 참여하는 사람들의 심리 그리고 적용되는 정책 이 세 가지 요소에 의해서 부동산 시장은 흘러간다. 정책으로 인한 효과는 반드시 시장에 나타날 수밖에 없다. 지금 정부가 참여정부 시절의 부동산 정책을 그대로 답습하고 있다는 이야기가 있다. 당시에 효과가 없었다고들 하는데, 당시와 지금은 상황이 많이 다르다. 당시는 열린우리당이 47석 밖에 없는 여소야대의 구조였다. 지금은 거대 여당의 상황으로 부동산 정책의 일관성이 더 유지될 수밖에 없다. 내용적으로 이 정책이 흐지부지되는 가능성이 적은 게 지금 상황이다. 재건축 규제는 이어지고 임차인 보호는 강화될 것으로 예측을 하고 있다. 강화된 종부세 계속 진행될 수밖에 없다.

부동산 시장을 결정하는 세 가지 요소 모두 하락을 가리키고 있다. 수요자가 줄어들고 집을 사야 하는 수요는 지금 여력이 없다. 대출도 안 되고 경기도 위축된 상황에서 가격은 엄청 높게 이야기하고 있으니 살 사람들은 나서지 않는다. 반면 공급은 여전히 이루어지고 있다. 정책은 지금과 같은 거품을 터뜨리겠다는 의지를 불태우고 있다. 사람들의 심리는 위축될 대로 위축되고 있다. 이게 시장에 존재하는 사실이다.

*분양가상한제 : 분양가격을 안정시켜 주택 공급을 원활하게 하기 위해 아파트 가격을 일정 수준 아래로 규제하는 제도다. 감정된 토지비용(택지비)과 정부가 정한 기본형 건축비에 개별 아파트에 따라 추가된 비용인 가산비용을 더해 분양가의 상한선을 결정한다. 기본형 건축비는 6개월마다 조정된다.

무리해서
집 사지 말아라

– 6.17 부동산 대책

2020년 6월 17일에 정부의 21번째 부동산 대책이 발표되었다. 정부가 이렇게 강력한 정책을 연이어 추진하는 데는 이유가 있다. 코로나19 이전부터 심각했던 경제 상황에도 불구하고 부동산 투기 신화에 휩쓸려서 여전히 부동산 시장으로 뛰어들려고 하는 사람들이 많기 때문에 강력한 대책을 내놓은 것이다. 규제를 할 수밖에 없는 그 배경을 먼저 이해하고 정책을 살펴보자.

우리나라 경제는 코로나 팬데믹 전부터 저성장을 보이고 있었다. 저성장이라는 얘기는 전체 경제 규모가 크게 나아지지 않는다는 뜻이다. 파이는 커지지 않고 경제 주체끼리 그 몫을 나눠 갖는 상황이다. 부동산 관련 정책은 아파트에 대한 과열 때문에 추진되고 있는데, 최근 몇 년간 아파트 시장이 과열되면서 경제 주체 간에 어떠한 변화가 있었는지를 살펴볼 필요가 있다.

| 역대 호황을 누린 건설사

아파트를 개발하는 주체는 기업이다. LH가 부지를 조성하고 건설사는 이 부지를 사들여 그 부지 위에 건물을 지어서 판매한다. 건설사는 관련된 기업에 땅값이나 공사대금을 지불하고 아파트에 들어가는 각종 전자제품·통신·빌딩 옵션 등을 설치하며 대기업들의 물건도 팔아준다. 그리고 은행에서 돈을 빌리기도 하고 집을 팔 때는 홍보를 해야 하므로 각종 언론사와 포털 사이트 등을 활용해 마케팅을 한다. 가계는 아파트를 구입하고, 건설사에 그 대금을 지불한다. 그러면 건설사는 관련된 기업에게 그동안 주지 못했던 돈을 주고 이윤을 남긴다. 이 과정에서 세금이 발생하고 정부로 들어간다.

그런데 제로섬 상황, 즉 파이가 커지지 않는 상황에서 어느 한 쪽의 주머니가 채워지면 다른 쪽의 주머니는 비게 되는 게 당연한 결과다. 돈이 돌지 않으면 경제는 멈춘다. 사람들이 쓸 돈이 없으니까 소비를 안 하고, 소비를 안 하니까 내수가 침체되고 그러면서 경제는 더 성장 동력을 잃게 되는 악순환에 빠진다. 그래서 국민의 가처분 소득을 늘려야 하는데 소득이 늘어나게 할 뾰족한 수가 없었기 때문에 가장 즉각적인 효과를 볼 수 있는 부동산을 자극하기 시작했다. 초이노믹스로 일컬어 지는 '빚내서 집 사라'가 시작되었고, 그 결과 많은 사람들이 부동산 시장으로 뛰어들게 되었다.

부양책으로 부동산 시장을 자극했기 때문에 그 결과 아파트에 최종 소비자인 가계만 부채가 증가하는 상황이 되었다. 최근 몇 년간 주택시장의 폭등으로 그 제로섬 관계는 이렇게 바뀌었다.

2012년도 기사를 보면, 경제 위기로 주요 50개 건설사가 대부분 부도 위기에 직면해 있었다. 하지만 부동산 경기 활황을 타면서 이제는 실탄을 많이 쟁여놨다. 대형 건설사들은 많게는 두 배 이상으로 현금 보유량을 늘렸다. 코로나19 사태로 위기가 커지긴 했지만 유례없는 호황으로 대형 건설사들은 돈을 많이 쌓고 있는 상황이다.

우리나라는 시장경제체제다. 능력이 안 되면 사라져야 하는 게 시장경제 원리고, 그게 선순환의 과정인데 역대 호황인 주택시장 덕분에 워크아웃에 직면했던 기업들까지 살아났다. 빚더미에 올라앉아 있었던 LH도 부채를 30조나 갚았다. LH는 임대사업도 하니까 적자가 날 수도 있는 게 당연한 건데, 그 많은 적자 사업들 가운데서도 30조를 갚을 수 있을 만큼 많은 돈을 벌었다. 은행도 돈을 벌었다. 기업에, 또 기업들이 만들어낸 아파트를 산 사람들에게 돈을 빌려주면서 많은 이익을 거두고 있다.

또 광고에 동원됐던 포털 사이트도 엄청나게 커졌다. 부동산 시장이 거품이 계속되도록 자극했던 건 언론의 힘이 컸다. 그들의 힘 덕분에 부동산 열기는 꺼지지 않고 더 큰 버블이 생겨난 상황이다.

❙ 가계부채와 국가부채의 증가

수년간의 주택시장 호황으로 기업들은 부자가 되었다. 그 과정에서 세금을 거둬들였으니까 정부도 마찬가지다. 그런데 앞서 제로섬이라고 이야기했듯이, 그 결과 가계는 많은 빚을 지게 되었다. 2020년 12월 24일 한국은행이 발표한 금융안정보고서를 보면, 2020년 3분기말 가계부채가 1,940조 6,000억원으로 명목 GDP를 넘어섰다. 명목 GDP 대비 가계신용비율은 2018년 2분기 90%를 넘어선 이후 계속 증가해왔는데 이는 주택구매 등에 따른 주택담보, 신용대출의 증가가 주된 원인이었다. 그런데 처분가능소득은 증가세가 낮아지면서 채무상환부담은 더 늘어난 상황이다. 즉, 벌어들이는 돈은 크게 나아진 것이 없는데 빚은 더 많이 늘어나서 이걸 갚아내는 부담은 더 커지게 된 상황이다.

코로나19 때문에 늘어난 부분이 반영되기 전부터 우리나라 부채는 큰 폭으로 증가했다. 가계 부문의 민간 부채는 굉장히 많이 늘어났다. 이러다 보니까 가계는 더 쓸 돈이 없다. 소득은 늘었고 자산도 늘었는데 삶의 만족도는 계속 떨어지고 있다.

삶의 만족도가 떨어진 이유는, 아파트값이 올랐다고 해도 빚이 훨씬 많이 늘어났기 때문이다. 그래서 더 쓸 돈 없이 더 팍팍한 삶을 살고 있다. 세 경제 주체 중에서 기업과 정부는 돈을 더 많이 가지게 되었고, 가계는 그만큼 돈을 내어준 상황인 것이다. 현실은 더 가난해졌는데, 사람들은 부자가 됐다고 착각에 빠져 있다. 그래서 집을 사지 못했다는 패배감을 가진 사람들, 또 앞으로 더 집을 살 수 없을 거다라는 불안감에 빠진 사람들마저 지금 부동산에 뛰어들고 있다. 이 와중에 기업은 또 남아 있는 물량을 비싼 값에 물량을 팔고 있다.

있는 돈, 없는 돈 그리고 또 빚으로 끌어온 돈까지 전부 다 부동산이라는 논에 쏟아 붓고 있으니까 정부는 경제 봉쇄를 못하고 있다. 굶어 죽느냐, 병으로 죽느냐 기로에 섰기 때문이다. 그만큼 심각한 상황이다. 상대적으로 양호했던 국가 채무까지 늘어나고 있다. 국가 채무가 늘어난다는 건 미래에 우리에게 빚으로 돌아온다는 의미다.

❙ 가수요 차단, 멸실 조정의 6.17 정책

좋아질 게 없고 더 침체의 길로 갈 수밖에 없는 상황임에도 불나방처럼 부동산으로 뛰어드니까 6.17 정책을 편 것이다. 대책의 내용을 살펴보면 전세대출 후에 규제지역 내에 3억원 넘는 주택을 사면 대출을 회수한다고 한다. 갭투자를 차단하려는 목적이다. 예전에 9억이던 기준이 이제 3억원으로 내려간 것이다. 전세대출을 활용해서 집을 사는 걸 먼저 차단했다. 무주택자가 주택을 구입하게 되면 무조건 6개월 내에 전입을 해야 한다. 실제로 들어가 살 사람만 사라는 이야기다.

그리고 틈새 시장이라고 하면서 법인 설립해서 주택을 구입하면 된다고 부추기는 사람들이 많았는데, 법인에 대해서 종부세를 대폭 상향하기로 했다. 과열 지역에 투기수요 유입을 차단하고,

정비사업을 규제하고, 법인을 활용한 투기를 근절하는 정책을 발표했다. 투기수요 유입을 차단하고 법인 갭투기를 근절하는 것은 가수요를 차단하는 정책이다. 그리고 정비사업을 규제하는 건 멸실이 갑자기 일어나지 않도록 해서 수요가 갑자기 늘어나는 걸 막는 정책이다. 그리고 재건축·재개발은 투자성이 강하기 때문에 이러한 아파트들이 가격을 선도하는 현상을 막기 위해서 정비사업 규제까지 들어간 것이다.

또한 법인이 많이 늘어나고 지방에 내려가서 집을 사니까 그 지방 곳곳까지 조정지역이나 투기과열지구로 묶어버렸다. 세금도 엄청나다. 법인을 활용해서 대출받고 세금도 줄여보려고 했는데 새로 취득하는 경우 최근 개인 세율 중에 최고 세율인 12%를 적용받게 된다. 10억이면 1억 2,000만원을 세금으로 내야 하는데 집을 수십 채 갖고 있어도 당장 몇 천만원이 없는 법인이 태반이다. 그렇게 되면 그들이 들고 있던 물건들은 다 시장으로 나올 수밖에 없다.

정책을 종합해 보면 굉장히 일관되었다는 것을 알 수 있다. 가수요를 차단하고 또 멸실을 조정해서 수요를 억제하는 정책이다. 왜 공급은 안 하고 자꾸 수요만 억제하냐 이런 얘기들도 나오는데 공급은 이미 많이 있다. 다만 필요도 없는 사람들이 쥐고 안 내놓고 있어서 지금 문제가 발생을 했기 때문에 계속 수요 억제책을 펴고 있는 것이다. 다주택자들의 부담을 높여서 이미 쥐고 있는 집들을 내놓게 만드는 것이다. 집이야말로 부가가치가 없는 최종 소비재라고 할 수 있다. 누가 살지 않으면 그 효용이 없는 게 바로 집이다.

그런데도 이러한 상품이 마치 가장 좋은 투자 상품인 것처럼 어느새 사람들 머릿속에 인식되어 있다. 여기에 휩쓸려서 더 뛰어들지 말라고 이렇게까지 정책이 나온 것이다. 이런데도 집값은 오른다고 여전히 이야기하는 사람들이 많다. 정책이 나오기 전부터 집값이 올랐다고 하고, 대책이 나온 직후에 풍선효과가 나타났다고 한다. 똑같은 레퍼토리이다. 예전에 정책이 발표될 때마다 규제가 나오면 오른다 이런 이야기가 자꾸 나오고, 그러면 투기꾼들이 먼저 달려가고 일반인들이 따라붙는 상황이 계속 반복되고 있다.

무리하게 집 사지 말자

"하루아침에 부동산 투기꾼이 되었다, 40대 가장의 눈물" 이런 기사가 나왔다. 내용을 보면 대출이 60%까지 될 줄 알았는데 이제 40% 밖에 안되니까 나는 어쩌란 말이냐, 투기꾼 아니고 새집에 들어가고 싶은 지극히 평범한 사람일 뿐인데 이게 말이 되느냐, 이렇게 이야기하고 있다.

실수요자와 실소유자들만 피해를 보고 있는 상황이다. 집값 안 올랐다고 지금 부동산 규제에 인천지역 사람들이 반발하고 있다고 하고 청주 부동산 시장은 멈췄다고 한다. 결국 이런 장단에 놀아나서 비싼 값에 분양받으면서도 비싸지 않다, 나는 로또 맞았다고 생각하고 집을 사게 만들고 또 지방 사람들은 더 오르면 안 되겠다 불안한 마음을 갖게 해서 투기꾼들이 올려놓은 호가에 울며 겨자 먹기로 집을 사는 상황이 계속 벌어지고 있다. 정책은 결국 공익을 위한 것이다. 아무리 정부가 나쁘다 하더라도 전체적으로 플러스가 되도록 정책을 추진해 나간다.

우리나라 가계 빚이 눈덩이처럼 불고 있다. 2020년 6월 국제결제은행(BIS)이 공개한 최신 통계에 따르면 세계 43개 나라의 GDP 대비 가계신용 비율을 조사한 결과, 우리나라는 작년 4분기 기준 95.5%로 직전 분기(93.9%)보다 1.6% 높아졌다. 오름폭은 홍콩(1.6%)과 함께 비교 대상 국가들 가운데 공동 1위다.

앞으로 닥쳐올 경제 침체 상황에서 소득은 없는데 빚 무서운 줄 모르고 집 사는 게 당연한 일일까? 무리하게 빚내서 집 사지 말라는 게 당연한 것이다. 시지 전달이라고 볼 수 있다. 풍선효과가 나타난다고 하면 묶을 것이다. 언론에서 떠들면 바로 조치하는 것이다.

무주택자도 1주택자도 지금의 상황을 바라지 않는다. 정직하게 모은 돈으로 적당히 살 수 있는 내 집 마련할 수 있는 세상이 되기를 바라고 있다. 결국 정책을 안 믿고 또 시장의 상태와 팩트를 안 믿고 투기꾼들이 부추긴 대로 자기 스스로 다주택자가 된 사람들이 책임질 상황이 된다.

실수요자만 집 사라는 정책이 발표됐으니까 전세 세입자에게 보증금을 빼주지 못하면 팔아야 하는 상황이 된다. 결국 수요는 한정되고 가격은 떨어질 수밖에 없다. 법인은 집만 많지 돈은 없다. 이제 매물로 나올 수밖에 없다. 버티면 된다라는 이야기도 있는데, 버티면 된다. 대신 수많은 집에 매겨지는 그 많은 세금을 내면서 버티면 되는 것이다. 현재 상황은 젖은 장작과도 같다. 성장 동력이 되는 장작은 이미 젖을 대로 젖어 있는 상황이다. 장작은 젖어 있는데 불 꺼지지 말라고 석유도 갖다 붓고 토치로 지지고 있다. 그런데 젖은 장작에 불이 붙을 것인가.

실물경제가 위축되고 성장 동력을 잃고 있는 상황에서 재정을 쏟아 붓고 유동성을 푼다고 해서 장작이 마를 수 있을까. 결국 시간이 흘러 장작이 말라야 다시 불을 붙일 수 있다. 이게 현실이다. 현실을 직시하고 "전셋값은 오른다", "사다리를 걷어찼다", "더 이상 이제 무주택자는 희망이 없다" 이런 이야기에 불안해하지 않길 바란다.

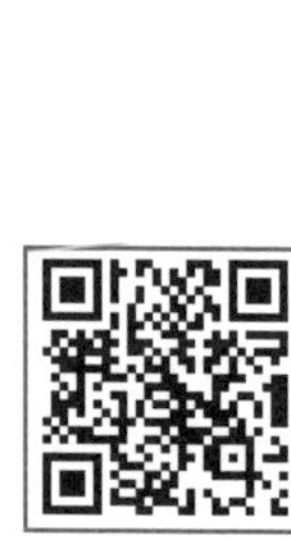

기승전 세금 폭탄이 터진다

– 7·10 부동산 대책

6.17 대책이 나온 지 얼마 안 돼서 7.10 대책이 나왔다. 많은 대책이 발표되었지만 별반 효과가 없었으니 7.10 대책 또한 효과가 없으리라고 이야기한다. 수많은 대책의 기저에는 부동산 시장이 급락하는 걸 원하지 않는 정부의 속마음이 깔려 있었다. 안정화되고 연착륙하기를 바랐기 때문에 그동안의 대책을 내놨는데 결국은 안 되겠다 싶었는지 좀 강력한 대책을 내놓았다. 이에 대해 기승전 세금폭탄이라며 시장을 거스른 대책이다, 이러한 정책 때문에 조세 부담이 전가되어 거래 절벽이 올테니 이는 잘못된 정책 때문이라고 비판하는 기사도 어김없이 이어졌다.

계속 주택 시장으로 사람들이 관심을 보이는 이유가 주택시장이 세금을 많이 내더라도 버티는 만큼 그만큼 많은 이익을 줄 수 있다는 믿음과 기대, 또 나는 이번 생에 집을 마련하지 못할 거라는 실수요자들의 불안감이 합쳐졌기 때문이다. 그래서 정부는 실수요자들의 부담을 줄이고 또 공급도 많이 할 테니까 제발 좀 안심하라는 정책을 냈다. 내용을 자세히 살펴보자.

❙ 다주택자 취득세, 보유세, 양도세 동반 인상

세제를 대폭 강화하여 다주택자의 종부세를 최고 6%까지 올렸다. 다주택자에 대한 종부세 중과세율을 시가를 기준으로 한다. 15억원에서 23억원 사이면 2.2%가 적용된다. 10억원짜리 주택을 2채 가지고 있으면 연간 4,400만원의 종부세를 부담해야 한다. 5억원짜리 2채를 갖고 있는 사람은 연간 1,600만원의 세금을 부담해야 한다.

종합부동산세 인상으로 인한 다주택자 세부담 변화

합산 시세	2020년		2021년	
	종부세 과세표준	종부세	종부세 과세표준	종부세
10억	0.9억	48만원	1.4억	178만원
20억	7.2억	568만원	8.55억	1,487만원
30억	13.5억	1,467만원	15.7억	3,787만원
50억	28.4억	4,253만원	32.3억	1억 497만원
75억	48.6억	8,046만원	54.9억	2억 440만원
100억	66.6억	1억 2,811만원	75.1억	3억 1,945만원

또한 법인 소유 주택에 대해서도 중과 최고세율인 6%를 적용하기로 했다. 기본 공제 6억도 적용하지 않도록 했다. 여기서 가

장 강력한 정책은 다주택자 단기거래에 대한 부동산 세제 강화 정책이다. 양도소득세에서 단기 양도 차익의 경우 더 강한 세율을 적용하도록 하여, 1년 미만의 경우 기존 40%였는데 이걸 70%까지 올렸다. 미등기 전매의 경우가 양도세율 70%인데 법을 어기고 시세 차익을 위해서 매매를 할 경우 미등기 전매한 사람들과 맞먹는 수준으로 양도소득세를 부과하겠다고 발표한 것이다. 다주택자에 대해서는 양도세 중과세율도 인상했다.

집을 사는 것도 더 어렵게 만들었다. 다주택자 법인에 대한 취득세율을 기존 3%에서 12%로 인상했다. 그리고 법인에 대해서도 부동산 매매·임대 법인은 취득세 감면 혜택을 배제하는 정책을 발표했다. 사는 것도 어렵고 가지고 있으면 더 부담이 되는 상황이 되었다. 부자들의 경우는 부동산 신탁을 많이 활용을 하는데, 이제 신탁을 하더라도 보유세를 원소유자에게 부과하는 방식으로 변경된다.

취득세 세율 인상

<table>
<tr><th colspan="3">기존</th></tr>
<tr><td rowspan="4">개인</td><td>1주택</td><td rowspan="3">주택 가액에 따라
1~3%</td></tr>
<tr><td>2주택</td></tr>
<tr><td>3주택</td></tr>
<tr><td>4주택 이상</td><td>4%</td></tr>
<tr><td colspan="2">법인</td><td>주택 가액에 따라
1~3%</td></tr>
</table>

<table>
<tr><th colspan="3">개정</th></tr>
<tr><td rowspan="4">개인</td><td>1주택</td><td>주택 가액에 따라
1~3%</td></tr>
<tr><td>2주택</td><td>8%</td></tr>
<tr><td>3주택</td><td rowspan="3">12%</td></tr>
<tr><td>4주택 이상</td></tr>
<tr><td colspan="2">법인</td></tr>
</table>

"법인이 아니니 이런 정책에 해당되지 않는다", "지금 임대사업자 등록해서 임대사업자 혜택 누리면서 버틸거다"라고 하는 사람들도 많이 있는데 임대사업자 제도도 이제 더 이상 연장될 수 없도록 폐지할 예정이다. 기존에 등록한 사람들 기간이 만료되는 경우에 자동으로 등록 말소된다. 그 전이라도 매물을 내놓는 사람들을 위해서 퇴로를 마련했다. 임대 의무기간을 채우지 못하면 몇천만원 수준의 과태료를 물게 되는데, 이를 면제하여 자진 말소가 가능하도록 하였다.

| 다주택자의 매물 유도

발표된 내용의 핵심은 세금을 강화해서 결국 버틸 수 없게 만든다는 정책이다. 그동안 너무 안일한 생각으로 접근한 측면이 있다. 정부 입장에서는 거품이 급격히 빠졌을 때 올 경기 충격이 너무나 두려워했기 때문에 이러한 정책들을 폈던 건데 오히려 시장에 반대의 시그널을 준 셈이 되었다. 정부는 집값이 급락하는 걸 바라지 않고 오히려 현 상황을 유지하기를 바란다, 그렇다면 내가 지금 집을 사더라도 원금은 보존할 수 있을 것이다라는 믿음을 주택 시장 참여자들이 갖게 된 것이다. 사실 어떤 투자든 위험을 감수해야 하는데 아파트 같은 경우에는 사도 떨어지지 않을 거다라는 믿음이 생겼다.

정책에는 수요적인 측면과 공급적인 측면이 있으며 둘 다 시장에 영향을 준다. 그런데 지금까지 공급적인 측면에서 신규 공급만을 고려했다. 사실 공급이 이루어지려면 기존에 주택을 보유하던 사람들이 더 이상 갖고 있으면 손해라는 인식을 가지게 되어 그 물량이 공급이 되도록 만들었어야 하는 건데, 기존의 공급은 그대로 두고 신규 공급에만 치중한 게 문제였다. 다주택자들의 매물이 시장으로 공급되도록 하지 못한 것이 지금과 같은 심각한 상황을 초래했다. 그래서 7.10 대책이 나온 것이다.

다주택자가 굉장히 많다. 통계청의 2019년 주택소유통계 통계에 따르면 다주택자는 2,284천 명으로 15.9%, 5채 이상 집을 소유한 사람은 11만 8,000명에 달한다. 11만 8,000명이 5채 이상 갖고 있다고 하는데, 이것만 해도 거의 60만 채에 이른다. 이렇게 많은 집을 갖고 있는 사람들이 있다. 이런 사람들 갖고 있으면 이제 세금 폭탄 맞을 일만 남았다. 2021년에 세금 1억원씩 내기 싫으면 2021년 5월까지 집 팔라고 하고 있다. 강남에 3채 가지고 있으면 종부세가 1억원이다. 51만명 정도가 대상자이다.

집 말고 현금도 많고 상가도 많고 돈도 잘 벌고 하는 사람들이야 종부세 1억원 정도 내는 거 우습겠지만 그렇지 않은 사람들이 대부분이다. 세무 관련 문의가 증가했다고 한다. 강남에 여러 채 가지고 있던 사람들이 이렇게 강화되기 전에 세금이 3,000만원 나온다고 팔까 말까 고민하는 그런 상담도 많다. 50억원 넘는 아파트를 갖고 있는 사람도 몇 천만원의 세금에 팔까 말까 고민하는 상황인데, 강화된 세금 앞에서 버틸 수 있는 사람은 많지 않다.

이제 부동산 세금의 시한폭탄은 떨어졌다. 그런데도 언론에서는 "지금 아니면 못 산다", "7.10 대책에도 강남 매수세가 하늘을 타오르고 있다", "실수요자들이 강남 매수 마지막 기회로 인식해서 지금 강남 매물이 품귀 현상을 보이고 있다"고 이야기한다. 15억원 초과 주택에 대한 대출이 막혀 거래는 줄어들었다.

또 "임대사업자 혜택을 소급 적용하지 못하기 때문에 결국 투기한 사람들 꽃길을 걷게 만들어줬으니 매물이 안 나올 거다"는 얘기도 있다. 그러나 이미 강한 정책들을 다 던져놓은 상태다.

그런데 임대사업자 세제 혜택을 축소하게 되면 소급 입법에 문제가 불거질 수 있다. 부진정소급입법*도 위헌 소지가 있기 때문이다. 그렇지만 이로 인해 더 큰 문제가 발생한다면 소급 입법도 불사할 것이다. 이런 상황에도 시장이 꺾일 기미가 보이지 않는다면 이제 강경론이 대두할 것이다.

그리고 임대사업자들의 경우, 4년 후 혹은 8년 후에 정말 지금 가격이 유지될 수 있을지에 대한 의문을 갖게 된다. 이번 충격의 여파를 보면 불안한 상황이 지속될 수밖에 없다. 그나마 과태료 면제받고 처분하는 길을 택할 수도 있다.

* 부진정소급입법 : 어떤 사항이 완결되지 않은 상태에서 새로운 법이 생겨나는 경우에 이는 현재 진행중인 사안에 대해서도 적용됨을 의미한다.

전세가 폭등, 무주택자 큰일이다?

- 임대차 3법이 불러올 효과

전세 관련 임대차 3법을 도입된다고 하자 "전셋값이 폭등해서 가격이 오를 테니 지금이라도 내 집을 사야 한다", "20년치 월급을 꼬박 모아도 서울에 가장 싼 아파트도 못 산다"며 불안감을 조성하는 기사들이 쏟아져 나왔다. 평범한 월급쟁이 실수요자들이 자력으로는 집을 사는 게 불가능하다는 내용이다. 소득은 늘어나지 않는데 집값만 올라가니까 그만큼 집을 마련하는 데 시간이 많이 소요되는 것이다.

그러면서 정부 규제가 강한 집값 잡기에만 주력을 하니까 실수요자들이 많은 외곽이나 저가 주택들은 강남에 비해서 저평가됐다는 인식이 강해져 가격이 오른다고 이야기하고 있다. 그리고 강북·도봉·노원 등 외곽 지역이 강세장을 보이고 있다고 한다. 살고자 하는 공간을 마련하는 데 자기가 일해서 번 돈을 다 쏟아부어도 살 수 없는 게 지금의 현실이다.

분양가상한제를 기다리지 않고 청약을 넣는 고점자들이 많다는 기사도 나왔다. 어차피 '로또 분양'이기 때문에 상관없다는 논리다. 분양가상한제를 실시하면 지금보다 분양 가격이 떨어질 게 자명한 상황인데도 이미 기존 집값보다는 분양을 받는 게 더 싸기 때문에 기다리지 않고 그냥 청약을 넣는다는 내용이다.

수요자들의 마음을 조급하게 만드는 내용이다. 이런 기사를 보면 '나는 점수도 없는데 점수 있는 사람들도 지금 싸다고 달려든다고 하니 기다리는 게 바보 같은 짓이 아닌가' 이런 생각이 들 수밖에 없다. 임대차 3법 때문에 집주인들이 정보 공유에 나서고 시행 전에 올리자고 하면서 전월세 시장이 출렁인다는 기사도 나왔다.

❙ 분양가상한제 전에 분양 받아야 하는 이유

이런 기사들을 보면 집값은 계속 오르니까 지금이라도 집을 사야 된다는 결론에 도달하게 된다. 집값이 계속 오르기 때문에 싼 집은 점점 사라질 거고, 지금이라도 늦기 전에 사야 된다라는 마음이 들게 만든다. 분양가상한제가 적용되면 당연히 가격이 떨어질 수밖에 없는데 그전에 받는 게 다시 모두 기회라고 얘기한다. 그 논리는 이미 확실한 것처럼 보인다. "분양가상한제가 시행되면 재건축 사업장들이 사업성이 없어져서 더 이상 공급을 안 할 거고, 공급이 줄어드니까 새 집이 점점 희소해져서 가격이 오른다, 그러니까 지금 청약을 하는 게 이득이다"는 내용이다. 전세가가 폭등한다고 하고, 이렇게 힘들게 전전하면 살 거면 청약을 넣자, 이런 마음이 들게 만드는 기사들만 계속 나오고 있다.

정말 분양가상한제 전에 청약을 받는 게 답일까? 분양가상한제 전에 분양을 받아야 되는 이유를 첫 번째 공급 부족, 두 번째는 전매제한이 적용되고 의무 거주 기간이 생기기 때문이라고 한다. 2020년 초에 나왔던 기사를 보면 서울의 일반 분양이 5년 만에 최대이다. 분양가상한제 하면 공급이 안된다고 했는데 왜 그 많은 재건축·재개발 조합들을 계속 사업을 하는 것일까? 밀집된 장소에서 총회를 강행하고 전례 없던 방식인 드라이브 스루 방식으로 총회를 개최하면서 사업이 늦어지지 않도록 착착 진행 중이다.

이런 지역들은 이미 진행 중인 거고, 진행하지 않고 있었던 것들을 멈출 거다라고 얘기하는 사람들도 있었다. 그런데 더 못 기다린다고 안전진단 속속 통과했다는 기사가 나왔다. 성산 시영, 목동 5단지에 이어서 DMC 한양까지 지금 사업 못해서 안달 난 데가 이렇게나 많다. 왜일까? 재건축을 해야 가격이 오르니까 계속 사업을 하려고 이렇게 추진을 하는 것이다. 사업성이 없으면 사업을 안 할 것이고, 그러면 공급이 부족해질 텐데, 이렇게나 많은 지역들이 사업을 계속 추진을 하고 있다.

공급 부족하다는 수원 원도심도 계속 공급되고 있다. 팔달 10구역, 수원 11-5구역도 하고 있다. 수원에 많은 정비사업들도 다 진행되고 있다. 공급은 계속되고 있다는 의미다. 강남에도 또 공급이 된다. 도곡·개포 한신 재건축 심의가 통과되었다. 그리고 신반포 15차, 반포 1·3지구 지구는 삼성물산이 지어야 비싸진다고 하면서 삼성물산을 시공사로 뽑았다. 분양가상한제 하면 안 하고 다 멈춘다더니, 계속 진행하고 있다.

분양가상한제 전에 서울에서 일반 분양 예정인 아파트가 4,161가구다. 상한제가 시행되면 전매제한이 최대 10년에 이르며, 의무 거주 기간이 최대 5년이다. 이는 직접 거주할 것도 아니면서 분양받고 피 받아 넘기는 행위를 제한하고, 실제 필요한 사람들만 사라는 이야기다. 분양가상한제를 실시한다는 의미는 실수요자 위주의 시장으로 개편하기 위한 정책을 편다는 것이다. 그런데 왜 적용 전에 분양을 받아야 할까? 사려는 사람들이 실수요자가 아니기 때문이다.

인천의 청약 시장이 과열됐다. 역대 최고의 분양가 기록을 갱신했다. 송도 33평형이 8억원에 분양되었다. 7개월 사이에 1억이나 상향된 분양가인데 여기에 사람들이 엄청나게 관심을 가졌다. 이유는 전매제한 기간이 6개월밖에 안 되기 때문이다. 즉 투자자들의 관심 때문에 이런 상황이 벌어지고 있다. 그 사람들이 직접 거주하는 게 아니고 몇 개월 후에 몇 천만원 더 붙여서 팔려고 하고 정작 실수요자들은 불안한 마음에 몇 천 더 주고 이런 거 사는 것이다. 결론은 실수요자라면 지금 무리해서 분양가상한제 전에 꼭 살 필요가 없다. 결국은 실수요자가 사줘야 분양이 되는 것이므로, 이런 식으로 실수요자들의 마음을 흔들고 있는 것이다.

❙ 전셋값이 올라갈 수 없는 상황

정부가 추진하는 임대차 3법은 전월세 신고제·계약 갱신청구권·전월세상한제 등 세 가지다. 임대차 3법에 관한 기사의 근거로 한 공인중개사가 "전월세상한제 때문에 미리 전셋값을 올려야 하지 않냐"고 묻는 집주인들이 일부 있다는 사례를 댔다. 그러나 이러한 기사가 전월세 가격 상승을 되레 부추긴다.

전세가가 급등할 거니까 분양을 받아야 된다는 이야기에 대해서 한번 생각해보자. 전월세는 실제 사용 가치에 맞춰서 가격이 형성된다. 전월세를 올리고 싶다고 해서 올리고 내리고 싶다고 해서 내리는 게 아니다. 사람들은 항상 가장 큰 수익을 추구하기 때문에 올려 받을 수 있으면 올린다. 시장 상황이 안 좋아서 못 올리지 일부러 싸게 내놓는 경우는 없다. 이미 가장 고가로 받고 있는 것이다. 이미 시장에서 받을 수 있는 최고가를 받고 있는 게 바로 전세 가격이다.

서울의 신축은 고가 전세다. 고가 전세에 들어가는 사람들은 이미 집이 있는 사람의 가능성이 매우 높다. 학교나 직장 문제로 구매한 집에 내가 들어갈 수 있는 상황이 아니기 때문에 남의 집에 거주하는 사람들이다. 이유가 있으니까 자신들이 원하는 곳에 비싼 값이어도 전세를 얻는 것이다. 신축이기 때문에 그렇게 비싼 값을 주고 얻는 것이다.

신축 아파트의 경우 2019년에만 해도 서울에 4만 가구 이상이 입주되었다. 이후도 그와 같은 수준의 물량이 입주되었고 그럴 예정이다. 이렇게 많이 입주하는 동안 더 많은 물량이 분양이 됐다. 전세 사는 사람들은 그 물량을 분양 받았을 것이다. 그렇게 분양 받은 사람들이 분양 받은 자기 집으로 빠져나가게 되면 이 전세집 누가 채울까?

향후 3년간 수도권 입주 전망

(단위: 만호)

입주전망		10년 평균 ('10~'19)	'20	'21	'22	3년 평균 ('20~'22)	'20 10년 평균
수도권		22.7	25.6	19.7	21.9	22.4	△1.3%
	APT	14.3	19.3	13.4	15.6	16.1	12.7%
오피스텔 포함 시		26.4	28.9	23.0	25.2	25.7	△2.6%
서울		6.9	7.9	6.2	7.6	7.2	4.2%
	APT	3.4	5.3	3.6	5.0	4.6	35.3%
오피스텔 포함 시		8.3	9.7	8	9.4	9.0	8.4%

지금 전셋값이 비싸기 때문에 청약 시장이 과열되고 있다고 한다. 서울 분양가 대비 전세가 비율이 86%에 육박한다고 한다. 전월세 3종 세트가 속도를 내고 있다. 전월세 금액에 대해서 신고, 전월세 상한은 5% 이내로 제한, 추가로 원하면 임대차 계약을 갱신할 수 있는 것이 전월세 3종 세트다. 전세가 추이를 보면 신축 아파트의 전세가는 입주 시점에 최저가를 기록하는 모양새를 보인다. 워낙 많은 물량 앞에는 장사가 없는 것이다. 물량이 많이 쏟아지면 그 지역에 적정 전세가 수준보다 낮은 금액의 전세가가 형

성되었다가, 입주가 어느 정도 마무리되고 단지가 안정이 되면 회복되는 양상을 보인다.

고덕 지구 대규모 입주로 인근에 신축이 영향을 어마어마하게 받았다. 초반에 떨어졌지만 지금 다시 올라가고 있다는 이야기가 나오는데, 그 영향은 바로 인근에서 나타난다. 불과 2년밖에 차이가 나지 않는데, 기존에 신축이었더라도 새로운 신축이 나타나면 가격이 떨어지는 역전세 모양을 보인다.

준신축들을 살펴보자. 예전에는 신축급이었는데 새롭게 신축이 공급되니 사용 가치인 전세가는 하락하는 모양새를 보인다. 반포자이가 한때 전세 12억원까지 거래되었다고 했는데 이후 매물 10억원대도 나오고, 래미안퍼스티지는 19억원까지 찍었다가 이후 13억짜리도 나왔다. 주변에 신축이 공급되면 기존 아파트들의 전셋값은 더 떨어지는 모양새를 보인다. 전세는 철저하게 사용 가치이다.

❙ 발등에 불이 떨어진 갭투자자들

갭투자자들은 이제 난리가 났다. 갭투자는 매입가 중에 대부분은 전세금으로 충당하고 자기자본 약간에 대출을 받아서 매입한다. 갭투자가 가능하려면 전세가와 매매가의 차이가 적어야 한다. 신축 전세가가 높지만 신축이 언제까지 신축일 수 없다. 시간이 지나면 신축은 구축이 될 수밖에 없고 주변에 신축에 대비해서 가격은 떨어질 수밖에 없다.

갭투자가 이익을 보려면 이 전세가가 유지가 되면서 향후 상승이 예상되어야 한다. 최근 몇 년간 유례없는 호황을 누린 상황이고 지금 아파트값 주춤하고 주변에 새 아파트들이 많이 들어오고 있다. 전세금을 토해내야 되는 상황이 온다. 전세가를 올리고 싶다고 해서 다 올릴 수 있는 게 아니다. 더 받을 수 있는데 전세 안 올리는 사람 없다. 안 올리는 게 아니고 못 올리는 것이다. 자기가 살고 있지 않기 때문에 누군가에게 전세를 준 것이고, 그 전세금만큼 무이자 대출을 받은 셈이다.

임대차 3법이 도입되면 전월세 상한폭 5%가 적용된다. 또한 계약갱신청구권도 도입된다. 이게 되면 최소 4년에 플러스 알파 정도의 기간 동안 세입자들이 거주할 수 있다. 4년 플러스 알파의 시간이 지나면 신축은 더 이상 신축이 아니다. 신축이 준신축이 되고, 준신축은 구축으로 바뀌게 된다. 그만큼 전세가가 유지될 확률이 떨어지는 것이다.

또 한 가지 요인이 있다. 2019~2020년 서울의 입주 물량이 굉장히 많았는데, 이 물량들이 시장에 들어올 때 전세를 놓으면 정상 시세보다 많이 받을 수 없다. 그러면 그 가격 그대로 가는 것이다. 입주 때 싸게 놓고 이제 전월세상한제에 걸려서 많이 올릴 수가 없게 된다. 이런 부분들이 갭투자자들에게 가장 큰 충격을 줄 것이다. 집 팔아도 전세금 못 돌려주는 상황이 지금 벌어지고 있다. 오피스텔에서 일어나고 있는 현상인데 이렇게 된 이유는 공급이 너무 많기 때문이다. 지금 오피스텔 구매자들에게 닥친 상황은 최근에 아파트 갭투자한 사람들의 상황과 너무나 똑같다. 공급이 많아지고 가격이 상승하면 상관없지만 가격이 상승하지 않으면 결국 깡통 전세가 된다.

❙ 집값이 계속 오를까?

우리나라뿐 아니라 세계 경제의 현실이 줄 위의 곡예사처럼 아슬아슬한 상황이다. 코로나19가 잡힐 기미가 아직까지도 보이지 않기 때문에 경제 성장률이 낮을 수밖에 없다. 이러한 현실을 극복하기 위해서는 취약한 계층에 대한 지원이 필요하고 회복력 있고 지속 가능한 경제 구조로의 전환을 위한 투자가 이루어져야 한다고 전문가들은 이야기한다.

부동산 특히 아파트 투자는 지속가능한 구조로의 전환을 위한 투자라고 보기는 어렵다. 따라서 우리나라는 지금 코로나19로 충격을 극복하기 위한 재정 정책을 하는 데 집값 안정에 대한 확고한 의지를 가지고 있다. 결코 부동산을 풀어줄 상황이 아니다. 정말 위기 상황이다. SK 그룹은 현금 더 쌓으려고 1조 원대 회사채를 발행하고 있다. 삼성전자는 27조나 되는 현금을 가지고 있다. 유동성 위기를 막고 기회를 잡기 위해 현금을 쌓고 있는 것이다.

2021년 1월 실업자가 150만명 넘어서서 1999년 관련 통계 집계 이후 최고치를 기록했다. 직장이 있다가 없어진 사람이 이렇게나 많다. 아직 직장을 구해보지도 못한 우리 다음 세대들이 지금 절망에 빠져 있다. 이런 상황이다 보니까 출산율은 역대 최저로

0.9명이다. OECD 회원국 중 유일하다.

초저출산이 고착화되고 있는 상황이다. 일본은 합계 출산율이 1.36으로 하락했고 신생아 수가 떨어져비상이 걸렸다고 한다. 우리는 0.9인데 일본은 1.36으로 이렇게 난리를 친다. 그만큼 심각한 문제를 야기할 수 있는 인구감소 현상이 우리나라에는 예전부터 나타나고 있다. 닛케이 신문에서 우리나라는 주택가격 상승 등으로 아이를 키울 여유가 없어진 게 출산률 저하의 이유라고 분석한 코멘트가 있다. 외국에서 보기에도 이런 상황이다. 이런데도 계속 집값 부양해서 유지할까. 경제가 어렵다고 아파트값 부양하는 일은 없다.

그렇게 고성장을 거듭했던 중국도 'D의 공포', 즉 디플레이션에 대한 우려가 짙어지고 있다. 수요가 줄어드는 위축의 시대가 오고 있다. 좋아지려면 코로나19 이전의 상황으로 돌아가야 하는데 상황 역대 최악이다. 이런 현실을 직시하면 지금 언론 등에서 이야기하는 것처럼 유동성 때문에 집값이 더 상승하고 부동산 시장이 바닥을 찍었고 이제 반등할 일만 남았다라는 게 얼마나 허황된 외침인지 알 수 있다.

부동산 투기 두더지 잡기

– 임대차 3법 소급 적용

임대차 3법으로 집값이 고공 행진하고 오히려 세입자들만 피해를 보는 심각한 상황이라면서 많은 이들이 비판의 목소리를 높이고 있다. 강북과 강동도 전세 10억 시대가 도래했고, 규제 폭탄에 세입자만 눈물을 흘리고 있다며 이번 정책으로 집값을 잡기는 커녕 규제책으로 인한 부작용만 일어났고 무주택 세입자만 서럽다고 이야기하고 있다. 다주택자는 오히려 느긋하다고 한다. "전월세를 올려서 세금을 내겠다, 집 안 팔고 매물 거둬들이고 나는 버티겠다"는 사람이 많다고 이야기하고 있다.

예를 들어 마포래미안푸르지오(마래푸)와 강남 은마아파트 두 채를 가지고 있는 사람의 종부세는 2020년 1,856만원에서 2021년에 4,932만원으로 늘어난다. 전세나 월세를 받아서 이 금액을 낼 거라고 하는데, 전세금은 나중에 돌려줘야 하는 돈이다. 무이자 대여금을 가지고 일회성 세금을 부담하면서 버티겠다는 뜻이다.

❙ 공익을 위한 부진정 소급 입법

임대차 3법의 내용을 살펴보자. 우선 전월세신고제는 전월세는 거래를 하면 그 내용을 의무적으로 신고해야 한다. 예전에 실거래가 제도가 도입이 되면서 많이 투명해졌는데 이제 전월세도 실질적으로 얼마를 받고 있는지를 파악하겠다는 뜻이다. 이렇게 신고된 금액을 기준으로 그 금액보다 큰폭으로 인상하는 걸 막겠다는 것이다. 전월세상한제 같은 경우 기존 계약에도 적용해야 그 실효성을 확보할 수 있기 때문에, 기존 계약에도 적용될 수 있도록 부진정 입법을 할 예정이다. 신규 계약에 대해서도 상한을 더 해야 한다 이렇게 더 강한 이야기도 나오고 있다. 계약갱신청구권도 도입한다. 기존의 임대차 같은 경우는 최대 2년을 보장받았는데, 이제 임차인에게 요구를 하면 자동으로 연장할 수 있도록 해서 최소한 4년 간 한 집에서 거주하면서 주거 안정을 꾀할 수 있다.

모든 전세 계약이 지금 만료된 것도 아닌데 임대차 3법이 시행되면 세입자한테 세금 인상분이 전가된다고 그 우려가 현실로 나타나고 있다고 이야기한다. 당연히 소급 적용해야 한다. 그런데 여기서 말하는 소급은 진정한 소급은 아니다. 소급 입법 금지란 이미 종결된 사실 관계나 법률 관계에 적용하는 것을 금지하는 헌법이다. 이미 끝난 상황에 대해서는 적용하지 못하도록 하는 것이다. 이미 죗값이 결정돼서 그 죗값을 치른 사람한테 '아니야 생각해 보니까 당신은 더 벌을 받아야 돼' 하면서 3년형 살고 났더니 또 5년형 살라고 하는 것이다. 이런 건 안 되니까 이건 당연히 헌법에서 금지하고 있다.

그런데 지금 주택 임대차 계약의 경우 부진정 소급 입법이다. 옛법이 적용될 때 시작이 돼서 아직 그 사실관계가 종결되지 않고 진행 중인 상황에서 새로운 법을 적용하는 게 바로 부진정 소급 입법이다. 일반적으로 부진정 소급은 허용이 된다. 다만 법으로 달성하려는 공익보다 신뢰의 이익이 더 큰 경우에 위헌의 소지가 있다. 주택임대차보호법의 목적은 국민 주거생활의 안정을 보장하는 것이다.

임대차 3법은 기존 계약에까지 적용되지 않으면 그 실효성을 확보할 수가 없다. 아직 2년의 전세 기간이 만료되지 않은 집들이 수두룩한데 이들은 다 빠져나갈 수 있게 해주고 나머지 그 이후에 것만 규제했을 때는 그 실효성을 확보하기가 어렵다. 그렇기 때문에 정책을 추진하는 여당에서도 소급 적용을 하겠다는 의지를 표명하고 있다.

부진정 소급 입법은 합법이다. 다만 국민의 신뢰 이익이 더 큰 경우에만 위헌의 소지가 있다. 그런데 자기가 살지 않으면서 남에게 빌려주고 있는 다주택자들이나 갭투자자들이 정말 보호받을 만한 신뢰의 이익을 갖고 있는 것일까? 이 법은 20대 국회 때부터 논의가 됐다. 주거의 안정을 위해서는 필요한 법이라고 국민적 공감대가 형성되어 왔던 것이다. 또 총선에서도 이걸 시행하겠다고 이미 약속을 했다. 그걸 이제 하려고 하는 것이다. 하나도 모르고 있다가 지금 갑자기 당하는 게 아니라는 뜻이다.

3년 동안 21번의 대책을 내놓으면서 제발 실수요 아니면 매점매석하지 말라고 규제를 했다. 그런데 규제 안 하는 지역만 골라 다니면서 계속 매집을 했다. 그리고 법인 만들고 임대사업자등록해서 요리조리 빠져나갔다. 또 전세 살라고 대출해주는 것까지 활용을 해서 직접 들어가서 할 것도 아니면서 오른다고 하니까 끌어모아서 사는 사람도 있다. 정부는 갭투자 하지 말라, 자기가 들어가서 거주하지 않을 거면 대출받아서 주택 구매하지 말라고 계속 얘기를 했다. 이런 사람들의 신뢰 이익이 정말 공익보다 훨씬 더 큰 것일까? 짐승도 자기 사는 공간이 있다. 의식주 생활에 꼭 필요한 집에 대해서 주거의 안정성을 보장하기 위해서 이 제도를 시행해서 달성할 수 있는 공익이 훨씬 크다고 할 수 있다.

❙ 마스크 대란과 부동산 시장의 유사점

코로나19 초기 마스크 대란이 일어났다. 예전에 1,000원도 안 하던 게 폭발적으로 올라 4,000~5,000원까지 갔다. 갑작스럽게 수요가 늘어난 이유도 있지만, 이 사태를 예견해서 매점매석하고 되팔기한 사람들도 너무나 많았다. 사람들은 바이러스가 퍼져서 전염될까 봐 두려워서 마스크를 사려고 하는데, 꽁꽁 쟁여놓고 비싼 값에 팔아 이익을 거두려고 했던 사람들이 있었다. 그래서 마스크 수출 금지, 공적 마스크 제도 도입, 마스크 구매 5부제 등 온

갖 방법을 다 동원했다. 이렇게 해서 겨우 상황이 안정되었다.

꼭 필요한 상황인데 소수가 그걸 꼭 쥐고 안 놓고 있으면 당연히 규제해야 한다. 부동산 시장 규제도 마스크와 다를 바 없다. 주택시장이 이렇게 불안해지게 만든 많은 사람들이 지금 신뢰의 이익을 운운하면서 이야기하고 있다. 주택시장의 불안에 큰 기여를 한 매점매석한 사람들을 규제하겠다는 것이 잘못된 일일까?

다주택자들은 본인이 다 사용하려고 집을 여러 채 갖고 있는 게 아니다. 전세를 끼고 갖고 있는 사람들이다. 파느니 증여하겠다 버티겠다 이런 얘기하고 있는데 임대차 3법으로 팔 수도 없다. 전세 낀 매물을 팔기는 쉽지 않다. 집을 사려는 사람은 실수요자고, 실제로 들어가 살려는 것이다. 언제 나올지 모르는 임차인이 살고 있는 집을 실수요자가 사기는 어렵다. 가격을 낮추지 않으면 살 이유가 없다. 다주택자들 집을 팔려면 임차인을 설득해서 명도를 해야 팔 수 있다. 팔지 못한 채 매년 올라갈 세금을 내면서까지 과연 버틸 수 있을까.

지금 전세 사는 사람들 입장도 많이 바뀌었다. 사람마다 생애주기에 따라서 거주 지역이 바뀐다. 직장을 다닐 때는 직장 가까운데 또 아이를 키울 때는 아이의 학교까지 고려해서 집을 구해야 하는데, 그 시기에 임대차 3법을 통해서 거주 안정이 보장이 된다면 굳이 그 집을 살 이유가 없다. 집은 살면서 계속 노후화되는데 그 집을 내가 지금처럼 거품 낀 가격에 굳이 살 이유가 없다. 임대차 3법에 의해 매수인 입장도 변화할 수밖에 없다.

이렇게 얘기를 해도 공급이 없어지고 매물은 없어지고 점점 세입자만 불쌍해질 거라고 계속 얘기한다. 그래서 정부는 그린벨트 해제까지 이야기하고 있다. 하지만 기본적으로는 주택 공급이 부족하지 않다고 판단하고 있다. 우리나라 인구가 2100년이 되면 절반 수준으로 떨어질 정도로 급감하고 있다. 인구가 줄고 있고 주택 특히 아파트를 수요할 사람들이 점점 줄어들고 있는 게 특징이다.

그린벨트를 해제하는 것은 최후의 수단이다. 공원이든 숲이든 우리가 살면서 돈으로 환산할 수 없는 많은 환경들을 다 포기하고 거기에까지 아파트를 때려 지어서 수천 명씩 강남에 모여 살면 그게 행복일까? 지방이든 서울 근교든 그 집들이 텅텅 비고 모두 서울에 모여 살면 우리 모두가 행복해지는 것일까? 더 많은 사회 문제, 더 많은 사회적 비용이 발생할 수도 있기 때문에 그린벨트 해제라는 최후의 수단을 바로 실시하지 않는 것이다.

임대차 3법의 오해와 실제

– 임대인의 세입자 내보내기

2020년 7월 31일 임대차 3법 중 계약갱신청구권, 전월세상한제가 적용되었다. 임대차 계약 신고제는 8월 4일부터 적용되며 세금 관련된 법안도 다 같이 처리되었다. 최종 내용은 세입자는 계약갱신청구권을 1회 사용할 수 있고, 2년 계약이 끝난 후 추가로 계약을 2년 연장할 수 있다. 증액 상한폭은 5%인데, 지자체별로 조례로 정해서 더욱 그 폭을 줄일 수도 있다.

야당의 한 의원이 "임차인을 보호하려면 정부가 임대인의 부담을 덜어줘야 된다. 집을 세놓는 걸 두려워하게 만드는 순간 시장은 붕괴한다" 하면서 비판을 했다. 임대차 3법에 반발하는 다주택자들이 제일 많이 하는 이야기다.

❙ 세입자의 주거 안정 vs 임대인의 재산권 침해

임대차 3법은 주택임대차보호법의 목적을 달성해 주거 안정

보장이라는 목적을 달성하는 데 꼭 필요한 제도다. 그런데도 여러 가지 이유로 지금까지 미뤄졌던 것이 사실이다. 임대차 기간이 1년에서 2년으로 바뀐 게 30년 정도 됐으니까, 그 이후 처음으로 2년 더 늘어나게 된 것이다. 임대차 3법의 시행이 임차인들의 주거 안정에 기여한다는 사실에는 이견이 없다. 최소한 4년의 거주 기간을 확보할 수 있기 때문에 거주 안정성이 올라가는 건 당연하다. 또한 임대소득에 대한 과세 근거가 명확해졌다. "법 시행에 따른 부작용으로 전세가 소멸된다", "4년마다 전셋값이 급등할 우려가 있다"고 말하는 사람들도 있다. 정말 그럴까?

전세가 사라지려면 전세금을 다 돌려줘야 한다. 전세금이 주택가격의 60~80%를 차지하고 있는 현실에서 거액의 전세금을 돌려주고 월세로 바꿀 수 있을지는 의문이다. 실거주 목적이 아닌 갭투자로 여러 채 갖고 있으면서 시세차익만 바라고 쥐고 있는 사람들이 그 돈을 내줄 수 있을까? 계약갱신청구권이 잘못됐고 사유재산권 침해라고 헌법소원하겠다고 하는데, 전세를 끼고 있는 집이 온전한 자기 집이라고 할 수 있을까? 거의 대부분이 전세금으로 채워진 집이다. 자가 소유와 비교해봐도 그렇다. 온전히 자기 돈으로 사서 자기 집으로 갖고 있으면 이런 문제에 얘기할 것도 없다. 그렇지만 대부분 대출을 통해서 집을 산다. 돈을 빌리기 위해서 수년간 은행과 약정을 하고 꼬박꼬박 이자를 낸다. 중도에 해지하려면 조기 상환 수수료도 내야 하는데, 어쨌든 돈을 빌렸으니 이 조건에 대해 수긍한다.

전세는 은행보다 더 많은 돈을 빌려준다고 할 수 있다. 본인의 돈은 극히 일부만 넣고 나머지는 전세금으로 채운다. 자기가 직접 거주할 것도 아니면서 집을 갖고 싶은 사람들한테 집값의 대부분을 빌려주고 대신 사용할 권리를 얻고 있는 게 전세 임차인이다. 그런데 그 권리 보장은 겨우 2년밖에 안 됐던 것이다. 이제 추가로 2년을 보장받게 된 상황이다.

임대차 3법이 시행이 되니까 '집주인이 역습에 나섰다'고 하면서 부동산 카페 이런 데서 '세입자 내쫓기' 팁을 공유한다고 한다. 그 팁을 살펴보면 법이 추진되기 이전에 다른 계약을 해서 새 전세권자를 들이거나, 여의치 않으면 전세대출 만기 때 연장에 동의해주지 않으면 된다고 한다. 또 전세대출을 증액할 때 추가 대출이 안 된다고 하면서 이렇게 내쫓겠다는 이야기도 있다. 더 황당한 애기인데 후순위 대출을 받아서 세 달만 연체하면 정리한다고 경고문이 날라와서 대부분 세입자들이 불안해서 나간다고 연체이자는 좀 물지만 물려받을 수 있다 이런 팁을 내고 있다.

국토부에서 설명 자료를 낸 것을 보면, 전세 계약 갱신할 때 전세대출 증액을 위해서 임대인 동의가 반드시 필요하지는 않은 것으로 나와 있다. 그리고 황당한 팁은 경매로 넘어간다고 겁을 줘서 내보내면 된다고 한다. 하지만 경매까지 들어가려면 최소 3개월을 연체를 해야 되는데, 그러면 예전에 신용불량자라고 불리던 금융채무 불이행자가 된다. 금융채무 불이행자가 되면 직장을 다니기도 어렵고, 신용등급까지 떨어진다. 압류까지도 들어온다. 언는 부분보다 잃는 게 훨씬 많을 수 있는 상황이다. 정말 방법이 없으니까 이런 얘기까지 나오고 있는 것이다.

임대차 3법에 대한 질문들

임대차 3법에 대해 신문에서 주로 다루는 질문과 대답을 살펴보자. 임차인은 계약 갱신 요구를 계약 만료 6개월 전부터 1개월 전까지, 이미 계약이 연장된 사람들은 다음 계약 기간 만료 6개월 전부터 1개월 전까지 하면 된다. 계약 갱신 요구는 임대인이 오케이하지 않을 때 임차인이 하는 것이다. 요구를 함으로써 권리가 형성된다. 그래서 나중에 분쟁의 소지가 있을 수 있으므로 내용증명을 보낸다든지 하는 명시적인 방법으로 하는 게 가장 좋다.

지금 임대차 계약 기간 중인 사람들은 모두 갱신 요구를 할 수 있다. 다만 계약 기간이 1개월 이상 남아 있어야 한다. 서로 합의만 되면 아무 문제가 없다. 계약 갱신 요구는 저쪽에서 거부할 때 한번 쓸 수 있다는 뜻이다. 거부할 수 없는 권리인 것이다.

어쩔 수 없는 경우도 있다. 법 시행 전에 이미 갱신은 거절을 하고 새로운 임차인이 계약을 다 마쳤으면 지금 사는 임차인이 계약 갱신 요구를 할 수 없다. 다만 임대인은 법 시행 전에 계약을 했다라는 사실을 계약서를 보여준다든지 등을 통해서 입증해야 한다. 임대인이 갱신 거절을 하고 지금 더 비싼 값에 전세를 내놨는데 계약이 아직 안 된 상황이라면 임차인은 갱신 요구를 할 수 있다.

임대인들은 어떻게 하면 거절할 수 있을지 팁을 공유하는데 결국 할 수 있는 방법은 직접 들어가 사는 방법밖에 없다. 임대인이 직접 거주 사유가 허위인 경우에는 손해배상을 청구할 수 있도록 되어 있다. 손해배상은 일반인들이 청구하기는 좀 어렵다. 결국 소송을 해야 되는데, 정말 시끄러울 수 있고 얼마라도 보상받으려고 손해배상 청구한다는 게 귀찮고 힘든 일이다. 허위 여부를 쉽게 확인할 수 있는 제도가 하위 법령이나 규정 등으로 뒷받침이 돼야 그 법이 실효성이 있을 것이다.

그렇지만 집주인이 허위로 얘기하면서 나가라고 했을 때 임차인 입장에서 너무 억울하다는 생각이 들 수도 있는데 최악의 경우는 그냥 안 비워주면 된다. 안 비워주면 집주인은 그냥 내보낼 수가 없다. 명도소송*을 통해서 내보낼 수밖에 없는데 이렇게 해서 수개월 동안 골머리를 썩이다가 판결이 나면 그때 전세보증금 돌려받고 비워주면 된다. 어차피 판결이 나서 소송 비용은 물어줘도 100만원 정도밖에 되지 않는다.

❙ 임대차 3법의 실제

요점은 임대차 3법 때문에 임대인이 억울하다는 얘기가 사실과는 다르다는 것이다. 임대인이 임대인의 권리만 생각하고 그 집에 많은 돈을 묻고 있는 임차인의 권리는 깡그리 생각하지 않기 때문이다.

임차인은 나가려고 했을 때 임대인이 제때 돈을 돌려주지 않으면 어쩌나 하는 불안감을 감당하면서 집을 빌려 쓰는 것이다. 임대인도 마찬가지다. 소송까지 해가면서 내보내야 하는 골치 아픈 상황을 겪을 수도 있다. 따라서 서로 상식적인 수준을 지키지 않으면 제도 자체가 성립되기 어렵다.

다만 임대차보호법에 주거 안정이라는 부분에 있어서 당연히 개선돼야 할 점이 들어간 것뿐이다. 그래봤자 기존보다 2년 늘어난 것밖에 없다. 이건 집주인만 옥죄기 위한 것이 아니다. 재산권이 제한이 되려면 그 기간 안에 아예 매매를 못 한다거나 하면 모르겠지만 그건 아니다. 공통의 합의 하에서 주거안정을 보장하기 위한 이 정도의 제도는 당연히 사회적으로 꼭 필요하다.

* 명도소송 : 부동산경매에서 부동산 인도명령 신청기간(매각대금을 낸 뒤 6개월 이내)이 지나거나 채무자·소유자 또는 점유자 등 인도명령을 받는 사람 이외의 사람이 해당 부동산을 점유하고 있는 경우에 매수인이 그 부동산을 점유하기 위해 제기하는 소송을 말한다. 명도소송 판결이 나고 집행문이 발효되면 강제집행하여 해당 부동산을 점유할 수 있다.

계약갱신청구권 이렇게 쓰세요

– 계약갱신청구 완전정복

주택 임대차보호법 개정 관련해서 계약갱신청구권, 묵시적 갱신에 대한 이야기가 많이 나오고 있다. 묵시적인 갱신은 서로 의사표시 없이 그냥 넘어가는 것을 의미한다. 임대차 기간이 끝나기 6개월 전부터 1개월 전까지 기간에 임대인과 임차인 간의 아무런 얘기를 주고받자 않고 넘어가면 자동으로 계약이 연장된 걸로 보는 게 바로 묵시적 갱신인데, 여기에 6개월에서 1개월 전까지가 2개월 전까지로 변경돼서 2020년 12월 10일부터 시행된다.

계약갱신 청구가 명문화되면서 임대인 입장에서는 묵시적 갱신을 하게 되면 4년까지 현 상황대로 임대를 줘야 하는 상황이 되기 때문에 그냥 넘어갈 리가 없다. 단 임대가 나가지 않거나 임대인이 멀리 거주하거나 등의 경우를 제외하고는 사실 그냥 넘어가는 사람들은 그 집에 아예 관심 없는 임대인밖에 없을 것이다.

❙ 임차인의 상황

임차인 입장도 마찬가지다. 계약갱신청구권이 명문화되기 전에는 묵시적 갱신이 이루어지는 경우가 있을 수 있었는데, 상대방 측에서 이제 그런 걸 허용하지 않을 게 확실한데 그냥 이 기간이 넘어가기를 기다리고 있기는 불안한 상태가 된다. 극단적인 경우에 임대차 종료 마지막 날 23시 59분에 임대인이 계약 갱신을 하지 않겠다고 거절하는 문자를 발송하면 이거에 대한 답변을 기간 내에 못하는 상황이 발생할 수도 있다. 이렇게 되면 이미 법에 규정되어 있는 갱신청구권 자체를 아예 쓰지도 못하는 상황이 되기 때문에 불안한 상태로 계속 기다리기는 힘들다.

그렇기 때문에 앞으로는 묵시적 갱신이 발생할 경우가 거의 없다. 계약갱신 청구를 할 수 있다고 하니까 계약 갱신을 거절할 수 있는 권리에 대한 이야기도 나오고 있다. 가장 많이 꼽는 이유가 자기가 실거주 할 거니까 계약 갱신 청구를 거부하겠다인데, 임차인이 계약갱신을 요구하면 특별한 사정이 없는 한 임대인은 이 요구를 들어줘야 한다.

특별한 사정은 법에 정해져 있다. 차입을 연체하거나, 물건을 파손하거나 아니면 거짓 규정된 방법으로 다른 사람들한테 임대하는 이런 행위들을 했을 경우에 거절할 수 있는데 대부분의 임차인들은 이런 상황이 아니다. 그래서 가장 많이 주장하는 사연은 바로 살거주이다. 그런데 실거주 하겠다고 해서 계약 갱신을 거절했는데 만일 거짓이면 손해배상을 해야 한다. 손해배상에 대한 사항도 규정되어 있다. 손해배상을 청구하든 뭐든 할 수 있는데, 실거주 여부를 확인하는 게 굉장히 어렵다.

오래 살라고 약속을 했는데 전세가 오른다고 하니까 임대인은 실거주하겠다고 임차인더러 나가라고 하고 있다. 실거주하면 거절할 수 있다고 하니까 실거주 한다고 통보를 하고 임차인들은 정말 실거주하는지 내가 이거 따지고 앉아있을 수도 없고, 손해배상 소송하고 골치 아프고 하니까 보면 울며 겨자 먹기로 이사 나가는 사람도 있다. 혹시나 내 보증금 돌려받는 데 문제되지 않을까 하는 걱정이 되니까 적극적으로 대응하기가 어렵다.

임대인의 상황

임대인의 상황은 이렇다. 계속 가지고 있으면 부담이 되는데 지금 영끌들이 들어와서 사준다고 하니까 팔려고 내놓는다. 팔려고 내놨는데 안 팔린다. 안 팔리는데 팔려고 내놓은 부동산에서 전세는 많이 받을 수 있다고 얘기를 한다. 그래서 전세를 비싸게 놓으려고 한다. 그러면서 실거주하겠다고 주장을 하는 것이다. 이런 얘기 들은 세입자는 집주인이 들어온다고 하니까 이사를 고려하게 된다. 그러다 보면 갈 곳이 없어진 상황처럼 느껴지고 정책이 이러한 상황을 만들었다고 원망하게 된다.

이에 대한 해결책은 계약 갱신 청구를 요구하고 그냥 계속 사는 것이다. 실거주 사유로 갱신을 거절하는 경우에는 임대인이 이 실거주 사실을 증명해야 한다. 실거주 여부 증명은 임대인이 해야 되는데 임대인은 이걸 증명해주지는 않고 아마 거절 의사를 통보하는 내용 증명을 보낼 것이다. 그런데 이것만 세입자가 믿고 나갈 필요는 없다. 계약갱신을 요구할 권리가 있기 때문에 실거주하겠다는 말에 나가지 않아도 된다. 만약 집주인이 정말 들어올 거라면 명도소송을 제기할 것이다. 명도소송을 제기하면서 갱신 거절의 사유를 실거주로 들을 것이기 때문에 실거주에 대한 증명을 할 수밖에 없다. 소를 제기하지 않으면 실거주가 아닌 것이다. 그러니까 가장 확실한 방법은 임대인이 명도소송을 제기하는지를 보면 알 수 있다.

돈 들여서 소송하라고까지는 하지 않더라도 최소한 실거주 여부에 대한 증명은 받아야 한다. 확인서를 요구하는 것이 하나의 방법이다. 현재 집주인이 전세를 살고 있는 경우라면 그 집주인의 전세계약서 확인을 통해서 전세 기간이 만료됐다는 걸 증명을 받고 또 현재 집주인이 거주하고 있는 집의 임대인에게 계약기간이 만료되었으니 나가겠다라는 문자 내용이라든가 등등을 확인하면 정말 실거주 할지를 알 수 있다.

만약에 집주인이 자기 집에 살고 있으면서 지금 다시 이 집으로 들어오겠다 이런 경우라면 그 사람이 원래 살던 집을 매매로 내놨든 전세로 내놨든 이 부분에 대한 중개업소에 확인서 등을 요구해야 한다. 이런 확인서들을 받아두는 것이 굉장히 중요하다. 세입자가 갱신 요구를 했는데 집주인이 실거주 사유를 들어서 거절을 했는데 그게 거짓이면 손해배상을 청구할 수 있기 때문이다.

집주인이 실제로 거주할 것임을 증명을 했기 때문에 세입자가 나간 건데 이게 거짓이라면 기만과 사기에 해당이 되기 때문에 불법행위에 대한 책임이 따른다. 그래서 이런 확인서를 요구하는 게 굉장히 중요하다.

이게 제시가 되면 실거주 사유로 거절을 통지한 거니까 그때는 받아들이면 된다. 그리고 그게 거짓이라면 그거에 대한 손해배상을 청구할 준비를 해야 한다. 이런 것조차 제시하지 않으면 그냥 살면 된다. 앞서 이야기한 확인서도 제시를 못하는 상황에서 명도소송을 제기할 수는 없다. 이걸 통해 진위 여부를 확인할 수 있다. 거짓인지를 확인하려면 이 사람이 들어온다고 했는데 정말 들어왔는지 다른 사람한테 매매했는지 등을 확인해야 하는데 생업이 있는 사람들이 이런 사항을 일일이 확인하기는 굉장히 어렵다.

정기적으로 정부공개 열람을 할 수도 있지만 이게 귀찮을 수 있다. 그래서 맘카페나 지인들 아니면 관리소에 확인을 통해서 거짓 여부를 체크해야 한다. 그래서 확인이 되면 거짓으로 제시했던 확인서 등을 첨부해서 손해배상을 청구할 수 있다. 실거주를 이유로 계약갱신을 거절했을 때 실질적으로 임차인을 내보낼 수 있는 방법은 명도소송 제기밖에 없다. 대항력이 있는 점유자로부터 부동산을 넘겨받기 위해서는 명도소송을 제기를 해야 하는데, 이때 점유 이전 금지 가처분이라든가 동시이행 청구 등을 같이 진행을 하게 된다. 명도소송에 소요되는 시간은 통상 4개월에서 6개월 정도 걸리고, 명도소송에서 이겨야 강세 집행이 들어갈 수 있다.

명도소송에서 이겨야 실질적으로 임대인이 임차인을 내보낼 수 있다. 명도소송에서 승소하려면 본인이 거주할 것에 대한 증명을 제시해야 하니 그걸 확인하고 이사 나가도 늦지 않는다. 실거주로 나가라고 할 때는 확인서 제시하라고 하고 그거 못하면 명소소송하라고 얘기하시고 그냥 살면 되는 게 사실은 정답이다.

❙ 명도소송의 좋은 점

명도소송을 제기하라고 하고 그냥 살면 여러모로 좋은 점이 있다. 첫 번째는 본인의 이사 시기를 조절할 수 있다. 명도소송이 제기되는 동안에 제시되는 자료를 보고 이사 나갈 준비를 하면 된다. 두 번째는 실거주 증명을 소송을 통해서 임대인이 실거주 증명을 명확히 할 테니 이를 증거로 확보할 수 있다. 만약에 이게 거짓이어서 나중에 손해배상을 청구하려고 할 때도 이를 증거로 확보할 수 있다.

세 번째는 이 과정이 임대인에게 굉장히 불리하기 때문에 계속 거주하는 조정을 거칠 수도 있다. 만일에는 명도소송에서 패하게 되는 경우에 비용에 대한 부담이 있는데 이 비용은 간단히 계산해 볼 수 있다. 법률구조공단에 '소가 계산기'를 통해 본인이 임차하고 있는 주택의 정보를 입력을 하면 대략적인 소송 비용이 나온다. 강남의 은마아파트 84제곱미터짜리의 경우에 소가를 계산해 보면 2,000만원 정도 되고, 이에 대한 명도소송에 비용은 200만원 정도다. 전세 15~16억원 한다는 강남 소재 아파트의 경우 소송비가 200만원 정도 되는 건데 최악의 경우 패소했을 때 물어주게 되는 비용이다.

그런데 이것도 다 안 낼 가능성이 높다. 명도의 사유가 실거주인데 이에 대한 증명을 하지 않았고, 따라서 이사를 안 나가고 있었는데 이제 제시가 돼서 나가게 되는 거니까, 이런 경우에는 이 소송 비용에 대한 부담 부분이 조정될 수 있다. 아직 이에 대한 사례가 없기 때문에 비용은 최대 이 정도이다. 최악의 경우 200~300만원 부담으로 끝나는 것이다. 그러나 임대인 입장에서는 이것보다 훨씬 많이 든다. 법원에서 인정하는 비용이 있는데 변호사를 통하면 이것보다 돈이 훨씬 많이 들고 나홀로 소송을 제기하더라도 비용 선지급 후에 나중에 이걸 다 돌려받을 수 있을지도 사실 불명확한 상황이기 때문에, 임대인 입장에서는 굉장히 어려운 문제다. 그렇기 때문에 거짓말이면 명도소송을 제기하기가 거의 힘들다.

❙ 계약 갱신을 위한 확실한 방법

국토부에서 개정된 주택임대차보호법 관련 자료가 나와 있는데, 2020년 12월 10일부터는 계약만료 6개월 전에서 2개월 전에 사용해야 한다. 앞서 설명한 대로 묵시적 갱신이라는 게 굉장히 어려울 수 있기 때문에 계약 갱신 요구를 하는 게 마음 편할 수 있다. 임대인이 다른 지역이나 해외 거주자라서 계속 그냥 살기를 원한다고 하면, 이번 갱신은 묵시적 갱신으로 하자라고 합의하면 묵시적 갱신으로 인정될 수 있다.

계약 갱신이 거절되고 새로운 임차인을 맞이한 경우에는 계약 갱신 요구를 할 수 없다. 묵시적 갱신을 했다면 그 이후에 한번 계약갱신청구권을 쓸 수 있다. 사전에 계약 갱신 요구 안 하기로 부동산 계약서에 명시를 했다고 하더라도 이건 임차인한테 불리한 규정이기 때문에 인정될 수가 없다.

계약 갱신 요구를 하는 방식은 구두나 문자 메시지, 이메일 다 가능하다. 가장 확실한 방법은 내용 증명을 보내는 것이다. 세입자가 계약 갱신 청구를 문자나 카톡으로 하려면, 법 조항 캡처해서 나중에 손해배상에 대해서 정확하게 입증하기 위해서 계약갱신청구권을 정식으로 행사한다는 문구를 붙여서 보내면 된다. 거의 동일한 효력이지만 더 확실하게 하고 싶다. 그런 경우 내용증명을 보내면 된다. 내용증명은 법률적 효력이 있는 건 아니지만 공적으로 증명되는 문서로 남기기 위해서 내용 증명을 보내는 것이다. 내용증명에는 받는 사람 이름과 주소, 보내는 사람의 이름과 주소 그리고 왜 보내는지를 알리는 제목이 꼭 들어야 한다. 세 통을 작성해서 한 통은 보내고, 한 통 가지고 있고, 한 통을 우체국이 보관하면서 공적인 문서로 탈바꿈이 된다. 내용증명에는 보내는 날짜, 발신인의 이름과 주소, 수신인의 이름과 주소 그리고 제목이다. 아래에는 공식적으로 남기고 싶은 내용을 적으면 된다

첫 번째, "계속 거주하기를 희망한다" 즉 계약 갱신을 희망해서 주택임대차보호법 규정에 따라서 계약갱신청구권을 행사한다

라는 내용을 쓴다. 또한 정당한 사유 없이 계약 갱신 청구를 거절할 수 없다는 내용도 적는다. 정당한 사유가 아닌데 거짓으로 내보내려고 하는 경우에 다음과 같은 손해배상을 청구할 것이다라는 걸 글로 보여주는 것이다. 제3자한테 임대하거나 매각하는 경우에 손해배상을 해야 하며 불법행위에 대한 책임을 져야 한다는 점을 기재한다. 이렇게 문서를 작성을 해서 계약 갱신을 청구하면 된다.

부동산의 인문학적 특성, 용병사

부동산의 자연적 특성이 토지 자체가 본래 가지는 특성임에 반하여, 부동산의 인문적 특성은 토지가 인간과 어떤 관계를 가질 때 나타나는 특성으로 가변적이고 신축적이기 때문에 이를 통해 부동산의 자연적 특성에서 오는 한계를 완화시킬 수 있다.

1. 용도의 다양성

땅을 사용 목적에 따라 다양한 용도로 사용할 수 있다는 특징을 말한다. 농사를 짓거나 그 위에 집이나 공장,상가를 짓거나 도로를 만들거나 그 목적에 따라 다양한 용도로 사용할 수 있다. 어떤 토지의 사용 용도 결정은 각 용도 간의 경쟁을 통해 이루어지며 그 토지의 효용을 최대화하는 용도로 결정된다. 토지의 위치를 움직일 수는 없지만 용도의 전환을 통해 수요에 맞게 경제적 공급이 가능하게 하고 주어진 땅을 어떤 용도로 이용할지에 대한 최적의 활용도를 찾는 활동을 하도록 유도한다.

토지 용도의 다양성을 잘 활용하면 로또가 될 수도 있다!

토지의 용도는 법에서 정하고 있는 용도의 범위 안에서 이용되게 되기 때문에 해당 토지에 적용되는 규제 하에서 최적의 용도를 추구하는 활동을 수반한다. 기본적으로 해당 토지가 속한 지역의 이용실태에 따라 용도지역이 결정된다. 용도지역에서 정한 용적률, 건폐율 등에 따라 건축을 할수 있고 특정 지역의 경우 용도지구 및 용도구역 등으로 제한 내지 완화하는 규정을 적용 받는다. 해당 내용을 제대로 이해하고 있는 경우 쓸모 없어 보이던 땅을 환골탈태시키기도 한다.

예를 들어 농림지역의 경우 농업인이 아닌 경우 관심이 높지 않고, 가격도 낮게 형성되어 있는 경우가 대부분이고 특히 경지 정리되지 않고 농림지역으로 지정된 토지의 경우 그냥 방치되어 있는 경우가 허다하다. 그렇게 쓸모없이 보이던 토지를 인근에 창고수요가 증가함에 착안해서 농수산물창고부지로 개량하는 등 용도 전환을 통해 소위 대박을 터뜨린 경우도 있다. 관리지역 임야를 공장부지로 조성하여 매각내지 임대해 차익을 내거나 자연녹지인 임야를 건폐율은 낮지만 레벨차를 이용해 물류 창고 등으로 개발 활용하는 경우도 있다.

용도 지역의 지정

① 도시지역

· 주거지역 : 거주의 안녕과 건전한 생활환경의 보호를 위하여 필요한 지역

· 상업지역 : 상업이나 그 밖의 업무의 편익을 증진하기 위하여 필요한 지역

· 공업지역 : 공업의 편익을 증진하기 위하여 필요한 지역

· 녹지지역 : 자연환경 · 농지 및 산림의 보호, 보건위생, 보안과 도시의 무질서한 확산을 방지하기 위하여 녹지의 보전이 필요한 지역

② 관리지역

· 보전관리지역 : 자연환경 보호, 산림 보호, 수질오염 방지, 녹지공간 확보 및 생태계 보전 등을 위하여 보전이 필요하나, 주변 용도지역과의 관계 등

을 고려할 때 자연환경보전지역으로 지정하여 관리하기가 곤란한 지역

· 생산관리지역 : 농업 · 임업 · 어업 생산 등을 위하여 관리가 필요하나, 주변 용도지역과의 관계 등을 고려할 때 농림지역으로 지정하여 관리하기가 곤란한 지역

· 계획관리지역 : 도시지역으로의 편입이 예상되는 지역이나 자연환경을 고려하여 제한적인 이용 · 개발을 하려는 지역으로서 계획적 · 체계적인 관리가 필요한 지역

③ 농림지역

④ 자연환경보전지역

용도별 건축물 종류

단독주택

일반적으로 하나의 주택 안에 하나의 세대가 생활할 수 있는 구조로 된 주택을 말한다. 단독주택의 형태를 갖춘 가정 어린이집, 공동생활가정, 지역아동센터 및 노인복지시설(노인복지주택은 제외)을 포함한다. 단독주택은 일반적으로 한 세대가 단독으로 생활하기 위한 시설 및 규모를 갖춘 주택을 의미하지만 「건축법」에 의한 건축물의 용도로서 단독주택은 일반적인 단독주택 외에도 다중주택, 다가구주택, 공관을 포함하는 개념이다.

① 단독주택 : 일반적인 단독주택

② 다중주택 : 학생 또는 직장인 등 다수인이 장기간 거주할 수 있는 구조로 독립된 주거의 형태가 아닐 것, 연면적이 330제곱미터 이하이고 층수가 3층 이하일 것

③ 다가구주택 : 주택으로 쓰이는 층수(지하층을 제외)가 3개 층 이하, 1층 바닥면적의 1/2 이상을 필로티 구조로 하여 주차장으로 사용하고 나머지 부분을 주택 외의 용도로 사용하는 경우에는 해당 층을 주택의 층수에서 제외, 1개동의 주택으로 쓰이는 바닥면적(지하주차장 면적을 제외)의 합계가 660제곱미터 이하로 19세대 이하가 거주할 수 있을 것

④ 공관 : 공적인 거처로 쓰이는 주택

공동주택

하나의 건축물의 벽·복도·계단·그 밖의 설비의 전부 또는 일부를 여러 세대가 공동으로 사용하면서 각 세대마다 독립된 주거생활이 가능한 구조로 된 주택을 말한다.

① 아파트 : 주택으로 쓰이는 층수가 5개 층 이상인 주택

② 연립주택 : 주택으로 쓰이는 1개동의 바닥면적(2개 이상의 동을 지하주차장으로 연결하는 경우에는 각각의 동으로 본다.)의 합계가 660제곱미터를 초과하고, 층수가 4개 층 이하인 주택

③ 다세대주택 : 주택으로 쓰이는 1개 동의 바닥면적(2개 이상의 동을 지하주차장으로 연결하는 경우에는 각각의 동으로 본다.)의 합계가 660제곱미터 이하이고, 층수가 4개 층 이하인 주택

④ 기숙사 : 학교 또는 공장 등의 학생 또는 종업원 등을 위하여 사용되는 것으로서 공동취사 등을 할 수 있는 구조이되, 독립된 주거의 형태를 갖추지 아니한 것

2. 합병 및 분할의 가능성

토지는 물리적으로 연속해서 존재하고 있고 이 토지의 양은 법에서 허용하는 범위 안에서 합병이나 분할을 통해 늘이거나 줄이는 등 조절이 가능하다. 이를 통해 해당 토지가 최적으로 이용될 수 있도록 용도의 다양성을 지원하게 된다. 규모의 경제가 예상되는 경우 합병을 통해서 반대의 경우 분할을 통해 최적의 이용을 지원한다.

재개발 사업이 대표적인 예

도심 재개발에 대한 관심이 높고 이를 통해 많은 투자이익을 경험한 사람들이 늘어나고 있는데, 이들이 경험하게 된 것이 바로 대표적인 합병 분할 가능성에서 얻게 된 이익이라 볼 수 있다. 재개발지역의 낡은 단독 내지 다세대 주택 , 도로, 점포 등은 개별로 존재하고 있을 때는 슬럼화되어 그 가격이 계속 하락한다.

하지만 재개발지역이 확정되고 사업이 진척됨에 따라 이제 현재의 가치가 아닌 합병되어 하나의 대규모 아파트 단지가 되었을 때의 프리미엄이 단계적으로 반영이 되면서 가격이 상승하는 과정을 겪는다. 쪼개져 있을 때는 그 가치가 높지 않았던 토지들이 합쳐져서 새로운 아파트부지에 귀속됨으로써 그 가치가 올라가게 되고 재개발 투자자는 합병을 통해 발생하게 되는 가치 상승분을 누리게 된다. 수백 개의 필지로 이루어진 한남5구역도 재개발 사업의 대표적인 사례다.

3. 사회적 경제적 행정적 위치의 가변성

토지의 자연적 위치나 물리적 위치는 불변이지만 사회적, 경제적, 행정적 요인이 변화하면서 위치의 가치가 변하는 것을 의미한다.

① 사회적 위치의 가변성 : 혐오시설, 선호시설이 인근에 위치하게 되면서 오는 상태변화

② 경제적 위치의 가변성 : 도로, 지하철 개통 등으로 오는 상태변화

③ 행정적 위치의 가변성 : 그린벨트가 해제되어 신도시로 변화하는 등 정책, 제도의 변화로 오는 상태변화

신도시 개발

서울과 같이 과밀화되고 집중되서 더 이상 도시의 기능을 추가로 수용하기 어려워진 경우 이루어지는 개발 형태이다. 체계적인 계획을 통해 기존 도시와의 접근성을 확보하고, 도시의 자족기능이 갖춰지도록 개발하는 방식으로 우리나라의 경우 최근 3기 신도시가 예정되어 있는 상황이다. 개발제한구역을 해제하여 도시를 조성하거나, 농경지 등으로 활용되며 개발이 많이 이루어지지 않던 지역을 대규모로 수용해서 새로운 도시를 조성하게 되면 해당 지역의 사회,경제, 행정적 위치가 급변하게 된다.

서울의 경우는 구도심에 이미 도시의 기능이 집중되어 있기 때문에 개발비용이 크더라도 재개발 후 가치가 신규개발지보다 높게 형성되는 것이 일반적이기에 구도심의 기능을 계속 유지해가지만, 대부분의 도시들은 신도시를 개발하게 되면 신도시로 도시의 기능이 집중되고, 구도심을 쇠퇴하는 모습이 나타냄. 이처럼 사회적·경제적·행정적 위치는 계속 변화한다.

3장. 만들어진 부동산 심리

부동산 버블 붕괴의 시그널이 나타났다

– 부동산 영끌에서 보는 카드 대란

부동산 시장 붕괴의 시그널을 알려주는 기사가 나왔다. 천재 신혼부부에 관한 기사로 "혼인신고를 미룬 채 신랑 집에 전세를 든 신부"라는 제목이다. 집값의 80%까지 전세금으로 받아서 현금 1억원으로 5억원짜리 집을 마련했다고 한다. 서울시 강서구 가양동에서 이 방법을 써서 신혼집을 마련한 직장인 김모 씨의 실제 사례다.

신랑이 먼저 갭이 최대한 작은 아파트를 현금 1억원에 전세를 끼고 구매한 후에 세입자를 내보내면서 신부가 전세자금대출을 최대한 받아서 함께 입주함으로써 5억원짜리 집을 마련했다고 한다. 이 부부가 보유한 현금은 1억원에서 2억원 사이인데 5억원짜리 집을 구매했다는 내용이다. 자기 자본의 네 배가 되는 빚을 지고 집을 산 것이다.

언론은 이거 말고도 다양한 다른 방법들을 알려준다. 전세자금

대출을 활용해서 집을 사는 방법, 허위 전세계약 스와핑을 통해서 주택담보대출 대출을 피해갔다는 기사도 있다. 또 사업자등록이나 법인 설립을 통해서 대출을 편법적으로 더 받아서 아파트를 살 수 있다는 내용도 있다. 하지만 이러한 방법들이 LTV 규제 적용 대상 확대를 통해서 모두 막혔다. 개인사업자나 법인에 대한 주택담보대출도 도입을 했고, 그 다음 전세자금대출에 대한 것도 1주택자에 대해서는 공적 보증을 제한하는 형태로 갭투자를 축소하는 것을 유도하는 정책들을 시행하고 있다.

한국은행은 기준금리를 내렸는데 주택담보대출 금리는 올라가고 있다. 예대율* 규정에 맞춰서 은행에서는 대출을 관리해야 되는 상황이기 때문에 대출을 더 많이 해주지 않고 있는 것이다. 이러한 상황에도 불구하고 언론은 마지막 남은 주택 수요자인 신혼부부들에게 '천재 신혼부부'라는 예시를 들어 이런 식으로 하면 자기 자본 1억원 대비 4배의 빚을 지고 집을 살 수 있는 방법이 있다고 알려주고 있는 것이다. 정말 갈 데까지 간 것이다. 주택을 구매하려는 사람이 없으니까 이제 이런 사람들한테까지 사라고 하는 것이다.

2002년 신용카드 대란

2020년 서울의 아파트를 가장 많이 구입한 연령대가 30대라는 기사가 나왔다. 30대가 부동산 교육이나 매입에서 큰손이 됐다고 하면서 내 집 마련이 최고의 재테크라고 많은 집을 사들였다는 기사다. 또 서울에서 집을 장만한 20대가 3억원의 빚을 내서 5억원의 집을 산다는 기사도 있다. 20~30대는 모아둔 돈이 많지 않은 편이라 거의 60% 이상을 빚으로 충당을 해서 집을 샀다. 전세를 끼고 다른 대출들을 활용해서 집을 산 것이다. 내 집 마련에 평균 걸리는 시간이 7년이 넘는다. 올해만 그런 게 아니고 수년에 걸쳐서 내 집 마련을 하는데 걸리는 시간이 이 정도라는 것이다.

내 집 마련에 시간이 걸리는 이유는 당연히 목돈을 모아야 하고, 대출을 활용하더라도 자기 자본 비율이 있어야 하기 때문이다. 자기 자본을 축적하는 데 걸리는 시간이 평균적으로 그 정도 소요가 된다. 그런데 지금은 그 정도의 자본을 모으지 못한 20~30대가 많은 집을 사들였다. 자기 자금보다 대출이 더 큰 형태로, 능력이 안 되는데 무리해서 뛰어들어 집을 샀다. 정말 부동산 시장이 끝물임을 보여주는 자료다.

이 상황은 2002년에 있었던 카드 대란 때와 비슷하다. 영화 〈블랙머니〉는 외환은행을 헐값에 론스타에 팔았다가 다시 론스타가 비싸게 팔고 먹튀한 사건을 모티브로 했다. 외환은행이 부실해진 이유가 바로 카드 대란이었다. 카드사의 부실이 모기업인 은행의 부실로 이어졌고, 그 은행의 부실을 빙자해서 외환은행이 그렇게 헐값에 팔려나가게 된 것이다. 경제 위기 상황 IMF를 극복한지 얼마 되지 않아서 제2의 금융위기가 올 수도 있다는 절체절명의 상황이었기 때문에 이러한 먹튀가 가능했던 것이다.

카드 대란이 발생한 이유는 소비를 통한 경기부양과 원활한 세금 징수를 위해서 정부가 신용카드 사용을 적극 장려했기 때문이다. 그래서 신용카드가 굉장히 빠른 속도로 보급이 되었고 많은 사람들이 신용카드를 갖게 되었다.

TV 광고를 통해서 신용카드를 사용하는 사람은 인생을 멋있게 사는 사람이라는 이미지가 생겼고, 신용카드 사용이 현재 소비를 미래의 빚으로 떠넘기는 행동이니 당장 돈이 나간다는 생각이 들지 않기 때문에 사람들이 카드를 마구마구 쓰기 시작했다. 갚을 능력이 되는 사람들에게만 카드를 발급했다면 카드 대란이 일어나지는 않았을 것이다. 그러나 신용카드 발급을 받을 상황이 아닌 사람들에게도 발급해준 게 문제였다. 소득이 없는 대학생들은 물론 고등학생도 서명만 하면 발급해 줄 정도로 너무나 많은 사람들이 카드를 만들었다. 또 연회비 면제다 사은품이다 하면서 여러 장의 카드를 만들도록 유도하기도 했다.

여러 가지 카드를 사용하면서 실제로 자기가 벌어들이는 소득은 100만원밖에 안 되는데 카드 현금 서비스를 받아서 더 쓰고 모자라는 돈은 다른 카드에서 또 서비스를 받아서 메꾸는 돌려막기가 성행했다. 그 결과 쓴 돈이 고스란히 빚으로 남게 되었고 거기에 이자까지 추가되었다.

일반적으로 이 빚을 갚을 능력이 안 되는 사람들이 많으니까 결국 연체율이 증가하고 많은 사람들이 신용불량자로 전락하게 되었다. 연체가 많아지니까 카드사가 부실이 되고 카드사의 모기업인 은행들이 부실화가 되고 결국 경제 위기 상황이 생겨났다.

신용카드 대란의 데자뷰

카드 대란의 원인은 신용이 없는 사람들한테 신용카드를 발급한 것이었다. 지금 20~30대가 서울에 엄청 비싼 집들을 마구마구 사들인 게 바로 카드대란 때 고등학생이 카드를 발급받은 것과 동일한 상황이다. 신용이 없는 사람한테 카드 발급해주는 것과 부채를 감당할 수 있는 능력이 안 되는 사람들한테 대출을 내줘서 거품이 잔뜩 낀 집을 사게 만든 것과 동일하다. 부동산 전문가들이 얘기하는 공급 부족 그리고 지금 집을 사지 못하면 못 산다는 불안감에 엄청난 빚을 지고 20~30대들이 부동산 시장에 뛰어들었다.

세계적인 금융위기 때도 마찬가지다. 리먼브라더스 사태가 일어나기 전에는 일용직 근로자들도 주택담보대출을 받을 수 있었다. 호스티스가 집을 사고 심지어는 죽은 사람 명의로도 대출이 나갈 정도로 대출 심사가 느슨했다. 그 결과 세계경제 위기를 초래한 금융위기가 일어났다. 리먼브라더스 사태 때도 능력이 안 되는 사람이 집을 샀고, 지금 우리나라는 신혼부부들이 엄청난 대출을 끼고 집을 사고 있다. 모은 돈이 많지 않은 20~30대가 엄청난 거품이 낀 집을 사고 있는 지금 상황이 버블이 붕괴되기 전 마지막 상황이라고 볼 수 있다.

역사는 항상 반복되고, 위기의 형태만 다를 뿐 위기는 반드시 찾아온다. 서브프라임 모기지 사태를 다룬 〈빅쇼트〉라는 영화가 있다. 이 영화 속에 나오는 명대사가 하나 있다.

"곤경에 빠지는 것은 몰라서가 아니다. 확실하게 안다는 착각 때문이다."

부동산에 대해서 잘 안다는 사람들이 지금 상황에서도 청년 세대에게 지금이라도 늦기 전에 집을 사라고 부추기고 있다. 본인이 과거에 시기를 잘 만나서 부를 이룬 경험이 있더라도 그 경험이 현재와 미래에도 똑같이 이어질 수 있다는 보장이 없다. 하지만 '내가 그랬으니까 분명히 그럴 것이다'라는 확신으로 또 부동산을 확실히 안다는 착각으로 본의 아니게 타인을 곤경의 구렁텅이로 몰아넣고 있는 건 아닌지 생각해볼 때다.

우리나라 사람들 자산의 금융 대 비금융 비율은 2:8이다. 부동산 쏠림 현상이 굉장히 심각하다. 미국은 7:3 일본은 6.4:3.6 정도로 금융자산의 비중이 더 크다. 우리나라는 부동산 거품이 꺼졌을 때 입을 타격이 엄청날 수밖에 없는 불안한 자산구조를 가지고 있다. 혼인신고를 미룬 채 신랑 집에 전세로 들어간 신부는, 이들을 천재 부부라고 할 수 있을지 고민해 봐야 한다.

* 예대율 : 은행의 예금 잔액에 대한 대출금 잔액의 비율. 은행의 예대율이 100%가 넘으면 영업에 제한을 받는다. 10억 갖고 있으면 10억만 빌려주라는 의미다.

부동산 시장에 남은 건 만들어진 심리뿐

– 다단계 마케팅과 부동산 영끌

'10억 클럽'은 서울 일부 아파트라더니 일명 '노도강' 노원·도봉·강북도 10억 클럽에 가입했다는 기사가 나왔다. 서울의 아파트값 '20억 클럽'도 있다. 또 광교 같은 경우는 지붕이 뚫려 실거래가가 20억원대가 되었다고 대서특필을 했다. 광교에서 '20억 클럽' 이야기가 나온 곳은 중흥 에스클래스인데 여기 전용 129제곱미터가 2020년 7월에 21억원에 거래가 됐다고 한다. 외부에서는 광교에서 20억원 거래가 일어난 게 이변이라고 하지만 정작 그쪽 지역 사람들은 9억원에서 15억원 사이 거래도 활발하게 이루어지고 있기 때문에 이 값이 진정한 가격이라고 여긴다고 한다.

개포가 평당 1억원을 눈앞에 뒀다고 하면서 2021년 7월에 입주하는 디에이치자이 개포 84제곱미터 분양권이 30억원에 거래되며 '30억 클럽'을 눈앞에 뒀다고 한다. 아파트값을 기준으로 10억, 20억, 30억 클럽이 어느 순간 자연스러워졌다. 연일 부동산 대중화를 조장하는 기사들이 쏟아지기 때문에 비상식적인 거래 한두 건으로 이 시세가 어느 순간 당연하게 받아들여지게 됐다.

가격이 오르기를 바라는 심리

사람들은 이런 거래에 대해서 단 한 번도 의심을 해보지 않는다. 그냥 30억원에 거래가 됐다니까, 이제 개포는 30억 클럽에 가입되는 게 당연하다는 인식을 하게 된 것이다. 개포 8단지 자리에 새로 지어지는 게 디에이치자이인데 이곳은 영구 음영(건물이 들어서 있는 동안에는 일조(日照)가 전혀 없는 상태가 영구히 계속되는 부분)에 대한 논란도 많았다. 또 용적률이나 건폐율이 주변 단체에 비해서 매우 높기 때문에 논란도 많았던 단지다. 그런데 또 성황리에 분양이 됐다. 그런데 이런 단지의 분양권이 지금 30억원이 넘었다고 해서 기사가 된 것이다.

우리는 아무런 의심 없이 받아들이게 된다. 이런 거래가 신고도 되기 전에 언론을 통해서 공개되면 어떠한 효과가 있는 것일까? 왜 이런 거래를 모두가 알 수 있게 계속 언론에서 공개하는지 생각해보면, 그저 심리를 자극하는 것밖에 안 된다.

부동산 시장에 영향을 끼치는 요소 세 가지로 수요와 공급에 따른 팩트, 정책 그리고 심리를 꼽는다. 언론의 부동산 기사들은 이중 심리에 큰 영향을 준다. 정부는 단기간에 급등한 부동산 시장을 진정시키기 위해서 온갖 부동산 억제 정책을 펴고 있다. 수요와 공급 측면에서는 앞서 언급했다시피 공급을 계속되고 있다.

현재는 기존보다 훨씬 많은 공급이 이루어지고 있다. 수요 또한 줄어들고 있다. 이미 수많은 분양을 통해서 많은 사람들이 집을 사들였다. 그만큼 시장에 남아 있는 수요자가 부족하다. 또 가격도 굉장히 많이 올랐기 때문에 이 시장에 참여할 수 있는 유효수요가 많이 줄어들은 상태다. 그러면 당연히 가격은 내려올 수밖에 없다. 정책과 팩트를 봤을 때는 가격이 안정될 수밖에 없는 데 여전히 심리는 불안한 상황이다. 그래서 가격이 오르기를 바라는 사람들은 이 심리를 자극할 수밖에 없다.

"'최고가 받겠다 vs 안 산다' 서울 아파트 시장이 힘겨루기"라는 기사가 나왔다. 집주인들은 집주인 신고가 만큼은 받아야겠다고 버티고 있고, 매수하려는 입장에서는 그 가격 주고는 못 산다고 버티니까 거래가 이뤄지지 않는 상황이다. 이런 상황에서 심리가 자극이 되면 버티던 사람들 중에서 심리가 약한 쪽이 무너지게 될 것이다. 언론에서 나오는 기사는 매수자의 불안 심리를 자극한다. 집값 전망이 석 달 만에 제동이 걸렸지만 심리지수는 여전히 오르고 있다, 주춤하지만 오를 거다라는 심리가 더 강하니까 결국은 오른다, 계속 얘기하고 있다.

분양가상한제에도 전국 주택 가격이 상승할 거다라고 사람들이 전망하고 있다고 한다. 또 1년 뒤에 집값이 오를 거라고 생각하는 주택심리지수가 껑충 뛰었다고 연일 기사에 나온다. 주택가격 전망 지수가 100을 돌파했다고 하고, 어떤 부동산 전문가는 더 오를 거다라고 이야기를 한다.

한편에서는 집값 상승에 대한 기대 심리와 에너지는 충분하지만 구매력에 한계가 있어서 보합 내지 강보합 수준에 머물 거라고 이야기한다. 구매력의 한계가 바로 유효 수요다. 내가 살 능력이 되면 10억원이 됐든 20억원이 됐든 더 오를 테니 사겠다라고 생각할 수 있지만, 정말 살 수 있는 구매력을 갖춘 수요는 없기 때문에 더 이상 오르기 힘들 거다라고 전망한 것이다.

다단계와 비슷한 부동산 심리

심리는 마음의 작용과 의식의 상태다. 또 전망과 희망은 다르다. 앞의 상황을 바라보는 건 똑같은데 여기에 주관적인 기대감이 포함이 된다면 그건 희망이다. 미래는 가변적이고 현재의 상황에 따라서 충분히 달라질 수 있다. 그렇기 때문에 희망과 전망이 뒤섞여서 사용되기도 하지만 때로는 동일한 결과를 때로는 정반대의 결과를 낳기도 한다. '10억 클럽', '20억 클럽' 하면서 부동산 시장이 계층을 나누고 사람들을 끌어들이는 모습을 보면 다단계와 비슷하다.

판매자에서 최종 소비자에 이를 때까지 여러 단계를 거치는 판매 방식이 다단계다. 판매업체에 가입한 회원들이 상품을 구매한 사람이자 또 하위 회원에 대해서는 판매자가 되는 종적인 피라미드 구조를 갖추고 있다. 네트워크 마케팅이라고도 하는데 자체적으로 특징을 살펴보면 판매자 소비자가 구별이 안 된다. 일단 회원이 되는 걸로 시작이 된다. 레벨업을 하기 위해서는 더 많은 사람을 밑에 끌어들여야 한다. 회원이 되려면 물건을 구매해야 한다. 그리고 상위 레벨로 갈수록 수익이 커지는 구조다. 레벨업을 하기 위해서는 내 밑으로 누군가를 끌어들여야 하고 그 사람들이 물건을 사줘야 수익을 거둘 수 있는 구조다. 아파트 시장과 매우 유사하다고 할 수 있다.

아파트 시장에 뛰어드는 건 집을 구매하면서 시작된다. 집을 구매하는 순간 수요자에서 이제 잠재적인 판매자가 된다. 또 집을 팔고 다시 갈아타기 등을 하면서 레벨업을 한다. 레벨업을 하기 위해서는 내가 5억원을 주고 샀다면 밑에 새로 들어오는 사람한테는 10억원을 주고 팔아야 한다. 내가 산 가격보다 더 비싼 값에 남을 끌어들여야 레벨업이 가능한 것이다. 그렇게 판 돈에 다시 또 돈을 보태야 상위 레벨로 올라갈 수 있는 구조다. 정말 비슷하다.

다단계 마케팅은 굉장히 많은 문제점을 갖고 있는데 부동산 시장에서도 유사한 문제점들이 발생한다. 첫 번째 소비자가 판매자를 겸하는 구조인데, 소비자가 판매자를 겸하게 되는 순간 소비자로서의 객관적인 제품평은 신뢰성을 잃게 된다. 물건을 팔아야 자기한테 이익이 되고 자기가 레벨업을 할 수 있기 때문에 일단 그 물건이 좋다라고 홍보를 해야 한다. 아파트도 마찬가지다. 내가 5억원을 주고 샀지만 지금 15억원 가치는 충분하다고 이야기한다. 이렇게 다른 사람을 끌어들일 수 있다. 그러니까 내가 5억원을 주고 살 때 판단했던 기준보다 더 이 제품이 좋다라고 스스로를 세뇌시켜야 한다.

두 번째 새로운 판매자를 영입하면 그 새로운 판매자의 수익을 나눠가지는 다단계 구조다. 예전에 3억원도 안 하던 집이 5억원에 팔리고 5억원 하던 집이 10억원에 팔리면 그 상위 레벨은 더 비싼 값에 집을 팔 수 있고 더 많은 이익을 가져갈 수 있는 구조다. 또 다단계 판매원들은 돈을 많이 벌고 싶으면 밑에 더 많은 사람을 끌어들이면 된다고 이야기한다. 그러나 이렇게 비싼 물건을 사줄 수 있는 수요가 끊임없이 나올 수 있을까?

아파트 시장도 똑같은 문제점을 갖고 있다. 또 다단계 판매를 할 때 문제점은 허위 과장된 정보로 상품 설명을 왜곡하는 경우가 많다. 본인이 겪었다고 이야기하면서 지금 우리 집은 너무 올라서 안 되니까 주변에 이런 거 살면 어떻겠냐고 하면서 이 시장의 실제 가치와 다른 금액으로 들어오게끔 유도한다. 이토록 다단계 시장과 많이 닮아 있다.

그런데 다단계 시장이 계속 유지되는 경우는 매우 드물다. 다단계가 계속 유지 확장이 되려면 사람을 계속 모아야 하고 회원인 본인도 계속 소비를 해야 한다. 암웨이 같은 회사는 다단계 중에서 합법적으로 유지되고 있는 큰 회사다. 다단계에서 말하는 후원수당을 받는 회원 수는 40만명 정도 된다. 회원수는 계속 늘어날 수 있다. 특정 제품이 좋아서 내가 다른 사람들한테 퍼뜨리지 않아도 소비를 하기 위해서는 회원이 돼야 하니까 회원 수는 늘어날 수 있다. 또 회원이 줄어들 수도 있다. 중간에 탈퇴하는 사람들이 생기기 때문에 그 규모의 확장은 한계가 있다.

┃ 누군가는 영끌을 받아줘야 하는 상황

부동산 시장도 마찬가지다. 지금 영끌해서 마지막 수요까지 들어온 상황인데 더 들어와서 이 시스템을 유지해 줄 수 있는 수요가 과연 존재할까? GDP에 육박하는 빚을 지고 지금 사람들이 집을 끌어안고 있는데 계속해서 소비해줄 수 있는 사람이 있을까?

다단계가 무조건 나쁜 게 아니다라고 얘기하는 사람들은 모든 상거래는 수요와 공급에 의해서 이루어지는데 뭐가 문제냐라고 이야기를 한다. 부동산 시장도 수요와 공급 자율에 맡기면 될 것이지 왜 그러냐고 자꾸 얘기하는 것과 똑같다. 그런데 그 얘기가 비판을 받는 이유는 스스로 수요를 창출하기 때문이다. 상위 회원이 계급을 높이고 하위 회원을 계속 끌어들이기 위해서는 물건을 사재기하는 방법으로 밖에 유지할 수가 없다. 수요와 공급이 자연적인 게 아니라 억지로 수요를 만들어내는 것이다.

지금 아파트 시장도 바닥에서 유지되는 것과 똑같은 형태로 주택을 여러 채 소유하면서 사재기하는 것과 똑같은 형태로 유지되고 있다. 먼저 진입한 사람이 최대 수익을 낸다. 아파트 시장 오르기 전에 먼저 진입해서 많이 사재기한 사람이 지금 수익을 보고 있다. 나중에 들어오는 사람은 절대 이익을 볼 수 없는 구조다. 그런데 지금이라도 영끌해서 사면 이익을 얻을 수 있다고 이야기하는 게 너무나 똑같다.

정부가 정책을 하는 이유는 부동산 시장을 안정시켜야 국민이 안정된 삶을 살 수 있고 그래야 우리나라가 똑바로 돌아갈 수 있기 때문이다. 따라서 욕을 먹고 있지만 계속 부동산 시장을 억제하는 정책을 펼치고 있는 것이다.

그런데 이런 정책이 잘못됐다고 비판하는 사람들은 가격이 떨어지기를 바라지 않는 사람들이다. 지금 상황이 극히 자연스럽고 당연한 현상이라고 모든 사람들이 받아들여서 더 많은 새로운 회원을 끌어들이기 위해서 이런 짓을 하고 있다. 정말 시장에 남아 있는 건 심리밖에 없다. 그런데 이 심리란 10년 동안 만들어진 것이라고 할 수 있다.

돈이 휴지가 되니 부동산이 답이다?

- 돈이 더욱 귀해지는 시기

돈이 휴지가 된다는 이야기를 한다. 전 세계적으로 유동성을 풀고 있고 돈은 곧 휴지가 될 테니 똘똘한 현재 부동산을 사야 한다는 주장을 하는 사람들이 많다. 그런데 정말 돈이 휴지가 될까? 지금 이 순간에도 우리가 바로 그 돈을 벌기 위해서 일을 하고 있는 건데 정말 돈이 휴지가 될지에 대해서 한번 생각해보자.

돈이 휴지가 된다고 하면서 가장 많이 언급하는 나라가 베네수엘라다. 우리나라의 부동산 정책이 베네수엘라를 닮아가고 있으며, 곧 우리나라가 '대내수엘라'가 될 거라는 신조어까지 나왔다. 베네수엘라는 하이퍼 인플레이션의 대표적인 국가다. 자국의 화폐가 화폐로서의 기능을 완전히 상실해버렸다. 그래서 돈을 아무리 많이 갖다 줘도 물건을 살 수 없는 그 정도 지경에 이르렀다.

우리나라도 이렇게 될 수 있기 때문에, 이런 때일수록 돈이 아니라 부동산을 쥐고 있어야 된다는 이야기들이 많다. 코로나 때문에 전 세계에서 돈을 풀고 있어 이제 화폐 가치가 추락할 거고 돈의 가치가 몰락하니까 이런 걸 대비하기 위해서는 자산을 갖고 있어야 한다고 이야기한다.

❙ 돈의 개념

예전에 돈이 없었던 시기에는 물건과 물건을 교환했다. 그러다 그렇게 하기에는 점점 경제 규모가 커지니까 이제 그 사물의 가치를 매기고 또 상품을 교환할 때 매개체로 쓰기 위해서 돈이라는 개념이 생겼다. 세계가 글로벌하기 때문에 전 세계에 물건을 사고팔 때 통용되는 돈이 필요해졌고, 그 돈은 바로 달러이다.

달러의 가치는 달러 인덱스를 통해서 확인할 수 있다. 달러 인덱스*는 달러의 상대적인 파워를 나타내는 것으로 세계 주요 6개국의 통화와 대비하여 달러화의 평균 가치를 표시한다. 달러의 파워에 따라서 달러 인덱스는 변동된다.

요즘 달러 인덱스가 굉장히 낮다. 미국이 코로나 사태에서 탈출하기 위해 돈을 풀고 있다는 일차적인 이유와 더불어 현재 미국 정세나 달러를 압도하는 안전자산으로 관심이 분산되면서 달러 약세가 이어지고 있다. 달러 가치가 10% 빠지고 금값은 35%나 뛰었다.

그렇지만 달러의 위상이 쉽게 무너지지는 않는다. 수십 년째 달러는 전 세계에 통용되는 화폐로서의 기능을 하고 있다. 달러가 기축 통화인 건 부인할 수 없는 사실이며, 달러를 대체하는 안전

자산은 금인데 금을 가장 많이 갖고 있는 나라도 미국이다. 달러가 기축통화로서의 기능을 잃게 되기 전까지는 달러가 바로 진정한 의미의 돈이라고 할 수 있다.

돈의 상대적인 가치를 정하는 것은 환율이다. 우리나라의 돈은 우리나라에서만 쓴다. 우리나라가 다른 나라와 거래를 하려면 달러가 필요하다. 그래서 우리 돈을 얼마를 줘야 달러를 살 수 있는지 나타내는 게 바로 환율이다. 즉 환율은 상대적인 돈의 가치인 것이다.

달러 인덱스가 굉장히 하락한 상황인데 우리나라 환율은 그만큼 떨어지지 않고 있다. 달러의 가치가 떨어졌더라도 우리나라 돈의 가치가 상대적으로 더 떨어졌기 때문에 그만큼 환율이 폭락하지는 않은 것이다. 전 세계에 통용되는 달러를 일정 보유하고 있어야 안정적으로 나라를 운영할 수 있기 때문에 통화 스와프**도 하면서 달러 유동성 공급을 위한 여지를 넓히고 있다. 위기 상황은 지속되고 장기화되면 앞으로 어떻게 될지 알 수 없기 때문에 보유할 수 있는 달러를 최대한 늘리고 있는 것이다.

2020년 6월 말 기준 외환보유고가 4,107억 달러로 사상 최고를 기록했다. IMF에서는 유동 매체의 30%, 외국인 주식 자금 15%, M2에 5% 정도 갖고 있으면 적정 외환보유고라고 한다. 하지만 그 정도 외환을 확보하고 있더라도 외화가 한꺼번에 빠져나간다면 우리나라는 위기에 처할 수밖에 없다. 따라서 달러화의 가치와 다르게 우리나라 원화 환율은 요동치는 것이다.

❙ 우리나라도 돈이 휴지가 될까?

돈이 휴지가 된다는 것은, 돈이 돈으로써의 기능을 잃어버린다는 의미다. 돈은 물건을 교환할 수 있는 가치를 지니고 있어야 하는 건데 그 기능을 상실해버리면 바로 휴지가 되는 것이다. 우리나라의 신용이 다 사라져서 나라가 망한 상황이라는 것인데, 이렇게 될 거니까 안전 자산인 부동산을 투자해야 된다고 이야기하는 것이다. 그런데 나라가 망하면 부동산이 무슨 소용이 있을까?

돈이 휴지가 된 나라는 하이퍼 인플레이션***이 발생한다. 물가 상승이 통제를 벗어나서 수백 또는 수천 퍼센트의 인플레이션이 발생하는 것이다. 앞서 이야기한 베네수엘라 같은 경우 달러가 없어 정부에서 달러의 가치를 고정환율로 정해버린다. 실제로는 1,000대 1인데 10대 1로 나라에서 정해버리면, 공식 환율과 시장 환율 사이에 엄청난 괴리가 발생하면서 자국 화폐로는 진정한 의미의 돈을 살 수 없게 되는 상황이 되는 것이다. 2019년 베네수엘라의 인플레이션이 9,585%, 월급으로 달걀 한 칸도 못 사는 나라가 된 것이다. 이게 바로 돈이 휴지가 된 나라의 모습이다.

베네수엘라가 그나마 버티고 있는 이유는, 역설적으로 심각한 경쟁을 이기지 못하고 베네수엘라를 탈출한 난민들이 고국으로 달러를 송금하는 달러 때문이다. 이 달러를 기초로 베네수엘라 경제가 그나마 버티고 있다. 우리나라가 과연 이렇게 될까? 이런 상황을 막으려고 지금 노력을 하고 있다. 돈이 많이 풀리는 것을 근거로 돈이 휴지가 된다고. 하는데, 돈을 많이 푸는 이유를 생각해

보면 돈이 휴지가 될 수 없다. 선진국들은 디플레이션을 항상 우려하고 있다. 대부분의 나라들이 인플레이션이 완만하게 일어나길 고대하면서 정책을 편다. 약간은 물가 상승이 있어야 시장에 긍정적인 영향을 주기 때문이다.

그런데 세계 경제 3위인 일본 같은 경우 지금 코로나 때문에 실물 경제가 위축되어 디플레이션을 우려하고 있다. 미국이나 일본, 우리나라 정부가 지금 재정 정책을 하는 이유가 약간의 인플레를 통해서 시장을 활성화하기 위해서인데, 그 효과가 나타나지 않고 있다. 그만큼 실물 경제는 위축 현상이 심한 상황이다.

이런 상황에서 물가가 급등하고 돈이 휴지가 되는 상황이 과연 올까? 인플레이션은 물가가 지속적으로 상승하고 화폐 가치가 떨어지는 것이다. 디플레이션은 그 반대로 물가가 장기간 하락하는 현상을 뜻한다. 이때는 돈이 제대로 돌지 않고 금융 활동이 저조하고 구매력이 저하되는 상황이 벌어진다. 경제 규모가 커질 때는 인플레이션이 동반된다. 예전에는 짜장면 500원 하던 시대에서 이제 짜장면 5,000원인데, 그만큼 경제 규모가 커진 것이다. 이런 상황에서는 화폐 가치가 하락할 수밖에 없다.

그런데 일정 수준에 도달하면 짜장면은 여전히 5,000원에 머무르게 된다. 저성장 시대에 접어들면서 물가가 오를 일이 없어지는 것이다. 어른이 되면 아무리 먹어도 키가 안 크는 것처럼 아무리 돈을 풀어도 인플레가 안 오는 현상이 발생한다. 이런데 돈이 휴지가 된다고 얘기하는 것이다.

❙ 부동산으로 들어갈 돈은 없다

유동성은 자산을 현금으로 전환할 수 있는 정도다. 유동성이 풍부하다는 건 돌고 있는 돈이 많고 잘 돌고 있다는 뜻이다. 유동성을 창출하는 방법은 크게 두 가지로, 실물 경제가 정말 성장을 하거나 아니면 기존의 신용을 바탕으로 유동성을 창출하는 것이다. 지금 전 세계적으로 하고 있는 것은 실물 경제의 성장이 아니라 바로 신용을 통해 유동성을 공급하고 있는 것이다. 임금은 거의 오르지 않고 라면 값도 옷값도 그대로인데 지금 아파트만 두 배가 된 상황이다. 이건 인플레이션이 아니다. 돈이 휴지가 되려면 그만큼 돈의 상대적 가치가 떨어져야 하는데 그러려면 실물경제가 성장해야 한다.

국내총생산인 GDP가 성장을 해야 나라의 경제 규모가 커진다. 우리나라는 1990년대에 비해서 많은 성장을 거듭했다. 그런데 성장률이 지금 점차 떨어지고 있다. 1990년대에 9%의 고성장을 보이던 우리나라가 이제 2~3% 성장률이 일반적인 저성장 상황이 되었다. 생산이 늘어서 경제 규모가 커져서 본인이 점점 상대적인 가치를 잃어야 하는데 그러기 힘든 상황이 되고 있으며, 오히려 역성장을 지금 고민하고 있었는데 코로나 때문에 마이너스 성장률을 기록했다. V자 반등이 아니라 깊은 L 자형의 침체를 보일 가능성이 매우 높다. 코로나19 때문에 GDP의 67조가 날아갔고, 일자리마저 사라질 위기에 처해 있다. 일자리가 사라지면 실물 경제가 더 위축될 것이다. 점점 이런 상황이 되는데 정말 돈이 휴지가 될까?

그동안 신용을 통해서 유동성을 많이 공급했는데 그렇게 늘어난 빚이 지금 GDP 수준에 이르렀다. 가계부채 증가 속도는 세계 3위를 기록하고 있으며 기업부채의 증가 속도도 가파르다. 정부도 코로나 팬데믹 때문에 돈을 풀고 있기 때문에 더 이상 창출할 수 있는 유동성이 바닥에 이른 상황이다. 이 책에서 계속 거품을 설명하고 거품이 이제 붕괴될 거라고 이야기하고 있는데, 이는 실물과의 괴리를 통해서 판단할 수 있다.

GDP와 신용의 차이를 신용 갭이라고 한다. 신용의 규모가 GDP 대비해서 얼마만큼 장기적인 추세에서 벗어나 있는지가 바로 신용 갭이다. 2% 미만이면 보통이고 10% 가까이 되면 주의, 10%를 넘어서면 경보로 구분한다. 우리는 지금 경보 수준이다. 이전에 경보 단계 수준의 신용 갭을 보였던 시기는 바로 금융위기가 발생했던 때다. 2007년에 13.2%까지 그 갭이 벌어졌다. 지금까지 발생한 금융위기 때 모두 신용 대비 10%를 넘어섰는데, 2019년 말에는 7% 주의 단계에 진입했고, 2020년 감염증 때문에 10%를 훌쩍 뛰어넘어서 2020년 3분기 16.9%를 기록했다. 이렇게 심각한 상황이기 때문에 개인들도 유동성을 확보해야 한다.

이런 상황에서도 돈이 휴지가 되니까 부동산 사야 한다고 이야기들을 하는 사람들이 있고, 그런 사람들 때문에 없던 빚까지 내서 부동산이나 주식에 뛰어들고 있다. 그러나 부동산으로 들어갈 수 있는 유동성은 이제 다 잠긴 상태다.

돈이 휴지가 되는 상황이 아니라 돈이 더 귀한 상황이 온 것이다. 정말 시중에 돈이 없다. 이런 상황을 잘 숙지하고 투자에 대한 판단을 하는 것이 중요하다. 어쨌든 나라가 망하지 않는다는 전제 하에 지금 집을 사고팔고 하는 것이다. 그런 상황이기 때문에 나라가 망하고 돈이 휴지가 되는 상황이 아니다. 돈이 휴지가 되니까 부동산을 사라고 말하는 것은 근거가 없다는 것이다.

* 달러 인덱스(U.S. Dollar Index) : 통화가치가 비교적 안정적인 주요 6개국의 통화 대비 미국 달러의 가치를 지수화한 것으로 주요국의 화폐 가치 대비 달러 가치의 움직임을 파악하기 위하여 만들어진 지수다.

** 통화스와프(currency swap) : 두 국가가 약정된 환율(양국 화폐의 교환 비율)에 따라 필요한 만큼의 돈을 상대국과 교환하고, 일정 기간이 지난 후에 최초 계약 때 정한 환율로 원금을 재교환하는 외환거래를 말한다.

*** 하이퍼 인플레이션(hyper inflation) : 초(超)인플레이션이라고도 하며, 통제상황을 벗어나 1년에 수백 % 이상으로 물가상승이 일어나는 경우를 지칭한다. 통상적인 수준을 벗어난 급격한 물가인상와 화폐 가치의 급격한 하락으로 경제에 혼란이 발생하고 실물경제에도 악영향을 미친다.

다주택자는 눈치 게임 중

- 7.10 정책을 대하는 다주택자의 심리

부동산은 항상 세금을 동반한다. 살 때도 취득세를 내고 갖고 있으면 보유세, 재산세를 낸다. 또한 팔 때는 그 차익에 대해서 양도소득세를 내야 한다. 그런데 7.10 부동산 정책 이후 다주택자들에게는 더 견딜 수 없을 수준의 세금이 부과될 예정이다.

다주택자들의 상황

다주택자가 주택을 더 살 경우 세금을 살펴보자. 기존에 이미 주택을 갖고 있는 사람이 추가로 주택을 사게 되면 8% 취득세가 적용된다. 원래 두 채 보유하고 있는데 한 채를 더 산다면 12%의 취득세를 내게 된다. 10억원짜리 하나 사서 2주택자가 되면 취득세로 8,000만원, 3주택이 된다면 1억 2,000만원 정도를 취득세로 내야 한다. 그러니까 더 사기가 힘든 상황이 됐다. 지방세법 개정안이 발표가 되면서 다주택자나 법인의 취득세율이 강화되었다. 조정지역의 경우는 2주택도 8%의 취득세가 부과된다.

집을 늘리는 방법에는 사는 것도 있지만 부모가 줄 수도 있다. 증여 취득세율도 강화되었다. 조정대상지역에서 3억원 이상을 증여하게 되면 12%의 세금을 부담해야 한다. 이렇게 취득세를 올린 이유는 바로 더 주택을 늘리지 못하게 하기 위해서다. 다주택자나 법인들에 대한 취득세율을 인상함으로써 원천적으로 더 주택 수를 늘리지 못하게 막은 것이다. 법인은 취득세 감면 혜택을 받을 수 있었는데, 이제 그 혜택을 폐지하기로 했다. 현 상황에서 다주택자나 법인이 주택을 더 사들일 이유가 없어졌다. 팔지 못해서 안달이지 지금 더 사지 못해서 안달인 것은 아니다.

더 사지는 않지만 계속 보유하겠다는 사람들도 있는데, 갖고 있으면 갖고 있을수록 더 큰 부담이 된다. 주택 보유 시 내야 되는 세금은 재산세와 종부세가 있다. 재산세는 집을 갖고 있으면 모두 내는 거고 종부세는 일정 금액 이상이면 더 부담하는 것이다.

아파트의 재산세는 공동주택 공시가격의 60%를 곱해서 과세표준을 정하고, 그 금액을 기준으로 일정 세율을 곱해서 재산세를 부과한다. 2020년 올해 재산세 부과가 됐는데 2019년보다 금액이 훨씬 올라갔다. 공동주택 공시가격이 많이 상승했기 때문이다. 공시가격의 현실화율 상향 로드맵이 나왔다. 현재 시세의 70%가 안 되는데 이 현실화율을 올리겠다고 지금 추진하고 있고 그 결과 2020년 재산세 부과액이 많이 올라갔다. 사실 실거래가가 적정 가격은 아니기 때문에 현실화율은 100% 할 수는 없다.

그래서 감정원에서 공시가격을 약간 보수적으로 산정하는 경향이 있다. 특히나 고가의 경우는 현실화율이 더 낮다. 고가일수록 거래가 어렵고 실거래가 왜곡이 심할 수 있기 때문에 실거래가가 50억원이라고 해서 공시 가격을 50억원 가까이 할 수가 없다. 그래서 더 현실화율이 낮다. 그런데 이제 이런 고가 주택에 대해서도 현실화율을 높이겠다고 발표했다.

또 과세 표준을 계산할 때 공시가격에다가 공정시장가액이라는 걸 곱해서 과세표준을 구했는데, 공정시장가액의 비율은 80% 기준에서 ±20% 범위 내에서 탄력적으로 조정된다. 재산세는 현재 60%가 적용되고 있지만 큰 변화는 없다.

두드러진 변화라고 하면 신탁의 경우에는 재산세를 신탁사가 냈었는데 이제 이걸 원소유자한테 부과하는 것으로 바뀌었다. 기존에 재산이 많아 세금에 대한 부담을 줄이려고 신탁을 많이 활용을 했는데, 이제 신탁을 해도 원소유자한테 세금을 부과하게 되니까 부담이 늘어날 수밖에 없다. 시세 반영률이 올라가면 그에 따라 재산세 부담은 점점 늘어나게 되고, 이는 1주택자도 해당된다.

그렇지만 7.10 정책의 주된 목적은 종부세이다. 종합부동산세는 2005년부터 시행이 됐는데 한창 부동산 시장이 과열돼서 투기 수요를 억제하고 가격을 안정시키기 위한 목적으로 시행이 된 제도다. 주택은 6억원 초과, 1세대 1주택자는 9억원이 넘어가는 부분에 대해서는 종합부동산세가 부과된다.

이 제도를 시행할 때 오랫동안 갖고 있었던 사람도 있고, 나이

먹어서 소득은 없고 집 한 채밖에 없는데 무슨 또 세금을 내라는 말이냐 등 정말 반발이 심했다. 그래서 보유 기간과 나이에 따라서 공제도 해주고, 한 주택만 갖고 있는 사람들은 9억원까지 공제 금액을 높여주면서 실질적으로 종부세를 내는 대상이 적었다. 전체 인구의 1%도 안 되고, 평균 납부액은 112만원에 그쳤다.

투기 수요 억제를 위해서 도입이 됐지만 이런저런 이유로 공제를 하다 보니까 실효성이 없었는데, 이제는 집값도 엄청 올랐고 다주택자에 대한 세율은 높아지면서 부담이 큰 세금이 되었다. 종부세 과세표준은 6억원을 뺀 나머지 금액에 대해서 공정시장가액을 90%를 적용한다. 2021년에는 95%, 2022년에는 100%를 적용할 예정이다.

▎다주택자에게 더해진 부담

한 채에 대한 보유 부담도 늘었지만 이제 두 채 이상 주택을 갖고 있는 경우에는 그 부담이 훨씬 커진다. 서울에 웬만한 집이 10억원 하니까 시가 10억원짜리 두 채 갖고 있으면 과세표준 6억에서 12억원인 세 번째 구간에 속하게 된다. 기존에는 1%만 내면 됐지만 이제 2.2%로 부담이 두 배 이상 늘어난다. 특히나 법인의 경우 중과 최고세율인 6%가 적용된다. 기본 공제도 적용이 안 되고 세부담 상한도 적용되지 않는다. 은마 아파트를 두 채 가지고 있으면 이제 2021년에는 1억원 가까이 내야 한다.

종부세 인상의 타깃은 결국 다주택자이다. 서울의 다주택자가

52만 가구인데, 다주택자 대부분이 이번 종부세 인상 범위에 들어갈 수밖에 없다. 다주택 갖고 있던 사람들은 임대사업자 등록해서 세금을 피하고 있었는데, 이제 종부세 부과 대상이 되어 세부담이 커질 수밖에 없다 그러니까 더 반발이 심할 것이다.

20~30%만 투자해서 나중에 오르면 팔려고 가지고 있었던 건데, 이제 갖고 있으면 배보다 배꼽이 더 커지게 되었다. 보유하고 있으면 자기가 투자한 금액보다 더 많은 돈을 세금으로 내야 할 수도 있는 상황이 되었기 때문에 매물이 나올 수밖에 없다. 그런데 팔려면 빨리 팔아야지 나중에 팔면 이제 그나마도 남는 걸 챙길 수가 없는 상황이 된다. 양도세가 이전 40%에서 70%로 강화되었다. 거래비용 등을 빼고 나면 사실 남는 게 없다. 2년 미만 보유의 경우에도 기존에는 기본 세율이었는데 60%로 인상되었다.

더 큰 문제는 다주택자의 경우 중과세율이 인상이다. 2년 이상 갖고 있으면 기본세율이 적용되는데, 다주택자의 기본 세율에 추가로 부과되는 중과세율이 인상되었다. 2주택은 20%, 3주택은 30%나 붙는다. 이 제도가 적용되기 전에 팔아야 오른 차액을 온전히 주머니에 넣을 수 있는데, 이런 데도 버틸 수 있는 사람은 많지 않을 것이다.

특히나 임대사업자 등록했던 사람들은 장기 보유 특별공제 받으면 70%까지 공제를 받을 수 있는데, 중과세율도 인상되고, 보유하고 있으면 1년에 몇 천만원씩 내야 되고 나중에 팔 때도 20~30% 더 세금으로 내야 하는데 계속 보유하기는 사실상 어렵다. 은마아파트와 잠실 주공 5단지에 한 채씩 가지고 있으면 매년 집값이 3억원이 올라야 겨우 세금을 충당할 수 있다고 한다. 1년에 1억원씩 보유세를 내야 하기 때문이다. 최근 3년간 역대 최고의 아파트 상승세를 보였는데, 이런 상승세가 매년 반복되어야 그나마 본전인 것이다.

또한 정부는 집값 감독 기구를 만들겠다고 발표했다. 주가조작도 처벌이 되는데 자산의 80% 가까이를 차지하는 부동산 시장은 아무도 관리 감독하지 않고 있다. 주식시장에 금융감독원이 있듯이 부동산 시장을 감독하는 기구 설립까지 필요하다는 이야기가 나온 것이다.

이제 집을 여러 채 갖거나 추가로 매수한다는 것은 말이 안 되는 얘기다. 차익을 챙겨야 되는데 이제 그 차익도 2021년 6월이 지나면 다 가져가겠다고 한다. 다주택들이 눈 하나 깜짝하지 않고 버틸 수 있을까? 대부분의 다주택자들은 지금 다 팔려고 내놓은 상태다. 정부와 다주택자 사이에 시작된 눈치 게임이 어떻게 끝날지 지켜 볼 필요가 있다.

전국토에 개설된 도박장, 돈 따러 오세요

- 결국은 제로섬 게임

서울의 똘똘한 한 채 시장은 거의 멈추다시피 했는데 지방의 아파트 시장과 저가 아파트 시장은 난리가 났다. 2019년까지만 해도 마이너스를 기록했던 창원의 아파트 가격이 2배가 급등했다고 한다. 먹잇감이 된 것이다. 3채를 사도 취득세가 1% 밖에 안 되기 때문에 서울이나 부산에서 거주하는 다주택자들이 집도 안 보고 지방 소형 아파트 쇼핑에 나선 결과다.

창원의 아파트는 전혀 급등을 예상하지 못한 지역이다. 기사에 예시로 나온 창원의 30년된 아파트가 여기 실제 거주하는 사람들이 사고 팔고 할 때는 별로 거래량도 많지 않고, 가격도 1억 수준에서 왔다 갔다 하면서 안정적인 모양새를 보였었는데, 이 조용하던 지역의 아파트가 갑자기 1년 사이에 1억이 폭등했고, 거래량도 많이 늘었다. 그 지역의 실질적인 상황과 관계없이 싸니까 먼저 가서 사고 또 여기에 사람들이 관심을 보이면 단타로 조금 더 먹고 팔려는 목적이다.

도박과 비슷한 제로섬 게임

많은 사람들이 돈 놓고 돈 먹기에 지금 뛰어들고 있다. 코로나 팬데믹 때문에 가뜩이나 난리인데 사람들은 부동산 때문에 더 우울한 '부동산 블루'를 겪고 있다. 여기저기서 부동산 투자해서 돈 벌었다는 얘기만 들리는 것 같고, 나만 바보같이 아무것도 안 해서 돈도 못 벌었다고 자기 스스로를 원망하면서 어쨌든 지금이라도 돈 게임에 뛰어들어야 하는 거 아닌가 이런 생각을 하는 사람들이 많다.

이런 행동을 하게 되는 이유는 아무리 돈이 많이 풀리고 아무리 경기가 안 좋아도 정부가 부동산 시장을 적극적으로 잡을 의지가 없다고 판단하고 있기 때문이다. 그러니 정책과 규제가 아무리 많이 나오고 공급을 아무리 많이 늘린다고 해도 그냥 사는 사람들이 있는 것이다.

이는 도박판과 다를 바가 없다. 자기 재산을 걸고 내기를 하고, 요행을 바라고 돈을 거는 행위가 바로 도박인데, 지금 사람들이 부동산에 대해서 기대하는 게 이 도박과 아주 똑같다. 창원의 아파트가 계속 1억원이었던 건데 외지에서 몰려와서 더 비싸게 사고, 나중에 내 것도 더 비싸게 팔릴 거라는 요행을 바라는 것이다. 도박은 계속 하다 보면 결국 파산으로 이어진다. 한 번 하게 되면 죽을 때까지, 재산을 다 탕진할 때까지 빠져나오지 못하는 게 도박이다. 또 도박은 제로섬 게임*이다. 누군가 따는 사람이 있으면 누군가는 잃게 되는 게 바로 도박이다.

아파트 시장도 마찬가지다. 아파트가 어떤 생산성을 가져다주는 게 아닌데도 어떤 사람은 여러 채의 선점했다가 비싼 값에 누군가에게 팔아 이익을 취하고, 어떤 사람은 실제 가치보다 훨씬 비싼 값을 주고 이 물건을 끌어안으면서 손해를 보게 되는 제로섬 관계다. 정상적인 도박판이 벌어져도 이익을 얻는 사람은 도박장을 운영하는 사람이나 소수의 플레이어뿐인데, 그래도 사람들은 도박판으로 몰린다. 자신이 소수의 플레이어가 될 수 있을 거라는 기대와 나는 딸 수 있을 거다라는 근거 없는 자신감에 뛰어드는 것이다. 판이 커지면 사기 도박으로 갈 확률이 매우 높아진다. 일단 사기 도박이 되면 사기 치는 세력을 제외하고 나머지는 전부 다 손해를 보게 되는데 지금 아파트 시장도 비슷하다.

판이 정말 커졌다. 기존에 아파트에 관심이 없던 사람들조차 계속 오른다고 하니까 너도 나도 뛰어들고 또 지금 집을 살 능력이 안 되는 세대들도 미래의 소득을 당겨와서 이 판에 다 뛰어들었다 이렇게 판이 커지니까 집을 계속 비싸게 팔아도 사람들이 계속 몰려들고 있다.

도박의 정의는 굉장히 애매하다. 그냥 놀이에 그칠 수도 있지만 정도가 심해지면 도박으로 보는데 그 경계가 애매하다. 투자와 투기도 마찬가지다. 지금 부동산 투자라는 생각에 뛰어들었다고 생각하지만 거의 투기에 가까운 생각으로 다 뛰어든 것이다. 부동산 얘기를 하면서 도박을 예시로 드는 이유는 너무나 닮아 있기 때문이다.

▎전국에 개설된 부동산 도박판

코로나 팬데믹 사태에도 우리나라 경제가 선방한다고는 하지만, 최근 경기는 최악인 상황이다. 6개월 만에 취업자가 최대 폭으로 감소했다. 2020년 10월 실업률이 3.7%로 20년 만에 최고치를 보였다. 돈 많이 벌 일이 일 없다. 코로나19 사태는 진정되지 않고, 사람들의 생활은 계속 힘들어지고 있다. 근로소득만으로 더 돈을 많이 벌 희망이 없으니 다른 시장을 기웃거리고 있다.

2020년 11월 과천 3형제(과천 지식정보타운 동시분양 3개 단지) 청약에 57만명이 몰리며 고점이 속출했다고 한다. 특별공급에 9만 1,426명이 신청한 데 이어 1순위에서도 47만 8,390명이 접수했다. 특별공급과 1순위 접수에 56만 9,816명이 청약한 것이다. 전세 난민이 차라리 집을 사자 하면서 김포·파주의 아파트값이 폭등하고 있다. 전세가 폭등한다고 하니까 갭이 적었던 지역의 집값도 폭등하고 있다고 한다.

유일하게 돈 많이 벌 수 있는 것처럼 보이는 곳이 바로 부동산인 것이다. 그래서 '부동산만이 살 길'이라고 생각하면서 모든 사람들이 부동산 도박판에 들어갔다. 경제는 최악인데 아파트값은 최장 기간 상승하고 있고, 아무리 많은 대책을 내놔도 비웃듯이 가격이 올라간다고 하니 예전에는 거들떠도 안 보던 사람들마저

다 부동산 판으로 뛰어들고 있다. 젊은 세대들도 영끌을 해가지고 지금 모두가 들어왔다.

부동산 도박판은 처음에 들어왔던 사람들은 달콤한 열매를 맛본다. 사자마자 올랐다고 하고 또 중간에 차익을 실현해서 정말 돈을 번 경험을 하면서 이 도박판에서 돈을 딸 수 있다라는 확신을 갖게 되니까 더 큰 금액을 베팅해 가면서 들어오고 있다. 그러나 앞서 말했듯, 도박판은 제로섬 게임이고, 따는 사람이 있으면 잃는 사람이 있기 마련이다. 누군가 더 들어와서 판을 더 키워주고 도박판에 호구가 나타나서 돈을 잃어주듯이, 부동산 시장에도 호구가 나타나서 내 아파트를 사줘야 돈을 번다. 그러나 이제 호구들도 다 들어와 있으니 더 이상 들어올 사람이 없다. 돈은 결국 소수의 플레이어가 가져 가게 된다. 아파트 시장은 가계와 가계 간의 거래이다. 이 시장에서 가계와 기업 간의 거래라고 할 수 있는 건 분양밖에 없다.

기업들은 분양을 통해서 돈을 많이 가져갔고, 이익을 봤다. 아무리 비싸게 팔아도 파는 족족 다 팔리니까 이 부동산 도박판을 운영하고 있는 기업은 이익을 얻을 수 있다. 또 법인 다주택자는 매물을 정리하고 있는데 이걸 개인들이 다 받아주고 있다. 정부는 이제 이렇게 집을 산 사람들에게 세금을 걷을 것이다. 결국 이 부동산 도박판에서 마지막 호구는 지금 비싼 값에 집을 끌어안은 가계이다. 2030 세대가 1~2억 갭투자로 몰렸다고 한다. 다들 안 사고 있는데 이들이 나서서 저가 매물과 못난이 물건들을 사들이면서 도박판에 발을 담그고 있다.

결국 돈을 버는 건 소수

전년 대비해서 거래량이 크게 떨어졌는데, 그중 절반이 2030세대다. 지금 젊은 세대들이 부동산을 돈 놓고 돈 먹을 수 있는 시장이라고 생각하고 있기 때문에 뛰어들고 있는 것이다. 도박에 처음 눈을 뜨고 여기에 빠져들게 되는 계기는 처음 돈을 땄을 때다. 지금 영끌해서 1~2억 갭투자에 나서는 2030세대들이다.

주식시장도 똑같다. 삼성전자가 최고가를 경신했는데 코로나 쇼크 때문에 급락했을 때 삼성전자를 사서 지금까지 가지고 있었다면 30% 가까이 수익을 실현할 수 있다고 한다. 그러나 지금까지 갖고 있는 개미들은 별로 없다. 우량한 물건은 작전에 크게 흔들리지 않기 때문에 별 재미가 없다. 그래서 단타 세력들은 우량주를 다 팔고 점차 도박성이 짙은 종목으로 이탈했다. 그때 주식투자 했던 사람들 30% 수익을 실현할 수 있을까? 우량주는 살 수 없으니 중저가 단타로 한번 어떻게 해볼까 하면서 도박성 짙게 달려가고 있는 게 현재의 상황이다. 자본시장에 도박판이 벌어져서 주식시장이 활황이다. 그렇지만 실제 개미들은 큰 수익이 없다.

증권사와 대주주들만 돈 벌었다. 부동산 시장은 기업들 아무리 비싸게 팔아도 분양 완판이 되었다. 또 은행들은 대출을 해주면서 영업이익이 크게 늘어났다. 수십 채 다주택자들은 이렇게 뜨거워진 판에서 매물을 슬슬 풀어도 비싸게 팔아치울 수 있었다. 파는 운영자와 소수의 플레이어들만 돈을 번 것이다.

끝내고 싶지 않아도 끝날 수밖에 없는 상황이 오고 있다. 지금이 시장에서 손해를 보지 않고 나오려면 새로운 호구가 나타나줘야 하는데 모든 사람들이 도박에 빠지지는 않는다. 도박을 안 하면 최소한 잃을 일이 없고 그 끝이 너무나 처참한 걸 알기 때문에 아예 쳐다보지 않은 사람들이 있다. 이제 그런 사람들만 남아 있는데 도박판에 있는 사람들은 지금 그런 사람들이 호구 노릇해 줄 거라고 생각하면서 기다리고 있다. 정말 웃긴 상황이 아닐 수 없다.

---

* 제로섬 게임(zero-sum) : 게임이나 경제 이론에서 여러 사람이 서로 영향을 받는 상황에서 모든 이득의 총합이 항상 제로 또는 그 상태를 말한다. 승패의 합이 항상 일정한 일정합게임(constant sum game)의 일종으로 참가자들이 모두 이득을 얻거나 손실을 입는 것이 불가능하며, 항상 승자와 패자가 명확히 구분되는 상황을 뜻한다.

세뇌된 부동산 시장

– 부동산 불패라는 믿음

문재인 정부 들어서 '강남 불패'가 더 고착화됐고 강남은 어떠한 상황에서도 계속 오른다고들 말한다. 거래가 안 될 때도 평당 1억을 찍었다는 기사는 계속 나오고 있다. 지붕이 아닌 천장을 뚫었다고 한다. 강남은 평당 1억 시대를 연 지 오래고 전 지역이 매번 신고가를 경신하고 있다고도 한다.

풍선효과는 여기저기서 발생한다. 규제를 하면 규제가 없는 지역에 풍선효과가 생기고, 그래서 또 규제를 하면 예전에 규제됐던 지역이 오른다고 돌림노래 같은 이야기가 나온다. 10억, 20억 클럽도 자주 거론되고, 서울 전 지역에 10억원 아파트가 흔해졌다고 한다. 강남은 30억 클럽이고, 수원 광교 같은 데도 20억 클럽에 가입했다고 하면서 이제 웬만한 지역의 집값이 10억 하는 건 아무 일도 아닌 것처럼 사람들이 생각하게 되었다. 김포를 누르니까 파주에서 10억원짜리가 나오고, 의왕·수원·동탄까지 10억원 넘는 집값이 경부선을 따라서 계속 늘어나고 있다고도 한다.

❙ 결국은 집값은 오른다는 이야기

이런 상황에서 공급은 계속 부족하다고 하지만 공급은 상대적이다. 실제 집이 필요한 사람만 산다면 지금과 같은 상황이 아닐 텐데 온 국민이 부동산에 투자하는 상황이기 때문에 공급이 계속 부족하다고 느껴지는 것이다. 모두가 지금 상황을 이상하다고 생각한다. 전국이 다 오르고 있으니까, 내 생활은 달라진 게 없는데 왜 집값만 이렇게 오르지 하는 의문이 드는 상황이다. 그래서 매수세가 주춤하면 현금 부자가 다 주워 간다고 언론들은 이야기를 한다.

2019년 봄에 매수세가 많이 줄어들었다. 그 시기에 도배됐던 기사들은 다 현금 부자 이야기였다. 높은 분양가에 사람들이 주춤주춤 하니까 현금 동원력이 있는 현금 부자가 다 주워 간다고 계속 떠들어댔다. 2021년에도 집값이 오른다는 얘기들이 나오고 있다. 집값은 계속 높게 부르고 있는데 대출은 안 되고, 대출 없이 살 수 있는 사람이 없는 상황이니까 언론은 규제와 혜택을 잘 파악하면 돈이 없어도 집을 살 수 있다고 편법적으로 대출을 받을 수 있는 방법까지 알려줬다.

또 토지 보상금이 풀리고 유동성이 풍부하기 때문에 집값은 계속 고공행진 할 거라고 이야기하고, 분양가상한제 실시 전에 분양받아야 된다고 연이어 설레발을 친다. 거기에 돈이 많이 풀려서 돈은 이제 휴지가 되니까 자산 가치를 보존할 수 있는 방법은 부동산밖에 없다고 계속 자극한다. 이 값에 사줄 사람이 없을 거 같은데 영끌들이 나서서 다 사주고 있다고 하고, 전세난 때문에 더 집값이 오를 거니까 걱정하지 말라고 집을 사라고 한다.

이렇듯 모든 기사가 오른다에 초점이 맞춰져 있다. 수많은 대책이 나왔음에도 결국은 오르니까 빨리 사는 게 유리하다라는 분위기가 조성된 것이다. 언론들은 이렇게 심리를 자극하는 기사를 수년간 썼다. 이걸 확대 재생산하면서 유튜브에서도 계속 오른다고 이야기하는 사람들이 많다. 사면 돈 번다고 얘기해서 탐욕을 자극하기도 하고 불안을 조성하기도 한다. 세입자는 항상 서럽고 집 없는 사람은 루저라는 인식이 고착화되도록 계속 기사를 써댄다. 코로나보다 전세난이 더 무섭고, 정부가 뭘 하면 상황이 더욱 악화되니까 정부는 아무것도 하지 말라고 계속 이야기를 한다.

이건 심리를 자극을 넘어 세뇌의 단계로 접어든 것이다. 개인적인 사상이나 가치관을 다른 방향으로 바꾸게 하거나 새로운 사상이나 주의를 받아들이도록 설득하는 체계적인 노력이 바로 세뇌다. 설득력을 높이고 사람들의 태도 변화를 유도하는 각종 조작이나 선전 또 중립적인 정보에 대한 접근을 제한함으로써 실제로 상업적·정치적·교육적 목적에 도달하는 데도 세뇌는 종종 활용되고 있다. 기존에 정상적이었던 것이 이제 비정상이고, 기존에 이해 안 가던 것이 이제는 당연하게 받아들여지도록 뇌를 씻어내는 것이다.

세뇌의 기본은 정보 통제다. 다른 정보를 주지 않고 한 정보에만 계속 노출이 되면 세뇌가 된다. 세뇌를 할 때는 세뇌 대상 스스로가 그러한 결론에 도달하도록 만들면 효과가 더욱 크다. 지금 부동산 시장에서 일어나고 있는 게 바로 이것이다. 각종 커뮤니티 사이트를 통해서 부동산 스터디가 활성화되고, 그 믿음에 대해서 스스로 공론화하는 과정을 거치고 있다.

| 부동산 세뇌의 특징

세뇌는 크게 두 가지 특징이 있다. 첫 번째는 생각할 틈을 주지 않는 것이다. 이 말이 진짜인지 고민할 틈을 주지 않는다. 지금의 상황이 그렇다. 우리 돈벌이는 그대로인데 예전에 3~4억원도 안 하던 아파트가 10억원 한다고 얘기하면 '이게 지금 정상적인 상황인가?'라는 생각을 가져야 하는데, 이런 생각을 할 틈을 주지 않는다. 판단이 안 되도록 만드는 것이다. 불과 3~4년 전만 해도 잠실의 30평 대가 10억원이면 비싸다라고 생각을 했는데 지금 10억원이라고 하면 엄청 싸게 느껴진다. '동탄도 10억원이니까 잠실이 10억원이면 엄청 싸다' 이렇게 기정사실화 됐다.

세뇌의 두 번째 특징은 당근을 제시하는 것이다. 스스로 생각하지 않아도 되도록 편하게 해주고 생계는 걱정하지 않아도 된다는 식으로 당근은 제시한다. 집을 사면 지금과 같은 고민을 할 필요가 없다. 현실 상황에 대한 고민을 끝낼 수 있는 것이다. 부동산은 끊임없이 오른다라는 믿음에 세뇌된 사람들은 자기와 비슷한 과정을 겪은 사람들과 이야기를 나누면서 서로 합리화를 한다. 그렇게 집값이 영원히 상승할 거라고 믿고 있는 것이다.

기사로 둔갑한 광고지에 수년간 노출이 됐고 그 기사가 제공하는 내용이 맞는지 틀리는지에 대해서 고민조차 하지 않았고, 오히려 그걸 보고 동조하게 됐다. 이렇듯 지금은 세뇌가 다 이루어진 상황이다. 상황에 대한 비판 없이 당근은 쫓아 '부동산 불패교'에 가입을 한 이후에는 더 큰 목소리로 사람들에게 자신의 믿음을 전파한다. 이건 세뇌이자 만들어진 심리다. 탐욕과 불안을 자극하는 기사를 수년간 접하면서 탐욕이나 불안이 생겨나고 그 결과 부동산은 절대 떨어질 일 없다는 확고한 믿음이 생긴 것이다.

오른 종부세 때문에 부동산 민심이 갈라졌다는 기사도 있다. 대립 구조를 만든 것이다. 투기가 아닌 실수요까지 억울하게 만드는 사회라고 정부와 날을 세우도록 만들었다. 종부세는 다주택자에 대한 중과의 의미로 많이 올린 것이다. 세금을 내는 건 국민의 의무인데 세금 때문에 부동산 민심이 갈렸다고 연일 이야기한다.

"악몽이 된 내 집 마련 5월 로또 아파트 날린 이유"라는 기사를 보면 부적격 확인도 힘든 청약제도가 문제라고 한다. 여기 기사를 보면 사연의 주인공이 집이 있었다. 주택을 소유하지 않아야 세대 최초 특별공급에 해당되고, 이 사항은 입주자 공모 홈페이지에 굵은 글씨로 쓰여 있었는데 본인이 잘못 알아서 발생한 상황인데도, 제목만 보면 정부 때문에 이 사람이 돈을 날린 것처럼 기사가 나와 있다. 정부가 뭘 하든 간에 조롱거리로 만들고 정부를 불신하게 만들고 있는 것이다.

❙ 진실에 대한 의문을 가져야 할 시기

"직 대신 집을 택한 사람이 있다"며 고위 공직자도 부동산을 팔지 않는데 정부의 정책이 실효성이 있겠느냐며 아직 정책의 효과가 발휘되기도 전에 부정적인 생각들을 사람들에게 심어준다. 국토부 장관 말을 안 들으면 몇 억씩 벌 수 있다고도 한다.

전세난이 심각하다고 해서 전세 공급을 늘리겠다고 했더니 그 중에 3% 밖에 안되는 호텔 리모델링만 엄청나게 기사화했다. 1인 가구에 대한 임대 대책 측면에서 호텔 리모델링을 생각한 건데, 호텔을 전셋집으로 해서 전세 대란이 해결될 수 있느냐며 조롱한다. 대책을 내놓고 후속 조치를 하고 있는데 이런 사실들은 잘 전달되지 않는 것이다.

공공전세 모집을 빠른 시일 내에 실행하고 도심 용적률 700% 적용해서 민간업체가 공공전세를 늘리는 정책을 속도감 있게 추진하겠다고 하는데도 이 말을 믿지 않는다. 전세 대책이 차질없이 진행이 되면 공급 부족이 해결된다는 연구도 있는데, 이런 말은 씨도 안 먹힌다.

언론은 건설업체와 매우 친한 연구소의 얘기만 기사로 쓴다. 전세 대책에도 전세난이 해결되지 않을 것이고, 그 결과 집값은 오를 것이라고 한다. 불안과 탐욕을 자극하는 기사에 정부 정책에 대한 불신과 정부 정책은 통하지 않는다는 심리까지 완성했다. 이런 것을 세뇌로 부를 수 있지 않을까.

강남이 더 살기도 어려워졌다고 하면서 은마아파트 전세가 10

억원을 뚫었다는 기사가 나왔다. 은마아파트의 10억원 전세는 2020년 10월 30일에 있었던 한 건이 전부다. 나머지는 4~6억원대의 전세 계약이 체결됐다. 중립적인 정보에 대한 접근은 막고 자신들 원하는 얘기만 기사로 쓴다. 그 결과 온 국민이 세뇌되는 결과가 나타난 것이다. 집값은 계속 오른다고 하면서 이걸 의심할 틈을 주지 않는다. 그리고 집을 사면 오르고 이제 편안한 삶을 살 수 있다고 계속 꼬신다. 이 문제에 대한 판단조차 할 수 없게 만드는 상황이다. 부동산 시장에는 심리밖에 남지 않았다. 진실이 무언지에 대해 끊임없이 의문을 가져야 할 시기다.

정부는 계획이 다 있구나

– 부동산 시장의 줄다리기

부동산은 줄다리기판과 같다. 매수인과 매도인, 매도인을 응원하는 언론 그리고 판이 깨지지 않도록 조절하는 정부가 바로 참여 주체다. 부동산 줄다리기에 참여하는 심리는 무엇일까?

매수인은 사려는 심리와 아예 포기한 심리 두 가지를 가지고 있다. 30대 이하의 젊은 세대 등 여전히 패닉바잉을 계속하고 있다. 작년보다 서울 아파트를 2배 가까이 샀다고 한다. 그러나 서울의 외곽 지역만 사들인 것이다. 기사를 보면 2020년 1월부터 10월까지 서울 아파트 매매 건수가 8만 건이고, 지난해 같은 기간에 비해서 두 배에 달한다고 나와 있다. 이렇게 여전히 많은 사람들이 집을 사고 있다고 생각하게 만드는 것이다.

결과적으로 2020년의 거래량은 폭증했다. 다른 거래 주체의 거래는 많이 줄어들었는데 패닉바잉 패닉 갭투자 하는 수요는 증가했고, 그 결과 역대 최대 수준의 거래량으로 마감이 되었다. 대출이 안되는 지역의 고가 아파트 거래는 현저히 줄어들었고, 저가의 대출 가능한 지역의 거래가 폭증해서 나타난 결과였다. 세금 부담에 직면한 법인의 매도 물량을 계속된 집값 불안에 견디지 못한 젊은 세대들이 받아내면서 예상치 못한 거래량이 발생하게 되었다.

▌더 비싸게 팔고 싶어 버티는 매도인

가격이 높을수록 팔려는 사람은 많지만 사려는 사람은 없다. 물론 한두 번 거래가 될 수 있지만 시장에서 거래로 이어질 수 없는 가격에 지금 매물이 나와 있다. 더 오를 거라는 심리에 공급이 더 안 된다고 하더라도 가격 자체가 거래로 이어질 수 없는 위치에 있다. 그래서 아예 사람들이 접근하기 힘든 수준의 아파트는 그만큼 거래가 줄어들었다. 거래로 이어지려면 수요 자체가 늘어나거나 가격이 내려와야 하는 상황이다. 호가를 안 낮추니까 접근 가능한 지역의 아파트는 이 가격에라도 영끌을 해서 패닉바잉하는 수요가 있었고, 그나마도 어려운 대부분의 사람들은 청약을 기다리거나 아예 무관심해졌다.

청약에 도전하는 이유는 지금 시장에서 얘기하는 가격보다 더 싼 금액으로 살 수 있기 때문이고, 이는 지금 시장 가격으로는 살 수가 없다는 걸 의미한다. 청약 가능한 매수인들은 모두 청약에 도전하고 있다. 2020년 12월 역대 최대 청약 물량이 나왔는 청약 경쟁률은 다 높았다. 청약 가능한 매수인들은 지금 부르는 호가에 사지는 않는다. 호가가 내려오지 않는데 그래도 거래가 이루어지는 건 영끌 가능한 사람들이 뛰어드는 결과다. 영끌해서 접근 가능한 상황이면 탐욕과 불안에 이게 비싼 줄도 모르고 고가로 매입을 하는 것이다.

가장 무서운 상황은 무관심이다. 아예 쳐다보지도 않는 것이다. 그리고 지금 영끌을 제외한 대다수의 사람들은 무관심의 상태로 갔다. 이 상황에 있는 사람들 두 명 중 한 명은 내 집 마련을 포기했다고 한다. 내 집 마련을 위해서 대출을 받더라도 부담스럽지 않은 한도로 대출을 받고 사겠다는 사람들이 대다수다. 가격이 내려와야 사겠다는 것이고, 지금 상황에서는 안 산다라는 심리가 지배적이다.

매도인은 최대한 비싸게 팔고 싶어하는 마음을 갖고 있다. 계속 오르고 있다고 얘기하고 패닉바잉에서 이렇게 많은 사람들이 사주고 있다고 언론에서 얘기하니까 안 팔릴까 봐 걱정도 되고 불안도 하지만 호가를 낮추지는 않는다. 더 오른다고 하고 패닉바잉이 있다고 하는데 내가 지금 굳이 낮출 필요가 있을까 이런 심리가 지배하고 있는 것이다. 그러나 세금은 부담스럽다. 종부세 82%가 다주택자가 부담하게 되는데 약 4조원으로 역대 최대치다.

다주택자들은 아주 부담스럽다. 앞으로 더 세금이 올라간다고 하니 타이밍상 팔아야 할 것 같은데, 세금 부과까지는 아직 시간이 있으니까 버텨보자는 심리가 지배적이다. 판을 뒤흔드는 정부는 핀셋 규제를 예고했고, 뒷북 규제를 하고 있다. 정부는 다 생각이 있는 듯하다.

이제 줄을 당기겠다는 정부

정부의 심리는 '급락은 안 된다'이다. 소득주도 성장이 사실상 실패했고, 어쨌든 코로나 팬데믹 때문에 크게 흔들릴 수 있는 경제를 지금 부동산이 떠받치고 있는 상황이 됐다. 여기서 집값이 갑자기 폭락하면 경제 전체가 휘청거릴 수밖에 없기 때문에 여전히 예전부터 그랬고 지금까지 급락은 안 된다고 생각하는 마음이 있다.

경제는 매우 중요한 부분이고 나라의 흥망과 직결되기 때문에 갑작스러운 하락을 원하지 않는 것이다. 사실 방법은 너무 쉽다. 세금 강하게 때리고, 금리 올리고, 대출 회수하면 된다. 그러나 그렇게 한다면 경기가 바로 꺼질 수도 있기 때문에 그렇게 하지 않는 것이다. 세금만 찔끔 올리고 더 추가로 들어가는 길만 막고 있다. 집이 있는데도 더 집을 사려는 사람들이 못 들어가게 대출을 규제하고 있지만 서민들을 위해서는 전세대출을 계속 내주고 있다. 전세대출 잔액이 100조원을 넘어섰다.

계약갱신청구권의 혜택을 본 사람이 70% 가까이 된다. 전세 사는 사람들은 70%가 계약갱신청구를 통해서 일단 현재 거주에 대한 안정성을 확보했다. 나머지 30%를 위한 대책도 지금 마련하고 있다. 이 사람들 대부분이 현 정부의 지지층이다. 이 사람들을 위한 정책을 하고 있다.

신용대출도 규제한다. 1억 신용대출로 1년 내에 규제 지역에 집을 사면 대출을 회수하고, 연봉 2배 초과 고액 신용대출에 대해서 제한을 시작했다. 부동산으로 더 돈이 흘러 들어가지 않도록 규제하는 것이다. 주택담보대출 안 해주거나 축소시키고 전세자금 대출을 유용해서 집 사는 거 막고, 이제 마지막으로 신용대출까지 막았다.

그러면서 정부는 계속 영끌하지 말고 기다리라고 하고, 다주택자들에게는 앞으로 세 부담이 커질 거니까 얼른 정리하라고 계속 신호를 보내고 있다. 정부는 이제 명분을 이제 충분히 갖추었고, 실리를 찾을 수 있는 구조를 만들었다. 투기하지 말라, 규제할 것이다, 결과가 처참할 수 있으니 제발 좀 뛰어들지 말라고 이렇게까지 얘기를 했는데 지금 모든 사람들이 정부가 말하는 반대로만 하면 돈 번다고 다 뛰어들었다. 말 안 듣고 뛰어든 사람들한테 정부는 할 말이 있는 것이다.

코로나19 때문에 전 세계가 부채 쓰나미에 휩싸였다. 모든 국가가 경제 활동이 부정적인 영향을 최소화하면서 부채를 감축해야 되는 어려운 과제에 직면했다. 예전부터 경기가 침체되면서 국가가 재정 확대를 통해서 경기를 살리려고 푼 돈도 있고, 지금은 블랙스완의 출연으로 더 많은 돈을 썼다. 폭증한 정부 빚이 이제 2024년이 되면 거의 1천 조가 넘을 거라고 하는데, 이걸 갚으려면 세금을 걷어야 한다. 이제 명분을 쌓았으니까 세금을 걷을 것이다.

이제는 부동산에서 거둬들이는 수밖에 없다. 소득이 있었으니까 여기다가 과세하면 되는 것이다. 부동산은 움직이지 못하는 물건이다. 부동산 집값이 오르는 것은 자기 집이 잘나서 오르는 것이 아니라, 그 지역이 좋아지고 그 지역에 호재가 있기 때문이다. 송파·잠실이 토지거래 허가지역으로 묶이게 됐던 게 마이스(MICE) 개발 때문인데 이게 다 정부 정책이다. GTX호재라고 수없이 오르는데 GTX를 깔려면 결국 세금이 투입되어야 한다. 수원이 뜨겁다고 하는데 이는 거기에 철도를 깔고 도로도 생겨서 좋아질 일밖에 없어서 오른다고 한다. 하지만 오르게 만드는 원인이 바로 세금 들여서 하는 정책 때문이다. 거기서 벌어들인 수익에 세금을 매길 수 있는 것이다.

다들 왜 금리 인상 안 하고, 대출금 회수 안 하냐고 목소리를 높이고 있지만 정부는 자신감이 있다. 정부가 집값 잡을 수 없을 것 같다고 이야기하는 사람들이 많지만 정부는 잡을 수 있다고 생각하고 있다. 다들 왜 안 하냐는 금리 인상 및 대출 총량 규제에 대한 타이밍을 재고 있는 것이다.

▎정부의 자신감과 매도인의 선택

일본과 같이 급격한 폭락을 겪도록 우리 정부가 그냥 두지는 않을 거라고 이야기하는 사람들이 있다. 일본이 잃어버린 20년을 겪게 된 그 당시에 담당자가 한 말이 있다. "당시 그런 조치가 사회에 큰 충격을 줄 걸 알고 있지만 더 이상 이렇게 하지 않으면 안 되는 지경에 이르렀기 때문에 할 수밖에 없다"라고 했다. 우리 정부도 이제 아마 그렇게 할 것이다. 다들 왜 금리 인상 및 대출 총량 대출 회수하지 않냐고 하지만 다 할 수 있다.

더 규제를 하지 않아도 이제 더 들어올 사람이 없다. 이제는 매도자의 선택만이 남았다. 버티면 정부는 여기서 수년간 세수 확보를 할 것이다. 안 버티면 이제 하락이 시작된다. 정부는 이 상황이 지속되지 않으리라는 것을 걸 알기 때문에 더 이상의 조치를 하지 않고 있는 것이다.

언론은 여리꾼 역할을 하면서 매도인이 주는 콩고물을 받아먹는다. 주는 사람이 있을 때, 뭔가 얻을 게 있을 때 계속 주구장창 노래를 한다. 계속 매도인 편에서 이야기를 할 것이다. 부동산 구매 심리가 식지 않도록 본연의 임무에 충실할 것이다. 언론의 심리는 지금 물 들어올 때는 물 저어라, 득시무태이다. 끝까지 가보고 아니면 태세전환 하면 된다, 그런 마음으로 언론은 달리고 있는 것이다.

막차 탄 사람들, 그들의 심리

– 끊임없는 불신이 초래한 현실

돈이 시장에 풀리고, 자산 가격이 오른다고 하니까 영끌해서 패닉바잉하고 패닉 갭투자에 나선 사람들이 많다. 그런데 돈이 지금만 많이 풀린 게 아니다. 2014년부터 경기를 활성화시키기 위해 빚내서 집사라는 정책을 시행하면서 정말 많은 유동성이 부동산 시장의 가격을 끌어올렸다. 2~3년 사이에 소득이 2배가 돼서 집값이 2배가 된 게 아니라 그만큼 많은 부채를 끌어내서 지금의 가격을 만들어낸 것이다.

정부 정책에 대한 불신

백신이 나오고 접종이 시작되었지만 자산 버블에 대한 경고음은 더 커지고 있다. 만약 백신이 정말 효과가 없으면 이제 경기회복에 대한 기대감은 더 떨어질 수밖에 없다. 사태가 장기화되고 실물 경제가 살아나지 않는데 계속 돈만 푼다고 해결될 수 있는 문제가 아니다. 이렇게 되면 자산 버블이 꺼질 수밖에 없다.

반대로 백신이 효과가 있다고 하면 이제 막대하게 풀렸던 유동성을 흡수하는 조치를 할 수밖에 없다. 금리가 올라가고 감당할 수 없는 수준의 부채를 끌어당겨서 자산을 껴안았던 사람들은 이제 이 버블 붕괴의 충격을 고스란히 받을 수밖에 없다. 경제가 무너지면 나라의 근간이 흔들릴 수 있기 때문에 절대 급락은 안 된다는 것이 정부의 기본 원칙이다.

핀셋 규제하고 더 이상의 유동성이 부동산 시장으로 들어가지 않도록 대출 규제만 하는 등 찔끔찔끔 규제를 했다. 지금 금리는 여전히 동결돼 있다. 금리가 전체 시장에 미치는 파급효과가 워낙 크기 때문에 코로나 재확산이라든가 경제 회복에 대한 불확실성이 높은 지금 상황에서는 경기 침체에 대한 우려로 금리를 건드릴 수가 없다.

또 심각한 사회 문제가 있다. 수년간 아파트 가격 상승 때문에 사회가 둘로 갈라졌다. 아파트는 다른 자산과는 다르다. 아파트 시장은 분양을 제외하고는 개인 대 개인, 즉 가계 간의 거래다. 주식시장처럼 외국자본이 왕창 사줄 수 있는 것도, 주식처럼 지금 내놓으면 몇 초 안에 다시 현금으로 바꿀 수 있는 물건이 아니다. 그렇기 때문에 지금 중산층 중에서 대출은 좀 꼈지만 '나 집 있어서 부자됐다' 이렇게 생각하는 사람들도 못 버티면 양극화의 끝자락으로 밀려날 수 있는 정말 심각한 상황이다.

가격에는 비용성·수익성·시장성 세 가지 측면이 있다. 이 중에서 비용성 측면, 즉 원가 측면에 조금 더 중점을 두고 가격을 결정하는 것이 바로 분양가상한제다. 결코 손해를 보라고 이 제도를 도입하는 것이 아니다. 언론은 분양가상한제를 시행하면 서울에 공급 절벽이 와서 새 집이 더 이상 공급되지 않을 것처럼 내내 떠들었다. 그러나 분양은 계속하고 있고 그 여파는 미미하다. 10대 건설사가 2020년 12월에 1만 2,000가구를 분양했고, 수도권에 분양가상한제 적용 단지가 쏟아지고 있다. 수도권에서는 3만 가구가 분양가상한제 적용을 받아 분양된다.

그런데도 무슨 정책만 하면 가격이 오른다, 정책이 나오면 그 효과가 나오기도 전에 실패했고, 그 결과 가격이 더 올랐다는 얘기만 몇 년째 하고 있다. 비규제하면 오른다고 계속 썰을 풀어대고, 오르기 전에 샀던 사람들은 오른 가격에 팔고, 규제가 시작되면 그렇게 물린 사람들이 시장에 매물을 쏟아내는 상황이 반복되고 있다.

▎정말로 올랐을까?

무수히 많이 만들어낸 신박한 논리 덕분에 사람들은 불안과 탐욕에 휩싸였다. 그 결과 패닉바잉, 패닉 갭투자에 순진하던 사람들까지 다 몰렸다. 이렇게 뛰어든 사람들에게 늦기 전에 지금이라도 하길 잘했다고 우쭈쭈 해주고 있다.

그런데 이렇게 우쭈쭈 해주는 사람들이 싸게 샀던 물건을 비싸게 판 사람들이다. '이건 원래 내가 산 가격보다 훨씬 더 비싼 물건이었다'고 하면서 비싸게 파는 작업들을 했고, 그 결과 언제 터져도 이상하지 않은 폭탄이 다 영끌들 손으로 들어갔다. 이렇게 폭탄을 손에 쥔 사람들은 이제 마음이 불안하다. 잘 샀다고 우쭈쭈 해주는 사람이 있는데 주위를 둘러보니 내 물건을 더 비싸게 사줄 사람은 없는 것 같기 때문이다. 부동산 불패교를 믿고는 있지만 마음은 불안하다.

먹을 게 있고 음식이 맛있으면 보통 사람들은 혼자 조용히 먹는다. 부동산도 똑같다. 정말 괜찮은 물건은 소리 소문 없이 다 팔린다. 정말 부동산 상승론자들이 생각하는 것처럼 집값이 올랐을까? 우리나라에서 가장 좋은 아파트라고 불리는 아크로리버파크를 살펴보자. 2020년 11월 평당 1억 4,000만원을 넘었고, 신고가는 36억 6,000만원을 찍었다고 기사가 나왔다. 그러고 한달이 지나고 실제 매물은 29억 5,000만원에서 34억원 사이에 거래되었다.

실거래가를 보면, 기사에서 썼던 거래가는 2020년 10월 30일에 있었던 36억 6,000만원으로 이후로 5건의 거래가 있다. 이 중에 4건이 30억원, 1건이 34억원이었다. 과연 36억 6,000만원을 시세로 볼 수 있는 것일까? 2018년 9월의 상황을 보면 거래는 거의 없었는데 용산 개발 호재가 터져서 가격만 올랐다. 이때 실거래가 31억원이었다. 2018년도 9월에 31억원 주고 산 사람은 지금 실거래 5건 중에 4건이 30억원인데 돈을 벌었다고 할 수 있을까?

전세도 마찬가지다. 전세는 올랐다고 맨날 얘기하는데 평균 매물이 18억 6,000만원 나와 있고, 실거래가는 14억 6,000만원이다. 보증금 5억 5,800만원에 월 220만원 반전세도 있다. 법정 전월세 전환율은 2.5%인데, 이보다 높게 계산을 해도 14억원이다. 전세는 모두 월세로 돌려서 엄청 비싸게 받는다고 했는데도 실제 자료를 보면 똑같다. 1년 전 전세가 평균은 15억 1,000만원이었다. 14억 6,000만원에서 16억원 사이에 거래가 됐다. 계약갱신청구권이 없던 시기에도 전세 평균이 15억원이었다. 위에서 얘기한 최근 반전세를 전세로 전환해보면 14억원이니 그때보다 오히려 내려갔다.

이런데도 전세를 부르는 만큼 받을 수 있는 것일까? 2년 전 평균은 12억 6,000만원인데, 갭투자를 했다면 돈을 벌 수 있었던 걸까? 예전에 집값 안정기에는 살 생각도 안 하다가 너무 많이 올랐기 때문에 지금은 살 때가 아니라고 해도 영끌을 해서 뛰어들었다. 듣고 싶은 대로 잘했다고 칭찬해주는 사람들 얘기만 듣는다고 해서 진실이 사라지는 게 아니다.

자산으로서 부동산 이해하기

부동산은 공간으로서 실재하는 자산으로 쉽게 말해 재산과 같다. 이는 크게 금융자산과 비금융자산으로 구분되는데 우리나라의 경우 자산의 80%가 부동산 등 비금융자산으로 구성되어 있는 등 부동산이 차지하는 비중이 매우 높다. 금융자산과 비금융자산의 비율이 미국은 6:4. 일본은 7:3 수준인 것과 비교해 봐도 부동산 쏠림이 심각함을 알 수 있다. 다른 나라와 비교가 아니더라도 흔히 우리가 부자라 일컫는 자산가들의 부동산 비중은 50% 수준인 것과 비교하면 부자가 아닌 대대수의 계층에서 부동산 편중이 더 심각함을 알 수 있다.

보통 가구의 순자산이 늘어나게 되는 가장 큰 이유는 부동산 가격 상승이다. 자산의 대부분이 부동산 그것도 집 한채에 집중되어 있으니 사람들은 집값이 오르기를 기대하고 변화하는 집값에 대하여 매우 민감하게 반응할 수 밖에 없다. 집을 가진 사람은 부동산 자산을 갖고 있고, 집 없이 전세 사는 사람들은 집 대신 전세보증금을 갖고 있는 형태이니 집값의 향방에 따라 양자간의 희비가 극명하게 갈리게 된다.

인간답게 살기 위한 필수재

우리나라 국민 자산의 대부분이 부동산이고, 또 그중 대부분이 주거용 부동산에 치중되어 있다. 주거용 부동산은 자산으로서의 의미도 있지만 그 기본적인 가치는 의식주 중 하나로 생활의 필수재다. 필수재라는 것은 가난하거나 부자이거나 모두에게 필요한 재화로 인간답게 살기 위해서는 반드시 보장되어야 하는 것이기에 공공 개입의 당위성을 항상 전제하고 있다. 정책이 빈번히 시장에 영향을 끼치고 그에 따라 그 자산 가치가 급변할 수 있다는 위험성이 내재되어 있는 자산인 것이다.

수급의 미스매치

모든 재화는 수요와 공급의 균형점에서 가격이 결정된다. 그런데 부동산의 경우는 고가성이라는 특징 때문에 모든 사람들이 수요로 참여할 수는 없다. 따라서 대출을 통한 레버리지 활용 가능 여부에 따라 수요가 요동치게 된다. 또한 필수재로서의 주택은 실수요 측면에서는 중복해서 수요하기 어려운 재화이기도 하다(평생에 하는 가장 큰 소비행위, 자산 및 미래의 소득까지 담보 잡히며 소비를 결정하는 재화). 따라서 주택의 자산 가치 상승이 전제되지 않는 상황에서 수요는 매우 소극적으로 움직이는 특성을 보이며 반대의 상황에서는 수요는 폭증하게 된다.

공급 측면에 있어 부동산은 생산하는데 다른 재화와 달리 장시간이 소요되고, 비용도 많이 들어간다. 하지만 수요의 가변적 측면 때문에 무조건 만들어내기도 부담스러운 재화다. 수요를 할 때도 공급을 할 때도 기본적으로 타 재화에 비해 비용이 많이 들기 때문에 예측의 실패에 따라 가격의 폭등 내지 가격의 급락을 경험하게 되고, 이후 시장에서 안정적인 균형 가격까지 수렴하는 데는 일정 시간이 필요하다는 특징을 보인다. 그런데 안정화 과정에서 사람들의 심리에 영향을 미치는 무수한 요소들에 의해 지나치게 과열되거나 급속도로 냉각된다. 그래서 파동의 크기가 실제보다 더 크게 벌어지지만 결국은 균형 가격으로 회귀하게 된다.

수요에 비해 공급 변화가 느린 시장, 거미집 이론

'거미집 이론(Cobweb Theorem)'은 수요에 비해 공급의 변화가 느린 시장을 설명하는 이론으로 경제학자 바실리 레온티에프 (Wassily Leontief) 등에 의해 정식화됐다. 그래프 상에서 시장 가격이 변하는 궤적이 거미집과 같은 모양을 보이기 때문에 거미집 이론이라는 명칭이 붙었다.

거미집 이론은 거미집 이론을 적용할 수 있는 대표적인 시장은 부동산과 농산물 시장이다. 농산물 시장의 경우 풍년이 들면 농산물 가격은 하락하지만 농산물 공급은 갑자기 줄일 수 없어 초과 공급 상태를 한동안 유지하게 된다. 이에 따라 농산물 가격은 균형 가격보다 낮은 상태를 유지하게 된다. 이듬해 농민들은 낮은 가격에 대응해 재배량을 줄이고, 농산물 공급이 감소해 시장에서는 초과 수요가 발생한다. 초과 수요 해결에도 상당한 시간이 필요하기 때문에 가격은 균형 가격보다 높은 상태가 이어진다.

거미집 이론에 따르면 초과 공급과 초과 수요가 반복되면서 가격의 폭락과 폭등은 주기적으로 발생한다. 또 농산물 시장 예시에서 농민들이 낮은 가격에 대응해 이듬해 공급을 지나치게 많이 줄이면 가격이 더 큰 폭으로 상승해 시장 가격이 균형 가격에서 멀어지는 상황도 일어날 수 있다.

최근 몇 년간 부동산 시장에서 벌어진 상황은 수급의 미스매치 현상에서 시작되었고 공급이 늘어나면서 가격을 상승시키기 위한 일부 세력의 합작품이라고 볼 수 있다. 2009년 금융위기 이후 부동산, 특히 주택시장의 경우 장기간의 침체기를 겪었는데 어찌 보면 이 시기가 주택시장에 있어서는 가장 이상적인 상태였다고 볼 수 있다. 소득이 늘어나면 좀 더 넓은 곳, 환경이 좋은 곳으로 이동하고 싶은 게 사람들의 욕구인데 실제 필요에 의한 매매가 주를 이루었기에 내집 장만도 갈아타기도 모두 정상적인 상황 하에서 가능했다.

경기부양 수단과 수급의 미스매치

2014년 박근혜 정부에서는 이렇게 안정된 주택시장을 침체된 경기를 회복시키기 위한 수단으로 사용했다. 건설 경기는 가장 손쉽고 빠른 효과를 볼 수 있는 경기부양 수단이기에 이를 적극 권장하며 부동산 시장 띄우기에 나서면서 상황은 변화하기 시작했다. '빚내서 집사라' 즉, 대출 완화를 통해 원래 시장에 참여할 수 없던 사람들을 수요로 참여시키고 각종 세제 혜택 등을 통해 집을 투자하라는 신호를 주었다.

또 버블의 주역이었던 재건축·재개발(투자목적)의 완화를 통해 건설경기부양에 힘썼고, 그동안 막혀 있던 정비사업들이 한꺼번에 추진되면서 이주, 물리적 멸실 등을 통해 실질적인 주택 부족 현상이 시장에 나타나기 시작했다. 대단지 재건축·재개발 아파트들이 물리적인 멸실이 이루어지면서 시장에 살 집이 부족하고, 빚내서 집사는 투자수요까지 유입되어 수요는 크게 늘어났다. 하지만 당장의 공급은 이루어질 수 없는 상황이기에 수요가 공급을 훨씬 초과하는 상황이 벌어지며 근 10년간 움직이지 않던 집값은 상승의 날개를 달았다.

재건축·재개발을 하면 기존의 낡은 집을 없애고 그것보다 더 많은 수의 양질의 집이 공급되지만 새로 시장에 나오기까지는 일정 시간이 소요된다. 10년간 움직이지 않던 집값이 스물스물 오르고, 사람들은 집이 없다는 사실에 불안감을 느끼면서 '더 오르기 전에 집 사자'는 실수요의 참여까지 이어지면서 시장은 점점 과열되었다.

사라졌던 집이 시장에 다시 공급되기 시작하면 시장이 안정화로 가게 되는데 현재는 '집값은 끝없이 오른다'는 생각에 사로 잡힌 사람들이 계속해서 수요로 유입되어 정상 가격 이상으로 과열된 시장에도 끊임없이 수요하다 보니 상황이 계속되고 안정화 시기가 늦춰지고 있다. 공급이 바로바로 이루어지는 물건도 쏠림이 있으면 단기적으로 가격 폭등이 일어나는데 부동산 또한 수급의 미스매치가 지금과 같은 심각한 상황을 만들게 된 것이다.

비이성적인 믿음과 기대로 생기는 더 큰 바보 이론

'더 큰 바보 이론(Greater fool theory)'은 경제학자 존 메이너드 케인스(John Maynard Keynes)가 제시한 개념으로 가격 상승에 대한 기대감으로 실제 가치보다 높은 가격에 구매한 바보가 자신보다 더 큰 바보가 나타나서 자산을 구매할 것이라고 믿는 현상을 말한다. 이론이다. 이는 본질적인 가치가 아니라 시장 참여자들의 비이성적인 믿음이나 기대 때문에 형성된다.

대표적으로 예로 17세기 중반 네덜란드에서 일어난 '튤립버블'을 들 수 있다. 당시 귀족과 신흥 부자는 물론 일반인 사이에서도 튤립 수요가 폭증하면서 튤립 가격이 한 달 만에 50배나 뛰는 일이 벌어졌다. 그러나 곧 가격은 형성되어 있는데 거래는 없다는 인식이 증가하였고, 법원에서 튤립의 재산적 가치를 인정할 수 없다는 판결이 나오면서 튤립 가격은 최고치 대비 수천 분의 1 수준으로 폭락했다. 이에 뒤늦게 높은 가격에 튤립을 사들이며 투기 대열에 동참한 사람들은 가격 폭락이라는 비운을 맞이할 수밖에 없었다.

또 인터넷이 폭발적으로 성장한 20세기 말에는 전 세계적으로 IT벤처기업들의 주가가 치솟았다가 한순간에 폭락하는 '닷컴 버블'이 발생하기도 했다. 그리고 2008년 9월에는 미국 투자은행 리먼 브라더스(Lehman Brothers)가 파산보호를 신청하면서 10여 년에 이르는 글로벌 금융위기의 시발점이 됐다. 당시 미국 금융회사들은 미국 정부의 초저금리 정책을 이용, 서브프라임 모기지론(신용과 소득이 낮은 사람에게도 주택 자금을 대출)을 통해 구입한 주택의 저당권을 활용한 '주택저당증권(MBS)'이라는 상품을 만들었다. 그러던 중 미국 정부가 2006년 6월 기준금리를 5.25%까지 인상하자, 신용도가 낮은 대출자들이 높은 이자 부담을 감당하지 못하고 파산하는 사례가 속출했다.

부동산은 실물로써 직접 활용이 가능하고 인플레이션의 대표적인 헷지(Hedge) 수단이 되는 등 많은 장점을 갖고 있지만 부동산에 자산이 집중된 상황에서는 갑작스러운 시장의 충격이나 금리상승 등의 문제가 발생했을 때 기민하게 대처하기 어렵다. 현금화 과정에서 충격적인 수준의 할인을 겪게 되는 등 가계 경제에 큰 타격을 야기할 수 있다는 문제가 있다.

4장. 부동산 기사 제대로 읽는 법

아파트값은 계속 오를까?

- 언론이 말하는 상승의 이유

정부의 각종 부동산 정책에도 불구하고 집값은 계속 오름세라는 기사가 끊임없이 나오고 있다. 언론이 계속 오른다고 이야기하는 근거에 대해서 하나씩 짚어보도록 하자.

서울의 아파트값이 상승세를 지속하고 있고, 롱런한다는 전망에 힘이 실리고 있다고 한다. 그 근거로 주택가격동향조사에서 상승폭이 더 커진 것을 든다. 주식시장을 피해서 부동 자금이 안전자산인 서울의 아파트 시장으로 몰리고, 매물은 잠긴 상황에서 가격이 오를 거다라는 기대감 때문에 가격이 오르고 있다는 것이다.

나아가 전세가도 고공행진하고 보유세를 강화하는 쪽으로 정부가 정책을 펼쳐도 즉각적인 효과는 없으리라는 기사도 있다. 어떠한 대책에도 역효과가 나타나면서 아파트값은 부르는 게 값이 됐다는 기사도 나왔다. 주된 근거로는 공급이 적고 가격 상승에 대한 기대감 때문에 매물을 거둬들여서 거래 절벽이 나타나고, 풍부한 시중 자금까지 몰린다는 점을 들고 있다.

❙ 계속 오른다고 말하는 이유 - 매물 잠김, 풍부한 유동성

언론에서 얘기하는 계속 오른다는 내용의 기사들은 크게 네 가지를 근거로 든다. 첫 번째는 매물 잠김에 따른 가격 상승, 두 번째는 시중의 풍부한 유동성, 세 번째는 학군 수요로 전셋값이 상승해서 매매가가 더 오를 거라고 이야기하고 있으며, 마지막으로 분양가상한제 실시를 통해서 단기적으로 공급이 축소될 것을 우려해서 가격이 더 오른다 한다. 그렇다면 이 네 가지를 한번 차근차근 따져보자.

첫 번째 매물 잠김이다. 매물이 잠겼다는 의미는 시장의 매물이 없다는 것이다. 사고 싶은 사람은 많은데 만들어놓은 물건이 다 팔리면 매진이 된다. 하지만 지금 부동산 시장은 매진 상황이 아니다. 더 높은 값을 받기 위한 매물은 엄청나게 많이 존재하고 있다. 다주택자들이 여러 개의 집을 가지고 있는 이유는 하나는 자기가 살고, 나머지 하나는 투자 목적으로 시세 차익을 노리고 가지고 있는 것이다. 투자 목적이라는 건 결국 높은 값을 받고 팔겠다는 것이다. 거래가 안 되는 이유는 매물이 없어서가 아니고 너무 비싸기 때문이다. 언론에서는 매물이 없으니까 사려는 사람은 빨리 사라는 식으로 이야기한다. 소비자는 합리적인 판단을 하는 사람이니 비싸면 사지 않는다. 그래서 거래가 없는 것이다.

2020년 10~11월 아파트 거래량이 상승했다. 그 이유는 2030

세대가 마지막으로 영끌해서 시장으로 들어왔기 때문이다. 그렇게 몇 건의 거래가 이루어지고 또 그 거래에 연쇄적으로 갈아타기 수요가 겹치면서 거래가 늘었다. 물건을 가지고 있는 사람들은 더 오를 거라고 생각하면서 호가를 올리고 있는 상황이다.

그러나 이제는 그런 거래가 끝이 났다. 2021년의 1월 거래량은 전달 대비해서 70% 이상 급감했다. 더 이상 짜낼 곳이 없는 것이다. 2030세대가 있는 돈 없는 돈에 대출까지 끌어모아서 지금이라도 사야 된다는 마음에 구축 매입을 하던 게 이제 끝이 났다. 30대가 청약을 많이 포기하면서 집을 샀고, 아파트 매입 연령대 1위가 바로 30대이다. 신혼부부는 85%를 대출받아서 1억원대 이상의 빚을 지고 있다. 집값 폭등에 불안해서 집 산 사람들이 아주 많이 늘었다. 더 이상 살 사람들은 없다. 그런데도 매도자 우위 시장이며 매물이 없어서 거래가 안 된다고 주장하고 있다. 지금의 상황은 매물이 없는 게 아니라 너무 비싸게 부르기 때문에 거래가 안 되는 것이다.

그런데도 언론은 불안한 심리를 자극하기 위해서 상황을 호도하고 있다. 가격이 올라갈 때는 호가가 올라가면서 매수세도 따라붙는데, 지금은 거래가 없다가 1건이 거래되면 똑같이 올라가는 양상이다. 하지만 거래가 없으면 결국 가격은 꺾이게 된다. 어떤 물건도 사려는 사람이 없으면 가격이 조정되는 것은 당연하다.

두 번째 시중에 풍부한 유동성이 부동산 시장으로 들어와서 부동산 가격이 더 오른다고 이야기한다. 시중에 정말 부동자금이 엄청나게 많다. 아파트값이 오르려면 이러한 풍부한 유동성이 아파트 시장으로 들어와줘야 가격이 더 오를 것이다. 그러나 이 시장에서 아파트를 사주는 사람은 개인, 즉 가계이다. 가계의 유동성은 제로에 가깝다. 기업이 들어와서 아파트를 사주는 게 아니기 때문에 가계의 유동성이 중요하다.

개인이 돈이 있어야 지금도 비싼 이 아파트를 더 비싸게 사줄 수 있을 텐데 지금은 집을 사줄 수 있는 사람이 없다. 그동안 아파트 시장에 신규로 참여하지 않았던 2030세대마저 마지막으로 부동산 시장으로 들어왔다. 그 유동성의 결과로 가격이 상승하긴 했지만, 더 오르게 해줄 만큼 가계가 돈이 없다. 2030세대가 새롭게 창출하는 유동성 외에는 아파트로 더 들어올 유동성이 없다. 대부분의 유동성을 누가 가지고 있는지를 살펴야 한다.

지금 시중에 그 많다는 부동자금은 기업이나 현금 부자가 가지고 있다. 대부분의 기업이고, 아주 극소수의 가계가 그 돈을 가지고 있는 것이다. 10억원 이상 현금을 갖고 있는 현금 부자는 이미 집을 가지고 있고 또 투자 목적의 집도 가지고 있다. 그들이 시세차익을 실현하면서 현금 부자가 된 것인데, 그들이 과연 또다시 집을 살까? 개인 예금의 45.5%에 해당하는 돈이 1% 사람들한테 몰려 있다. 아주 극소수의 사람만이 그 유동성을 가지고 있는 것이다. 그런 사람들은 지금 집을 사지 않는다. 그런 사람들이 그 유동성을 주택시장에 쏟아 부을 때는 정말로 가격이 떨어져서 먹을 게 있을 때 줍줍하러 들어오는 것이다.

만약 개인이 분양을 받는다면, 가계가 갖고 있는 돈을 주고서 기업이 만들어낸 집을 사는 것이다. 분양을 통해서 가계의 유동성은 더 줄어들게 되고, 그 유동성은 기업으로 넘어 가게 된다. 그런데도 기업이 갖고 있는 풍부한 자금과 1%도 안 되는 아주 극소수의 개인이 갖고 있는 그 유동성이 부동산 시장으로 들어와서 아파트값이 올라갈 거라고 언론은 주장하고 있는 것이다. 마지막 남은 2030세대의 유동성으로 지금 가격이 만들어진 건데, 유동성 때문에 가격이 더 오른다는 말은 잘못되었다.

▍계속 오른다고 말하는 이유 – 전셋값 폭등, 분양가상한제

세 번째 학군 수요 때문에 전세가가 폭등하고 그렇기 때문에 아파트값이 더 오를 거라는 근거를 살펴보자. 그동안 분양했던 많은 물량들이 이제 입주를 시작했다. 다들 세입자를 구하지 못해서 지금 발을 동동 구르는 상황이다. 이제 시작에 불과한데, 앞으로 무수히 많은 물량들이 들어올 예정이다. 그런데도 지금 전세가 오르니까 매매가 오를 거다고 이야기하고 있다. 학군 수요 때문에 목동에 가격이 폭등했다고 하는데, 목동을 살펴보면 거래가 어쩌다 한두 건 정도로 거의 없다. 불안한 마음에 사는 사람이 있긴 하겠지만 일반적인 상황은 아니다.

고덕그라시움 59제곱미터가 2020년 8월 14억원 최고가를 찍었다는 기사가 나왔다. 강동에 엄청난 신규 물량이 쏟아져 가격 하락에 대한 공포를 가지고 분양가상한제 때문에 더 비싼 값에 팔렸다는 내용이었다. 실제 고덕그라시움의 거래를 보면 몇 건의 거래를 가지고 침소봉대해서 기사를 쓴 것이다. 실상은 전세 매물은 쌓이고 호가도 떨어지고 있다. 2020년 2월 입주를 시작한 고덕 아르테온 59제곱미터의 경우 지난해 9월 전셋값이 7억 5,000만원까지 올랐지만 2021년 3월 호가는 6억원까지 떨어졌다. 입주 2년차를 맞은 고덕그라시움도 비슷한 상황이다. 59제곱미터가 2020년 12월 7억 5,000만원에 전세 거래가 체결되었지만 2021년 3월 5억 5,000만원 매물도 나와있다. 신규 단지에서 전세 수요를 충족하지 못하고 가격을 내리자 기존 아파트 전셋값도 떨어지는 것이다.

전세가격 변동률도 보면 그렇게 많이 올라간 건 아니고 지역별로도 차이가 있다. 그런데도 마치 전세가가 폭등해서 가격이 더 오를 것이라고 얘기한다. 전세는 실수요다. 지금 물량이 이렇게 많이 들어오고 있기 때문에 전셋값은 출렁일 수밖에 없다.

마지막으로 분양가상한제 때문에 아파트값이 더 오를 거라고 한다. 분양가상한제를 하면 정비사업하는 쪽에서 사업을 추진을 안 할 테고, 그러면 공급이 안 될 테니 앞으로 신축이 더 귀해져서 가격이 오른다는 논리다. "통매각 하겠다", "후분양하겠다", "행정소송해서 재산상의 권리를 찾겠다"고 난리쳤던 신반포 3차는 결국 분양가상한제 이전에 선분양 하겠다며 추진 중이고, 한남 뉴타운 3구역도 서울시 권고대로 재입찰을 진행해서 사업을 재개하기로 했다.

정비사업이 계속 추진되면 당연히 공급은 계속 이루어진다. 그런데도 언론은 장기적으로 공급 부족해져 가격이 오를 거라고 불안감을 조성하면서 계속 집을 사야 한다고 주장하고 있다. 단기적으로는 물량이 절대 부족하지 않고 장기적으로는 사업이 멈춰서 공급이 부족하다고 했는데, 지금 그 장기적인 시점에 주택을 공급하는 사업자들이 계속 사업을 추진하고 있다. 공급은 멈추지 않고 있는데, 공급이 부족하다고 계속 보도하고 있는 것이다.

언론의 부동산 불지피기

– 12.16 부동산 대책 이후

2019년 12월 16일 강력한 부동산 대책이 발표가 됐다. 그 내용을 살펴보면 최대 대출 청약 규제를 총망라한 아주 강력한 대책이었다. 이러한 대책이 발표되자 언론은 앞다투어 12.16 대책이 집값 잡는 기폭제가 될지 의심되고, 급한 불은 끄겠지만 추가적인 상승이 가능하다는 기사를 쏟아냈다. 집값을 잡기는커녕 서민만 잡는 대책이라고 하면서 9억 이하 아파트가 오히려 급등할 조짐을 보이고 있다고도 했다. 또 후폭풍으로 전세가가 더 올라가서 전세 대란이 불 보듯 뻔히 일어날 것이라고도 이야기했다. 그리고 이번 정책이 현금 부자만 집을 사라는 대책으로 일시적인 효과는 있을지 모르지만 결국 시장을 왜곡하는 조치이므로 부동산 가격이 오르리라는 내용이 연일 쏟아졌다.

| 부동산 기사의 단골 소재

그동안 언론은 정부가 어떠한 정책을 마련해서 발표를 할 때마다 그 정책을 폄하하고 실제적으로는 가격이 오를 수밖에 없다는 내용을 우리 머릿속에 계속 심어주고 있었다. 2019년 부동산 시장 관련해서 언론이 끊임없이 얘기했던 키워드는 '서울 불패', '풍부한 유동성', '리디노미네이션', '현금 부자' 크게 네 가지다.

먼저 서울에는 항상 집이 부족하기 때문에 서울의 집값은 계속 오를 거다라는 내용으로 '강남 불패'에 이어서 '서울 불패'가 새로운 키워드로 등장했다. 그리고 풍부한 유동성, 그리고 토지보상금 때문에 이 자금이 부동산 시장으로 갈 것이라는 이야기를 했다. 그리고 실제로 발생하지 않은 리디노미네이션*이라는 화폐 개혁 소재를 가지고 화폐 가치가 떨어지면 안전 자산인 아파트처럼 안전 자산이 선호될 것이라는 내용이 나왔다. 돈 많은 사람이 너무나 많기 때문에 현금 부자가 주춤한다는 내용도 많이 기사화 되었다. 그래서 항상 결론은 서울의 집값은 오를 수밖에 없다는 내용이었다.

그동안 외부적인 충격이 없이 부동산 시장 자체가 계속 상승기를 이어왔다. 박근혜 정부 시절 초이노믹스에서 시작된 부동산 규제 완화 때문에 사라졌던 거래량이 돌아오고, 대출이 완화되면서 많은 실수요자뿐 아니라 투자자들이 부동산 시장으로 유입되었다. 그리고 재건축 규제 완화를 통해서 실질적으로 재건축 사업이 추진되면서 재건축 멸실 물량 때문에 정말 공급이 부족해져서 수요가 자극되는 현상이 일어났다. 이런 상승 기조를 타고 결국 아파트값은 전반적으로 상승했다. 이런 여러 상황이 맞물렸기 때문에 대부분의 아파트 가격이 상승했던 것인데, 마치 서울만 그렇다는 듯이 서울의 아파트만 한 자산이 없다는 것을 대대적으로 강조해서 만들어낸 이미지라고 할 수 있다.

풍부한 유동성이라는 것도 줄곧 앞에서 다루었듯이 실질적으로 계속해서 존재하던 유동자금이다. 마땅한 투자처를 찾지 못하고 현금이나 단기적인 예금으로 가지고 있는 유동자금은 원래 풍부했다. 그런데 언론에서는 이 자금이 부동산 시장으로 들어온다고 끊임없이 이야기했다.

그리고 분명히 실시하지 않는다고 공식 발표까지 한 리디노미네이션을 들먹이면서 서울의 아파트는 안전자산이며 화폐 가치가 떨어져도 그 가치를 유지할 수 있는 유일한 자산이라고 계속 홍보했다. 그런데 안전 자산의 실질적인 의미는 어떠한 위험 상황에서도 곧바로 현금처럼 바꿀 수 있는 것이다. 부동산은 안 팔리면 끝이고, 거래가 없는 상황에서 가장 유동화가 힘든 것이 부동산이다. 그런데도 언론은 부동산이 안전자산이라는 이미지를 만들어냈다.

그리고 청약 시즌만 되면 계속 등장하는 현금 부자들, 정말 애꿎은 연예인들이 많이 소환됐다. 과거 배우 소지섭이 61억원의 현금을 주고 한남동에서 부동산을 매입했다는 기사가 나왔다. 자금 출처를 조사한 것처럼 현금으로 이렇게 큰 액수를 지불할 수 있는 능력이 있는 사람이 이렇게나 많다고 언론에서 홍보하기 딱 좋은 그런 먹잇감이었다. 그리고 보통 사람들은 알지도 못하는 많은 아파트들의 거래를 시시각각 언론에 보도함으로써 아파트의 가격이 20억원이 되는 것은 당연한 일이고 앞으로 30~40억원까지 갈 것이라는 환상을 심어주는 데 앞장섰다.

서울에서 대출 금지 대상이 된 15억원 초과 아파트가 21만 4,000채 정도가 있는데, 이중에서 한 달에 거래되는 건수는 300건도 되지 않는다. 전체 거래량에서의 비율은 0.15%에 불과하다. 정말 극소수라고 할 수 있다. 그런데도 언론은 상황을 실시간으로 보도하면서 이런 가격들이 마치 굳어진 듯한 이미지를 주었다.

❙ 언론의 부동산 불지피기

"상한제가 뚫어버린 집값 천장 평당 1억 아파트 줄줄이 대기"라는 제목의 기사가 나왔다. 이 기사를 보면 평당 호가 1억원을 초과한 아파트 매물이 다수 확인이 됐다고 한다. 거래가 그렇게 됐다는 것은 아니고, 호가 1억원이라는 근거는 2019년 8월에 최초로 평당 1억원에 육박한 가격으로 아파트가 거래된 이후 추세가 반영돼서 1억원을 호가하는 아파트들이 많아졌다는 것일 뿐이다. 그리고 또 반포동의 어느 공인 대표의 말을 인용해 "이달 초에 59제곱미터짜리가 24억원에 거래된 건이 있다고 들었다"라면서 계속 호가 수준이 높아지고 있다는 기사도 나왔다.

정확히 따져보면 사실은 없고 '카더라' 밖에 없다. 이런 기사를 시시각각 언론에서는 노출함으로써 마치 서울 요지의 아파트는 평당 1억원을 뚫었고 곧 뚫을 예정이니까 이걸 기준으로 삼아서 가격을 생각하면 된다라는 의식을 많은 사람들에게 심어준 것이다. 최근 몇 년 동안 언론들이 이러한 작업들을 계속한 것이다.

12.16 대책이 발표되고 난 후에 아크로리버파크 84제곱미터짜리가 29억 9,000만원에 거래가 됐다는 기사가 나왔다. 실제는 12.16 대책 발표 전에 이루어진 거래다. 대책이 발표되기 이전에 이미 4억원 가까이 떨어졌을 때는 전혀 언급되지 않다가 대책이 정식으로 발표되고 나니까 이제서야 마침 정책 때문에 떨어진 것처럼 기사가 났다. 원래 떨어질 수밖에 없어서 떨어진 건데 나중에서야 기사화한 것이다. 이런 식으로 언론은 입맛에 맞는 기사를 계속 만들어내고 있다.

12.16 대책 이후에 보류지**를 매각한다는 내용이 기사화됐다. 개포 전용 84제곱미터가 30억원이 넘을까 하면서 이 입찰에 따라서 현금 부자가 많고 적음이 판단될 수 있다고 얘기했다. 그러고 나서 대책 발표 이후에 개포 아너힐즈 보류지가 40억원에 낙찰됐다는 기사가 떴다.

대출금지 등 규제에도 불구하고 이례적으로 40억원 가량으로 낙찰이 된 거고 이는 호가 수준을 훨씬 초과해서 낙찰된 것이다는 기사다. 이 기사를 보면 정말 마치 현금 부자가 많다는 듯이 느껴지겠지만 실제로 5가구 중에 4가구가 유찰되었다. 나머지 한 가구가 40억원 가량으로 낙찰된 것이다. 이 한 가구가 누군지는 전혀 알 수 없다.

그런데도 이게 마치 현금 부자가 많다는 근거가 될 수 있다는 듯이 소개하고 있다. 언론은 수상한 거래들을 실시간으로 기사화하면서 가격 상승이 당연하다고 인식되도록 하는 노력을 했다. 그 결과 영끌 투자자들이 나타나게 됐고, 부동산에 불을 붙였다. 그리고 청약 경쟁은 더욱 치열해졌다. 지금까지 언론의 행동을 살펴보면 결국 건설사의 나팔수 또한 부동산 시장의 방화범으로서의 역할을 한 것이다.

이런 상황에서 정부는 그대로 보고만 있을 수가 없다. 여태껏 발표한 정책들은 모두 가수요를 억제하고 공급을 늘리는 방향이었다. 그런데 언론은 그중에서 틈새를 찾아 소개하고 이러한 규제가 소용없다는 듯이 부추기니까 정부가 아주 강력한 정책을 발표한 것이다. 그동안 구멍이라고 얘기했던 것들을 다 틀어막으려고 하고 있다.

❙ 언론의 불지피기가 가져올 결과

버블 모형 관련해서 미국의 경제학자 하이먼민스키(Hyman Minsky) 모델을 보면 버블이 꺼지기 직전에는 새로운 논리가 등장한다. 새로운 논리의 등장으로 기존에 시장에 관심이 없던 수요까지 끌어내서 더 그 상승하고 그것마저 끝나고 나면 급격한 폭락을 겪게 된다. 부동산 시장이 변곡점에 도달했을 때는 급격히 거래가 감소하게 되는데 이러한 거래 감소를 저지하기 위해서는 새로운 수요를 끌어들어야 하고 그를 위해서는 새로운 논리가 필요하게 되는 것이다. 새로운 논리를 통해서 시장의 수요 유입을 도모함으로 버블의 붕괴를 늦추는 효과를 가져오지만 이는 더 큰 버블을 용인하는 결과를 초래하게 된다. 언론의 부동산 불지피기가 가지고 올 결과도 마찬가지다.

12.16 정책은 수요 측면에서 무주택자인 실수요자와 다주택자인 투기 수요 중에서 후자를 차단하는 방법을 택했다. 다주택자가 대출을 더 이상 받지 못하도록 또한 여러 채를 갖고 있지 못하도록 보유세 등을 올리는 정책을 발표한 것이다. 이랬더니 수요를 억제하는 정책으로는 소용이 없고 공급을 늘려야 된다고 이야기한다. 그런데 우리가 간과하고 있는 건 바로 매점매석의 행태이다. 매점매석의 상황에서는 아무리 공급을 늘려도 가격이 떨어지지 않는다.

그렇기 때문에 무조건 공급을 늘리는 게 능사는 아니다. 여러 채를 가지고 있는 사람은 수요자인 동시에 공급자이다. 여러 채를 갖고 있지 못하게 한다면 다주택자들이 갖고 있는 물건이 시중에 공급되는 효과가 나타날 것이다. 실수요자에게는 분양가상한제 등을 통해서 합리적인 가격으로 분양받을 수 있도록 기회를 주는 것이다. 가수요를 억제하는 정책이야말로 공급을 늘리게 하는 탁월한 방법이다.

이렇게 강력한 정책을 펴는 게 잘하고 있다는 기사도 있다. 많은 국민들이 그렇게 생각하고 있다. 자기가 거주하지도 않을 집을 여러 채 갖고 있음으로써 이러한 수요 때문에 더 많은 공급이 이루어지게 만드는 것, 더 많은 집을 짓게 만드는 건 결국 사회에도 손실이다. 그렇기 때문에 이런 정책들을 펴는 것이다.

12.16 정책이 발표되자 언론에서는 전세가가 오를 거다라는 얘기 그리고 9억원 이하는 오를 것이라고 이야기했다. 하지만 2~3년 전에 추진했던 많은 재건축 물량들이 이제 입주 물량으로 돌아오고 있다. 전세는 부족하지 않다. 많은 공급이 이루어지면서 전세가 안정된 상황이라는 이야기는 계속 나왔다. 그런데도 이번 대책으로 전세가가 폭등할 것이고 오히려 9억원 이하의 주택들은 가격이 더 올라갈 거라는 새로운 논리를 만들어내고 있다.

* 리디노미네이션(Redenomination) : 일반적으로 통용되는 통화의 액면을 동일한 비율의 낮은 숫자로 변경하는 것을 말한다. 인플레이션, 경제규모의 확대 등으로 거래가격이 높아짐에 따라 숫자의 자릿수가 늘어나면서 계산상의 불편이 발생하는 문제점을 해결하기 위해 도입되었다

** 보류지 : 정비사업을 통해서 공급하는 아파트 중에서 일부를 사업비조달내지 분양오류 등 대비해서 일부 분양하지 않고 남겨두는 것을 의미한다.

적중률 99%, 부동산 예측의 신이 나타났다

– 분양 완판의 공식

언론은 정말 쪽집게다. 언론이 이야기한 대로 부동산 시장이 흘러가고 있다. 분양 완판의 공식이 수원에서도 성립을 했다. 그렇다면 분양 완판의 공식은 무엇일까?

분양 완판의 공식의 1단계는 새로운 이론이 만들어지는 것이다. 보통 현상이 반복되고 특정한 양상을 띠게 되면 그게 하나의 이론으로 성립이 되는데, 부동산 분양 완판의 공식에서는 이론이 먼저 만들어진다. 이론이 만들어지고 난 후에는 2단계로 비상식적인 실거래가가 신고되고 이게 언론에 일제히 보도된다. 그리고 호가가 계속 상승하고 앞서 설명한 이론이 현실화되었다는 내용의 기사가 막 쏟아진다. 그리고 이후에 주변 단지에 거래 한두 건이 더 이루어지면서 수상한 것이 일반적인 것처럼 모든 사람들에게 인식이 되도록 계속 언론에서 노출을 한다.

어느 정도 여론이 형성됐다 싶으면 3단계에 돌입한다. 로또 분양 기사가 쏟아진다. 때마침 인근에 분양 물량이 있고, 이 분양 물량은 항상 주변 시세 대비 굉장히 저렴해서 로또라는 것이다. 그렇게 로또 분양이라는 기사가 연일 나온다. 그리고 많은 사람들이 이 물량에 관심이 있고 매수 대기 수요가 들썩인다면서 계속 언론에서 이야기를 한다. 이건 안 받으면 바보라는 인식이 생기게 만드는 것이다. 그리고 나면 4단계 분양 완판의 공식이 성립을 한다. 분양이 완판을 이루는 것이다. 엄청난 청약 경쟁률을 보이면서 이 많은 물량이 팔려나가는 상황이 된다.

❙ 수원에서 이뤄진 완판 공식

수원에서 적용된 이론은 바로 9억원 이하의 풍선효과다. 풍선효과라는 말은 6.17 대책 이후부터 언론에서 보도되었다. 정책의 영향으로 다음날부터 풍선효과가 시작됐다고 했다. 그러면서 어느 공인중개사의 말을 가져와 풍선효과가 시작될 조짐이 보인다는 기사가 쏟아진다. 바로 이어진 기사를 보면 광교 9억 이하 아파트의 호가가 풍선효과로 껑충 뛰었다고 한다. 그런데 실제로 거래로 이루어지진 않는다. 풍선효과로 불이 붙나 하면서 매수자와 매도자가 눈치 보기를 하기 때문에 거래가 이루어지지는 않지만 여전히 풍선효과는 존재한다고 이야기를 하는 것이다.

그러면서 공급이 없고 시중에 떠도는 유동성은 풍부해서 계속 가격이 올라갈 거다, 갭 메우기를 할 거다 이런 내용들을 쏟아낸다. 이런 작업들이 한 달여 간 지속이 되고 나니까 고분양가로 계약을 포기해서 미계약 건이 나온 수원에서 억대 로또 청약에 많은 사람들이 몰렸다는 기사가 나온다. 풍선효과가 발생하기 전에 생겼던 이론이 현실화가 된 것처럼 크게 떠들어대는 것이다. 분양권이 13억원을 뚫었다면서 많은 사람들이 청약에 기대를 갖게 만드는 기사가 나왔다. 자세히 보면 거래가 성사됐다는 게 아니고 호가가 13억원으로 뛰었다는 것이다. 그런데 이런 기사를 필두로 사람들이 엄청나게 관심을 보이고 있다고 얘기를 하는 것이다.

또 하나의 고가 거래를 콕 집어서 기사에 실었다. 화서역 파크푸르지오가 2019년에 비해 3억 7,000만원이 올라 9억 3,000만원에 팔렸다고 한다. 이 단지의 거래를 보면 2020년 2월에 10억원짜리 2건이 있다. 그 직전의 거래는 6억 3,000만원이다. 2,355세대에 달하는 단지에서 두 건의 거래로 1개월 만에 40%의 상승을 보인 것이다. 거래가 없는 상황에서 고가의 거래가 하나만 이뤄져도 일제히 보도가 되고, 이 기사를 접한 사람들은 너도 나도 호가를 올려 부르기 시작한다. 그리고 호가를 다 그 수준으로 상승시키는 결과를 만들어낸다.

이렇게 되니까 사람들이 수원으로 몰리고 있다는 기사가 또 쏟아진다. "막차 수요에 몰리는 수원 영통 싼 매물 없나요?" 하는 기사가 나오는데 내용을 살펴보면 호가를 내리지 않아서 거래는 없다. 거래는 이루어지지 않는데 호가가 막 상승하고 있다면서 사람들의 불안감을 자극하는 것이다.

사람들의 관심을 끌고 규제 전에 실수요가 몰린다는 내용으로 사람들의 마음을 자극한다. 그러고 나서 규제가 시행되기 직전에 청약이 되는 것이다. 수원 매교역 푸르지오가 규제 시행 직전인 2020년 1월 19일에 분양을 했다. 수원에서 처음으로 분양가가 1,800만원을 넘어서 고분양가 논란이 있고, 업계 관계자도 고분양가라고 생각을 했다. 그런데도 여러 가지 조건이 있다. 전매제한이 6개월밖에 안 되고, 중도금 집단 대출도 가능하고, 1주택 이상 갖고 있는 사람도 청약할 수 있는 등 여러 가지 투기꾼들이 뛰어들 수 있는 지역이기 때문에 분양이 될 거다라는 기사가 나왔다. 아니나 다를까 청약 결과를 보니까 평균 145대 1로 마감을 했다. 그러나 수원에 아직도 엄청난 분양 물량이 대기하고 있다.

호가만 올리는 풍선효과

수도권 전역에 풍선효과가 확산됐다는 내용이 계속 나온다. 수도권의 분양 물량이 역대 최대이기 때문이다. 수원이 이 정도라고 하니까, 수원과 비교해서 자기네 지역이 더 좋다고 생각하는 지역도 호가를 올리고, 수원보다 조금 안 좋은 지역이더라도 너무 가격 차이가 난다면서 또 호가를 올린다. 수도권 전역의 호가가 올라가고 있다. 불과 두 달 사이에 엄청나게 상승한 것이다. 인천이 오르고, 구리가 오르고, 미분양 천국이었던 검단·동탄이 10억원을 찍었다고 계속 기사가 쏟아진다. 그렇게 올랐다는 인천의 사례를 한번 보자.

청라 95제곱미터가 석 달 사이에 3억원 가까이 올랐다는 기사가 나왔다. 청라에일린의뜰 전용면적 95짜리인데, 직전 거래가 대비해 3억원 가까이 오른 금액으로 한 건의 거래가 이루어졌다. 석 달 동안 거래가 없었고, 그 전에도 살펴보면 거래가 가뭄에 콩 나듯이 있었다. 인근에 그것보다 훨씬 넓은 평형인 46평 아파트가 1월에 5억 6,500만원에 팔렸다. 그런데 에일린의 뜰 풍선효과 때문에 올랐다고 하니까 최근 매물 호가는 올라갔다. 맞은편에 자리잡고 있는 제일풍경채2차에듀를 보면 여기도 더 큰 평형이 그 이후에 7억 5,000만원에 팔렸다. 더 싼 가격에 팔린 것이다. 진짜 풍선효과가 있다고 말할 수 있는 것일까?

호가만 올라가는 것이 풍선효과이다. 이제 누군가 얘기하지 않아도 저절로 비교 가능한 지역들의 호가가 상승을 한다. 또 그 올라가는 호가에 불안감에 못 견디는 사람들이 매수를 하게 되는 것이다. 불과 본인들이 몇 년 전에 절반의 가격으로 산 아파트들이다. 절반가로 샀는데 2배가 된 것은 당연하고, 자기보다 못한 지역의 호가가 올라간다고 하면 여기에 질세라 더 호가를 올리는 형국이 지금 벌어지고 있다.

수도권이 그렇다고 하니까 서울 곳곳의 소외 지역들도 10억원을 돌파했다는 내용이 나온다. 노도강 금관구가 잇따라 10억원을 돌파했다는 기사가 나온다. 당연히 이런 현상이 벌어질 수밖에 없다. 수원이 10억원이라고 하는데 왜 서울에 있는 우리 동네가 10억원이 안 가는 게 말이 되느냐 하면서 사람들이 가격을 올리는 것이다.

불안함에 사고 싶은 마음은 있겠지만 능력이 안 된다. 집 빼고 여전히 자신과 비슷한 능력의 소유자들이다. 그런데 그 사람들이 두 배의 가격을 줄 수 있을 만큼 돈을 벌었을까? 자신을 한번 생각해보면 아닌 걸 알 수 있다. 결국 소비 가능한 유효 수요가 없다는 뜻이다.

정부가 강력한 규제책을 발표하면 전문가의 한마디를 따서 규제가 별 다른 효과를 발휘하지 못할 것이다, 정책이 무용지물이라는 내용의 기사가 나온다. 매도인 입장에서는 많이 올랐지만 어차피 거주할 거라 팔 생각 없다, 매수인 입장에서는 너무 올라서 살 엄두가 안 난다 하면서 거래가 끊기고 관망세에 접어들었다는 내용이다.

정부가 대책을 내든 안 내든 상관없이 같은 상황이 똑같이 발생한다. 이미 분양 완판의 공식이 성립이 되었기 때문이다. 하지만 매수자들이 가격 하락을 체감하기까지는 시간이 많이 걸린다. 한번 집을 사면 주식처럼 오늘 사서 내일 팔지 못한다. 또 실물이기 때문에 그냥 내놓는다고 바로 매매가 이루어지는게 아니라 일정시간 방매를 통해서 매매가 가능한 것이 집이다. 사용하다가 매도 시기를 결정하게 되기 때문에 당장 가격이 떨어지든 오르든 간에 즉각적으로 시장에 대응할 수 없다. 못난이 물건을 똘똘한 가격을 주고 이미 샀기 때문에 뉴스에 민감하게 반응하지만 실제 손해를 체감하기까지 수년의 시간이 걸린다.

똘똘한 한채가 맥을 못 추고 있다. 호가는 거래 안 되고 가격

하락한다는 기사가 연일 나오고 있다. 돈이 없고 다 똑 같은 상황인데 못난이 가격은 유지가 될까? 이제 완판의 공식 5단계만 남아 있는 상황이다. 많은 공급 분양이 휩쓸고 간 자리는 다시 가격이 제자리를 찾게 된다.

갭투자의 후유증으로 세입자가 전세금 돌려달라는 소송이 두 배나 증가했다. 무리한 대출로 전세 끼고 이것저것 해서 갭투자했다가 못 갚아서 지금 경매 시장에 물건이 나오고 있다. 계속 가격이 오른다는데 왜 이런 물건들이 폭발적으로 늘어날까? 이게 현실이기 때문에 그렇다. 다주택자는 집을 팔아서 세입자들한테 돈을 돌려주면 이런 문제는 없을 것이다. 그런데 안 팔리는 것이다. 유동성이 없는 상황이다.

부동산은 주식처럼 치고 빠질 수 있는 물건이 아니고, 우리나라 자산의 80%를 차지하고 있다. 주택이 차지하는 비중이 큰데, 굉장히 무거운 물건이다. 단순히 내가 당장 시장에 내놓는다고 해서 바로 팔릴 수 있는 물건이 아니라는 뜻이다. 혹시나 하는 마음에 뛰어들었다가 온 가족까지 고생시키고 운이 좋아서 빠져나왔다 하더라도 결국에는 다른 사람 눈에 피눈물을 빼는 상황이다.

패닉바잉, 로또 청약

- 마지막이 될 분양 완판의 공식

국민 10명 중에 6명은 이렇게 많은 부동산 정책이 나왔는데도 집값이 더 오를 거라면서 정부의 부동산 정책이 잘못됐다고 성토하고 있고, 집값은 안정됐다고 하는데 매매는 신고가 행진을 계속하고 있다는 얘기가 들려온다.

임대차 3법 때문에 전세는 더 줄어들고, 살 곳은 사라지고 있고, 떨어진다고는 하는데 실제로 집값은 안 떨어지고 있다, 그런데 시세 대비 저렴한 분양이 때마침 기다리고 있으니 집값 떨어질 거 걱정하지 말고 청약하는 게 답이다, 이런 결론으로 귀결이 된다. 엄청난 시세 차익을 누릴 수 있을 테니 일단 당첨되고 보자 이런 마음으로 많이 청약을 신청하고 있다. 분양 완판의 공식은 지금도 시행되고 있다.

❙ 로또 청약 마케팅

8.4 대책 이후에도 거래가는 계속 상승하고 있다는 기사가 나오고 있다. 신고가 매물 중 절반이 9억원 미만의 가격대였다. 아무리 규제를 해도 서울의 집값은 묻지도 따지지도 않고 계속 오른다고 사람들이 인식을 하고 있고, 이렇게 규제를 하면 더 이상 살 기회가 없다는 불안감이 드니 서울에 입성할 마지막 기회라고 생각하게 된다. 이게 요즘에 나타난 새로운 이론이다. 정책이 실질적으로 엄청난 부담으로 이어질 수밖에 없다는 게 팩트인데, 사람들은 정책의 효과를 기다리기 이전에 불안한 마음으로 마지막 서울 입성 기회를 잡으려고 노력을 한다. 그래서 많은 사람들이 청약에 몰리게 되는 것이다.

돈이 있든 없든 간에 로또 청약에 도전하고 있는 게 지금의 현상이다. 실제로 자격이 안 되거나 잔금을 마련할 능력이 없으면서도 일단 넣고 되고 보자 이런 마음인 사람들이 많다. 분양을 하는 입장에서는 이 비싼 물건이 시장에서 팔리지 않으면 큰 타격을 입는다. 그러니까 최대한 빨리 물량을 털어내는 게 1순위다. 강남 같은 경우는 계속 경쟁률이 최고를 찍고 있는데, 개포 1단지 경우 1순위 청약에 3만명이 몰렸다. 개포 1단지의 일반 분양 내역을 보면 34제곱미터짜리가 7억원 정도였고, 59제곱미터짜리는 13억원이 넘었다. 이 단지의 일반 분양 물량 전체를 돈으로 환산하면 약 1조 5,000억원에 달한다. 1조 5,000억짜리 물건을 시장에 팔아야 하는 게 분양의 목적이다.

마케팅에 1%만 써도 150억원 정도다. 이 많은 물량이 잘 팔리려면 사람들에게 어필해야 한다. 다른 데보다 훨씬 싸고 이걸 사면 이익이 있다는 게 강조되어야 할 것이다. 그래서인지 몰라도 인근의 아파트값들은 분양을 앞두고는 정말 비싼 값에 팔리는 기현상을 보인다.

개포 래미안블레스티지가 2020년 5월만 해도 23억원 정도에 거래가 됐는데, 분양 공고 한 달 전에는 4억원이나 비싼 27억원에 매매가 됐다. 그 이후에는 다시 떨어진 금액에 거래가 됐다. 디에이치아너힐즈의 경우도 거래가 거의 없다가 분양 공고 한 달 전에 22억원 하던 거래가 6억이 올라 28억 3,000만원에 팔렸다. 누가 6억원이나 비싸게 주고 샀든 아니면 마케팅의 일환이든, 어쨌든 이러한 시세를 보고 사람들은 개포 1단지를 분양 받는 게 로또라고 인식하게 된다.

한강변에 똘똘한 대장주 아파트는 신고가 행진을 벌이며 반포자이가 6억원이나 뛰었다는 기사가 나왔다. 반포 자이 70평형의 거래가를 갖고 왔는데, 기존에 35~37억 정도였는데, 2020년 7월 9일에 41억 5,000만원에 팔렸다. 일단 70평짜리가 자주 시장에서 팔리는 것도 아니지만, 기존 거래보다 6억원이나 비싸게 거래가 됐다. 현 상황을 대변할 수 있는 거래가가 아닌데, 이런 거래가 있으면 신문은 어김없이 기사화한다.

더 먹을 게 없고 휩쓸고 지나간 지방 시장 같은 경우는 이미 정책의 효과가 나타나고 있다. 똘똘한 한 채를 남기고 다주택자 매물이 계속 늘어나고 있기 때문에 지방의 빈집이 늘어나고 있다. 다주택자 세 부담이 늘어나고 있기 때문에 기존에 풍선효과 운운하면서 가격이 뛰었던 지역 매물이 늘어나고 있는 것이다.

한편, 매물은 늘어나고 있는데 살 사람이 없다. 전국 아파트 입주율이 하락했다. 풍선효과의 수혜 지역이라고 했던 인천·경기권의 입주율은 확연히 떨어졌다. 입주가 안 되는 이유는 기존 주택을 매각을 못했거나 잔금대출을 확보하지 못했거나, 또는 세입자를 확보하지 못했거나 분양권을 매도하지 못하는 등 모두 돈이 없기 때문이다. 돈은 없고 집만 갖고 있으니까 입주를 못하고 있는 것이다. 이렇듯 지방에서는 정책의 효과가 바로 나타나고 있다.

▎더 이상의 패닉바잉도 힘든 상황

분양가상한제가 적용이 되면 분양가는 더 떨어질 수밖에 없다. 강남 분양가를 시뮬레이션 해보니까 현재 수준에서 5억원 정도 더 내릴 것으로 예상된다. 시세보다 싸다면서 지금 미친듯이 분양가가 올라갔었는데, 비용적인 측면에서 금액을 매겨보면 그게 다 허상이었다는 의미다. 토지비는 감정평가 금액으로, 건축비는 건축에 들어간 실비를 다 합산해서 계산해도 지금보다 5억원 더 내린다고 한다.

분양가는 이제 떨어지는 게 기정사실이다. 이런 데도 분양가상한제 하고 나면 분양 물량이 없어져서 더 공급은 부족해지고 그래서 더 집값은 오를 테니 분양가상한제 전에 집을 사야 된다고 계속 떠들고 있는 것이다. 정부의 정책은 먹히지 않을 거고 다주택자들은 집을 내놓지 않을 거라는 논리를 들며 가격이 계속 오른다고 부추기고 있다. 안 사면 희망이 없고, 지금이라도 안 사면 안 될 것처럼 사람들의 불안감을 부추기고 있는 것이다. 대규모 분양 전에 언론은 이상한 고가 거래를 그대로 보도하고 분양은 완판되도록 돕는다.

결국 가장 큰 이권이 걸린 분양이 성공적으로 이루어질 수 있도록 여리꾼들은 최선을 다한다. 그렇지만 현실적으로 살 사람이 없다. 대출이 없으면 살 수가 없는데, 대출이 막혔다. 정부는 주택시장이 안정될 때까지 대출 규제 위반을 계속 점검하겠다고 하고 있다. 주택담보대출이 막히니까 신용대출이 늘었다고 지금 계속 언론에서 나오는데, 이렇게 불안감을 조성하니까 영끌들이 저가의 소액 지역의 아파트를 비싸게 사들였기 때문에 이런 현상이 나타나는 것이다.

그런데 이제 그나마도 없다. 대출도 안 되고 실질적으로 집을 살 수요도 많이 줄었다. 이미 수년간 수많은 분양이 있었기 때문에 기존의 무주택자가 많이 1주택자가 되었다. 또한 영끌 수요들도 다 뛰어들었다. 알다시피 인구는 줄어들고 있다. 그리고 무엇보다 주택시장의 큰 수요였던 다주택이나 법인들의 수요가 이제 사라졌고, 아예 이들이 들어올 길이 막혔다. 전매제한을 통해 가수요도 차단하고 있다. 수요는 이렇게 줄어들고 있는 상황인데, 여기에 126만 가구를 또 공급하겠다고 얘기하고 있다.

지금의 상황을 촛불에 비유를 해보자. 물질이 타려면 탈 물질이 있어야 하고, 탈 수 있도록 산소가 공급이 돼야 하며, 일정 수준 이상의 온도가 필요하다. 이게 있어야 물질이 탈 수가 있다. 부동산 시장에 불꽃이 계속 커지려면 일단 탈 물질이 있어야 할 것이다. 수요, 즉 사줄 사람이 있어야 한다. 그런데 영끌까지 지금 다 뛰어든 상황이고, 더 끌어내려야 끌어낼 사람이 없다.

또 불꽃이 계속 타오르려면 산소를 공급해야 한다. 유동성이 바로 그 산소인데 2020년 4분기 가계대출이 1,726조원을 넘어서며 전년동기대비 125조 증가했다. 더 끌어 쓸 유동성이 없다. 이제 남은 거라곤 여리꾼들의 부추김뿐이다. 여리꾼들이 온도가 떨어지지 않도록 사람들의 심리를 자극하고 있지만, 기본적으로 더 이상 남아 있는 태울 물질이 없다. 그런데도 계속 불꽃이 타오를 거라는 기대를 가질 수 있을까?

부풀어 오른 부동산 풍선은 터진다

– 부동산 시장의 질량 보존의 법칙

풍선효과는 어디를 누르면 다른 곳이 튀어나온다는 의미다. 부동산 시장이 풍선과 굉장히 비슷하기 때문에 풍선에 비유한 것이다. 풍선은 스스로 부풀어 오르진 않는다. 입으로 불거나 가스 주입기 등으로 부풀어 오르게 만든다. 그 안에 공기보다 가벼운 기체를 넣어서 그 부양력으로 공중에 뜨도록 하기도 한다. 이렇게 떠오른 풍선은 하늘 높이 올라가지만 결국에는 일정 시간이 지나면 아래로 가라앉게 된다.

부동산 시장도 스스로 떠오르지는 못한다. 인위적인 펌프질이 필요하다. 이제 저점을 지났으니 아파트값이 오를 것이다라는 희망과 기대가 있어야 한다. 풍선에 공기를 집어넣는 역할을 하는 게 바로 언론이다. 언론의 입을 통해서 풍선에 바람이 차기 시작한다. 풍선을 채우는 물질은 공기인데, 부동산 풍선을 채우는 건 돈이다. 이 돈이 다 자기 돈은 아니다. 레버리지를 활용해 그 돈으로 부동산 풍선이 빵빵하게 부풀어 오르게 만든 것이다.

❙ 버블세븐 때와 지금의 상황

풍선을 처음에 불 때는 굉장히 힘들다. 고무가 늘어나지 않아서 얼굴이 빨개지도록 불어야 간신히 부풀어 오른다. 처음에는 힘들지만 풍선의 장력이 완화되기 시작하면 급격하게 부풀어 오른다. 부동산 풍선도 마찬가지다. 처음에 아무리 떠들어도 사람들이 미동도 하지 않는다. 내 돈이 다 없어질 것 같아서 더 집을 안 사고 버틴다. 그러다가 심리가 완화되고 풍선이 조금씩 조금씩 커지는 걸 보면서 불안과 탐욕이 생겨난다.

이렇게 부동산 풍선의 장력이 약화되면서 급격하게 부풀어 오른다. 풍선이 부풀면 하늘 위로 올라간다. 또한 풍선이 커지면 커질수록 눈에 띄고 관심과 주목을 받게 된다. 그런데 이런 풍선이 하늘로 올라가면 올라갈수록 계속 그 크기를 유지하기 힘들어진다. 왜냐하면 그 장력을 끝까지 유지할 수 없기 때문이다.

풍선이 얇아지면서 구멍이 생기고, 압력을 못 이기면 구멍이 순식간에 커지면서 '펑' 하고 터지는 것이 최후이다. 풍선의 크기가 클수록 더 쉽게 터지기 때문에 그 소리는 공포심까지 불러일으킨다. 부동산 가격도 부풀어 오를 대로 부풀어 올랐고, 어느 순간 '펑' 소리와 함께 터지게 되는 것이다.

그 대표적인 예가 앞서 나왔던 강남·서초·송파·목동·분당·용인·평촌 등 버블세븐이다. 단기간에는 상승폭이 높았다가 풍선이 터지는 시기에 급격하게 하락세를 맞이한 지역이다. 지금은 그때 상황과 매우 닮아 있다. 금융위기 때 꺼졌던, 거품이 터졌던 풍선이 다시 원래 수준으로 회복되는데 10년이라는 시간이 필요했다. 그리고 그 이후에 급격한 상승을 보였다.

계속 가격이 오른다고 이야기하는 사람들은 공급 부족이라는 논리를 들이댄다. 그런데 2022년까지 입주는 홍수다. 그리고 2024년 이후에는 그냥 쓰나미가 몰려온다. 모두 사람들이 선호하는 신축 아파트다. 연소득 대비 주택가격 비율(PIR)*은 최고조를 보이고 있다. 버블이 터지기 직전에 서울 중간소득 대비 아파트값 비율은 10~11이었는데, 버블이 터지고는 8~9까지 내려갔다. 2019년 14.5를 기록했는데 2020년 11월 서울은 15.6 수치를 기록했다. 과거에 버블이 터졌을 때보다 더 큰 비율로 풍선의 크기가 커져 있는 상황이다.

이런 상황인데도 주택 구매를 보류한 사람들은 전세가가 폭등한다고 하니 불안해 한다. 그런데 서울 아파트 전세의 중간 가격이 4억 6,000만원 정도로 문 정부 들어서 전세가가 평균 4.77% 올랐다. 3년 동안 평균 5% 오른 건데, 임대차보호법 상한이 5%이다. 그렇게 막 뛴 건 아니라는 얘기다. 전세가는 대책 때문에 오르는 게 아니고 주택 구매를 안 하고 전세를 살고 있는 사람들이 늘어나기 때문에 꾸준히 상승하는 것이다.

전세를 사는 이유는 다양하다. 최근에 분양이 많았기 때문에 분양 받은 집에 입주를 기다리면서 전세 사는 수요가 많이 늘어난 것을 그 원인 중 하나로 볼 수 있다. 그런데 전세가가 마냥 오를 수만 있는 건 절대 아니다. 9억원 이상 전세를 살고 있는 사람은 수백만 채 중에서 1만명 정도밖에 안 된다. 고액 전세를 수요가 그 정도다. 갑자기 전세를 2~3억원씩 올려달라고 해서 그걸 다 맞춰줄 수 있는 건 아니다. 그 금액을 충분히 다 낼 수 있는 사람이 그렇게 많지는 않은 것이다. 거래가 될 수는 있겠지만 그만큼 고가 전세 거래는 더 줄어들 수밖에 없다.

❙ 수요에 의해 결정되는 전세와 매매

그동안 전세는 싸게 나왔던 게 아니다. 집주인 입장에서는 자기가 받을 수 있는 최대폭으로 전세금을 받는다. 더 많이 올리겠다고 해서 올리는 게 아니라, 시장 상황에 따라 결정이 되는 것이다. 전세금을 감당할 수 있는 사람이 많다면 모르겠지만 현실적으로 끝없이 오를 수는 없다.

전세도 마찬가지고 매매도 마찬가지다. 무리해도 살 수 없는 수준의 호가에 이른 것이 이미 애저녁이다. 전세도 무리해도 들어갈 수 없는 수준까지 오른다면 감당할 수 없는 사람들은 이사를 할 것이다. 집주인이 받고 싶은 대로 다 받을 수 있을 만큼 전세 수요가 존재하지는 않는다.

잠깐 물리학에 대해 생각해 보자. 물리학은 자연의 보편적인 법칙을 찾고 그 법칙을 이용해서 자연 현상을 논리적으로 설명하는 것을 목적으로 하는 학문이다. 물리학의 핵심 키워드는 보편이다. 모든 자연 현상에 공통적으로 적용되는 법칙을 찾는 건데, 물리학의 법칙은 그렇게 많지가 않다. 그렇지만 물리학은 적은 수의 법칙만으로 거의 모든 자연현상을 성공적으로 설명하고 있다. 물리학의 어원을 보면 본성·본질·실체에 대한 탐구심이 들어 있다. 세상의 위치를 꼼꼼히 따져서 알아낸다는 격물치지에서 유래된 말로 만물의 이치를 탐구한다는 뜻을 갖고 있다. 그런데 이 물리학이 경제에도 적용될 수 있다.

사회를 하나의 유기체로 보고 물리학적 관점에서 이 현상들을 설명하는 학문도 나오고 있다. 질량 보존의 법칙은 결국 질량은 상태 변화와 상관없이 계속 같은 것을 유지한다는 이론이다. 집값도 마찬가지다. 집값은 집을 산 사람들의 돈과 그 사람들이 빌린 부채가 합쳐져서 설정이 된다. 거기에 소득이 늘어난 다른 사람이 찾을 수 있는 돈과 또 그 사람이 빌리는 대출이 합쳐진 게 집값이다. 그 이상으로 오르기는 어려운 것이다.

이 시점에서도 상승론자들은 막연히 서울의 집값은 싸고 앞으로 충분히 평당 1억원까지 갈 거고 더 오를 것이라고 하는데 질량은 변하지 않는다. 지금 들어간 돈 대비해서 더 많은 돈이 들어올 수 있어야 집값이 오를 수 있을 텐데, 지금은 한계 상황이다. 달이 차면 기울고, 산이 높으면 골이 깊고, 사계절을 거치면서 날씨가 순환하는 것처럼 과열됐으면 식는 과정이 온다. 그 식는 과정이 지나야 다시 달아오를 수 있는 게 시장의 원리다.

막연한 환상과 기대 그리고 그런 심리를 부추기는 사람들의 말에 현혹되지 말고, 현 상황을 상식적으로 바라보는 자세가 필요하다.

* 연소득 대비 주택가격 비율(Price to Income Ratio) : 특정지역이나 국가의 평균 수준 주택을 연평균 소득으로 구입하는 데 걸리는 시간을 말한다. 연소득 대비 주택가격 비율이 10이라면 10년 동안 소득을 한 푼도 쓰지 않고 모아야 집 한 채를 살 수 있다는 뜻이다.

신고가 경신 기사 읽는 방법

- 부동산 시장을 바라보는 언론과 정부의 차이

2020년 9월 홍남기 부총리가 부동산 시장의 안정세를 전망한다는 기사가 나왔다. 서울 반포 자이 등을 포함해서 1~4억원 정도 가격이 하락하고 있으며, 과열 양상이었던 서울 수도권 매수 심리가 관망세로 돌아서면서 진정되는 분위기라는 이야기를 했다. 그랬더니 언론에서 난리가 났다. 집값 내렸다고 자화자찬했는데, 알고 보니까 거래 절반이 신고가이고 집값은 그대로이다, 무슨 소리냐 신고가 사례는 빼고 왜 급매만 언급하냐 하면서 벌떼처럼 나서서 언론에서 항변을 하고 있다. 편법 거래나 급매 거래의 가격이 떨어진 것이지 신고가는 더 많다고 이야기하면서 말이다.

김현미 국토부 장관은 서울 부동산 상승세가 멈춰섰고, 실거래가가 하락하고 있으며, 법인의 물량이 30% 가량 증가했고 매수세가 30%는 줄어든 걸로 파악이 됐다고 했다. 또한 공급이 계속될 거니까 걱정하지 말라는 이야기를 했다. 분당 신도시 4개 규모의 주택이 2022년까지 공급되니 제발 좀 걱정하지 말라는 의미였다.

그런데 이 얘기도 급매 몇 건만 갖고 판단했다고 지적을 하면서, 언론은 정부가 원하는 통계만 보고 있다고 이야기를 하고 있다. 사실 정부 관계자들이 실거래가 하락 사례만 예로 든 것은 아니었다. 실제로 법인 매물 수가 정말로 증가했고, 매수 심리가 잠잠해졌고 또 시장에 앞으로의 공급에 대한 기대감이 있다는 등의 사실을 들어 발표를 한 것인데, 언론은 비판하고 있다. 반포 자이 4억원 떨어진 것은 법인 매물의 편법 거래였으며, 마래푸 3억원 떨어진 것은 친족 간의 거래였다는 등, 정부에서 예시로 든 사례를 구체적으로 확인한 것처럼 계속 기사를 쓰고 있다.

끊임없는 심리 펌프질

이례적인 신고가 하나만 가지고 언론이 이걸 일반화하는 건 큰 문제가 있다. 그런데 신고가에 대해서는 이런 얘기가 하나도 없었는데, 저가의 경우만 이렇게 많은 지면을 할인해서 설명을 하고 있다. 이런 걸 보면 정말 언론은 집값이 떨어지지 않기를 바라는 것 같다.

언론은 이 두 가지 사례에 대해 팩트 체크를 했다. 반포 자이 집값이 4억원 떨어졌는데 그건 법인이 가격을 낮춰서 급하게 처분한 매물이지 실제 호가는 28억원 수준이고, 가격은 떨어지지 않았다라고 어느 공인 관계자의 말을 인용했다. 인근 아크로리버파크는 오히려 호가가 더 올라서 36억원대에 나와 있다면서 정부가 급매를 한 건을 가지고 안정화가 됐다고 호도하고 있다고 비판했다. 마래푸 3억원 떨어진 것은 친족 간의 거래였고 정책과는 상관없으며, 거래 당사자와 통화했는데 친족관계라는 답을 들었다는 마포구청 관계자의 말을 인용했다. 개인간의 거래를 이렇게 취재해서 공개하는 게 맞는 건지 잘 모르겠지만, 어쨌든 정부가 예를 든 사례는 잘못되었다고 자세하게 비판했다.

그러면서 최고가가 경신했다는 기사는 매일 쏟아낸다. 집 한 채 값이 오른 압구정에 살 사람이 많고, 이렇게 비싸게 팔렸다고 하면서 기사를 썼다. 또 아크로리버파크가 신고가를 경신했다, 김포시에 12억원 넘는 매매 사례가 나왔다, 또 지방에서도 첫 15억원을 돌파했다고 하면서 이들 지역이 정부가 찍어준 투기과열지구이며, 정부가 건드리는 데는 다 오른다고 기사를 쓴다.

분당 아파트 전세가 15억원이 넘었고 서울에 비해서 매물이 있는데 인프라나 거주 여건이 좋아서 수요가 늘었다, 판교에 푸르지오그랑블이 15억원 전세가 나왔다고 기사를 썼다. 그런데 계약이 됐다는 것이 아니라 전세가 15억원에 나왔다는 내용이다. 어쨌든 서울 이외의 지역도 전세가 고공행진하고 있다고 사람들이 느끼게끔 이런 기사들을 막 쏟아내는 것이다. 브레이크 없는 전셋값 상승이라고 하면서 강남구 아파트가 평균 전세가 9억원을 돌파했고 뛰는 전셋값에 집값도 날고 있다고 하면서 정말 집을 안 사면 큰일날 것처럼 계속 기사를 써댄다.

전셋값 상승이 높았던 지역으로는 과천과 하남이 있다. 과천과 하남은 3기 신도시인데, 계약갱신청구권 때문에 가뜩이나 전세 매물이 나와 있지 않은 상태에서 이 지역으로 들어가려는 수요가 몰리니까 당연히 전셋값 상승률은 올라갈 수밖에 없다. 그런데도 전셋값 상승이 브레이크 없이 계속되고 있고 그에 따라 집값은 날아갈 수밖에 없다라는 인식을 사람들에게 심어주고 있다.

또한 청약을 하면 대박이 난다는 기사는 너무나도 많다. "새 아파트 입주권이 웃돈만 6억원이다", "언제 입주할지도 모르는 사전 청약을 받는 것보다 지금 민간에서 공급하는 아파트 사는 것이 이익이다"라는 이야기를 계속한다. 정부가 사람들의 심리를 안정시키기 위해 사전 청약까지 도입을 하고 있는데 이거 아무 소용없다고 언론은 이야기하고 있는 것이다.

이런 기사들의 의도는 무엇일까? 먼저 아파트가 10억원 하는 게 당연한 것처럼 느껴지게 만든다. 10억원이라는 돈이 만들기 얼마나 힘든지 누구나 아는데, 이제 집값 10억원은 우습게 이야기하는 상황이 됐다. 또 부동산은 어떠한 상황에서도 오를 거라고 사람들 심리를 자극한다. 주변에 분양하는 아파트를 청약하는 것은 로또라고, 정말 그냥 웬만큼 벌어서는 만져보지도 못할 돈을 얻을 수 있는 일확천금의 기회라고 심리를 자극한다. 심리가 불안해지면 패닉바잉이 일어나는 것처럼 심리가 한번 꺼지기 시작하면 심각한 공포와 침체가 급속도로 진행될 수 있기 때문에, 이러한 심리가 약화되지 않도록 끊임없이 기사를 내고 있다.

❙ 언론은 책임지지 않는다

모든 상품은 대체재가 있다. 어떤 상품의 가격이 얼마라고 했을 때, 비판 없이 받아들이는 것보다는 주변을 살피고, 또한 이 거래가 정상적인 사람이라면 할 수 있는 거래인지의 여부부터 판단하고 옳지 않은 정보는 걸러 들을 줄 알아야 한다. 언론에서 하는 얘기들은 대부분이 아니면 말고 식의 기사가 많기 때문에 스스로 판단해서 해석해야 한다. 언론이 책임지지는 않기 때문이다.

부총리가 얘기한 실거래가 사례가 잘못됐다는 반박 기사를 보면, 정부가 예로 들은 실거래가는 2020년 8월 18일에 있었던 24억 4,000만원짜리 거래다. 그리고 팩트 체크라고 하면서 그 전날 28억원에 거래된 것도 있는데 왜 이 얘기만 하느냐고 비판을 한 것이다. 그렇다면 언론이 예를 든 28억원짜리 거래는 일반적인 거래였을까? 7월 거래를 보면 거의 대부분 26억, 27억, 24억대의 거래도 있다. 어떤 게 맞는 걸까? 매물은 25억 9,000만원부터 나와 있고 최근 실거래가 평균보다 지금 나와 있는 매물 가격의 평균이 낮다. 내수세가 둔화됐기 때문에 평균 가격이 좀 내리고 있는 상황인 것이다.

아크로리버파크 129제곱미터짜리가 48억 5,000만원에 팔리면서 역대 최고가를 찍었다는 기사가 나왔다. 하지만 실제로는 같은 평형이 40억원에 거래 되었다. 기사 때문에 아크로리버파크 매물이 늘어났다. 더 비싸게 팔릴 수 있다고 하니 팔려고 내놓는 사람이 늘어난 것이다.

압구정 현대아파트는 집 한 채 값이 올랐다고 기사가 났다. 이 기사에 나온 건 2020년 8월 14일에 있었던 65억원짜리 거래다. 그전에 거래가 없었다가 1년 반 만에 한 건 거래됐는데 왜 이건 기사화됐을까? 그리고 전용 144제곱미터도 40억원에 거래되면서 전 고가를 뛰어넘었다고 했는데 2019년 11월 거래는 40억원이었고, 그 이후에는 34~35억원에 거래가 됐다. 그런데 이렇게 높은 신고가만 연일 기사화하고 있다. 저가에 대해서는 잘못되었다고 팩트 체크 기사를 쓰고, 고가는 이렇게 버젓이 1년 반 만에 거래된 한 건을 가지고 기사를 쓴다.

개포동 평당 1억이 눈앞에 있다고 하면서 입주하려면 1년이나 남은 디에이치자이가 30억원에 거래됐다고 기사가 났다. 그런데 디에이치아너힐즈는 당장 28억원이면 입주할 수 있다. 개포보다 상급지도 29억 1,000만원에 거래되었다. 그런데 1년 후에 살 수 있는 입주권이 30억원이다. 입주를 시작하는 래미안포레스트는 매물이 241건이나 나와 있다. 동일 평형의 매매가는 25억원대에 나와 있고, 낮은 가격 순으로 보면 23억원대에도 나와 있다. 그런데 왜 30억원을 주고 그걸 샀을까? 그게 정말 정상적인 사람의 생각으로 산 것일까?

그런데도 우리는 아무런 여과 없이 이걸 받아들이고 있다. 그러면서 집값 하나도 안 떨어졌는데 왜 정부는 떨어졌다고 하느냐면서 집값은 절대 안 떨어진다고 사람들에게 이야기하고 있다. 이런 기사들을 보면서 정말 집값이 막 오르고 있구나, 아 나만 안 서서 바보 됐구나, 이런 식으로 자책할 필요는 전혀 없다.

언론이야 아니면 말고라는 태도이고, 누가 책임을 묻지도 않는다. 그러나 정부는 입장이 다르다. 정책을 시행했는데 효과가 나타나지 않으면 정말 큰 타격을 받을 수밖에 없기 때문에, 구체적인 내용을 가지고 대응하지 않으면 안 되는 입장에서 발표를 하는 것이다. 그러면 도대체 어떤 게 신뢰성이 높은 것일까. 이런 식의 기사들은 계속해서 쏟아질 텐데, 너무 현혹되지 말고 실제를 들여다볼 필요가 있다.

박감사의 부동산 공부 05

아파트 시장이 뜨거운 이유

최근 수년간 아파트 시장은 폭등기를 거쳐 왔고, 아직도 상승 중이라고 한다. 하지만 아파트를 제외한 상가, 빌라, 오피스텔, 단독주택 등 다른 부동산 시장은 그에 비하면 미미한 변화만 겪고 있다. 역대급 유동성에 부동산 시장에서 아파트만이 계속 뜨거운 이유는 아파트가 갖고 있는 특성 때문이다.

표준화된 상품으로 아파트

부동산은 일반 재화와 달리 부동산만이 갖고 있는 독특한 특성을 지닌 물건이다. 부동산을 하나 매입하려 하면 매입목적, 개발가능성, 매도호가의 적정성 등 다양한 검토가 선행되는 것이 일반적이다. 특히 최종 결정에 있어 매도호가가 적정 수준인지에 대한 판단을 위해 해당 토지의 미래 발전 가능성, 개발에 필요한 비용, 개발 후 얻을 수 있는 가치, 환가성 등 다양한 검토의 과정을 거쳐야 비로소 투자를 결정하게 되는 고가의 재화다.

그런데 아파트의 경우는 그런 리스크에 대한 정보가 가장 많이 공개되어 있는 표준화된 상품이다. 따라서 부동산에 대해 잘 몰라도 돈만 있으면 가장 쉽게 접근할 수 있는 시장인 것이다. 또한, 다른 부동산과 달리 실제 본인이 사용하는 소비재이자 필수재로서 가장 큰 효용을 누릴 수 있는 재화이기도 하다.

먼저 59제곱미터, 84제곱미터로 대변되는 통상적인 면적, 유사한 평면을 갖고 있기에 부동산 하나하나의 개별적 특성을 파악하지 않더라도 표준화된 일정 수준의 효용이 보장되는 특징이 있다. 정비사업이 활성화, 대규모 택지개발 등이 이루어지면서 대규모 아파트 단지가 많아지고, 대단지의 거래 가격들을 통해 아파트 가격 수준의 파악이 용이하고 연식, 위치, 브랜드, 단지 규모 등 아파트별 특성을 하나하나 판단할 필요 없이 다른 인근 단지와의 가격 비교를 통해 쉽게 금액을 파악할 수 있다.

부동산에 일반적인 가격이 형성되어 있고 이것이 공개된 정보로 시장에 나와 있기에 이는 시장에 관심을 가질 수 있는 사람이 많은 것이다. 그래서 상대적으로 다른 부동산에 비해 팔기 쉽기 때문에 낮은 환금성에 대한 걱정도 덜 할 수 있는 물건이 바로 아파트다.

아파트는 주식이 아니다

이런 상황이다 보니 이제 아파트를 그냥 소비하는 데서 그치는 것이 아니라 마치 주식시장의 주식1주처럼 여기기 시작했다. 아파트를 내집 마련의 대상으로 보는 것보다 투자의 대상으로 여기는 수요가 저금리에서 기인한 유동성을 타고 시장에 대거 유입되면서 아파트 시장은 이제 우리나라에서 가장 뜨거운 자산시장이 되었다.

주식시장과 부동산시장은 확연히 다른데 아파트를 주식처럼 생각하는 사람이 늘어나면서 시장이 과열되었다는 점은 눈여겨볼 필요가 있다. 아파트 투자를 주식처럼 생각하고 있지만, 아파트는 엄연히 부동산이다. 자산의 대부분과 빚까지 쏟아 넣어야 살 수 있는 비싼 물건이고, 실물로서 꾸준한 관리 비용이 들어가고 한번 공급된 물건은 주식처럼 소각할 수도 없다. 위치는 고정되어 있고 감가상각이 발생하고, 이 물건을 사줄 수요는 개인뿐이다. 외국인이 사주고 기관이 사줄 수 있는 물건이 아니라 나와 같은 가계, 즉 개미만 존재하는 시장이다. 위기가 왔을 때 손절하여 다시 현금화하는 것도 매우 어려운 부동산인데 이에 대한 충분한 고려 없이 오른다는 기대감 때문에 지금의 뜨거운 아파트 시장에 이르게 되었다는 것이다.

5장. 부동산을 보는 눈

실수요자 세상이 온다

- 다주택자는 세금 폭탄

앞으로 투기한 사람들에 대한 규제가 강화가 되고 또 분양가상한제가 적용이 되면서 부동산 가격은 앞으로 떨어질 일만 남았다. 하지만 사람들은 불안해하고, 분양가가 더 싸진다고 하는데도 공급이 줄어들까 걱정하면서 끝없이 청약에 도전하고 있다. 지금 아니면 나는 집을 못 산다는 패닉에 여전히 빠져 있다.

2020년 7월 진행된 개포 1단지 청약을 한번 살펴보자. 대출도 안 되는 19억원짜리도 160대 1이라면서 강남구 청약이 모두 불났다라는 기사가 나왔다. 그런데 실제를 들여다보면 예전보다 많이 줄어들었다. 대출이 가능한 15평의 경쟁률은 20대 1이고, 21평은 6대 1도 안 되고, 25평은 14대 1이었다. 2020년 1월 분양한 개포 프레지던스 자이에 비해서 청약 경쟁률이 많이 하락한 것을 볼 수 있다. 아마도 사람들은 여전히 올라간 시세에 비해 청약이 굉장히 싸다고 느끼면서 도전하고 있는 것 같다.

❙ 집은 앞으로도 계속 공급된다

2020년 분양 물량 예정물량은 32만채였는데 이중 90%인 28만채가 분양되었다. 전국적으로 2017년과 2020년 사이 평균 55만채 이상 공급되었고, 2021년에는 전년 이월분까지 포함해서 39만채의 분양이 예정되어 있다. 이렇게 분양된 막대한 물량들이 2~3년 후면 실제 집으로 돌아온다. 여기에 추가로 발표된 3기신도시를 포함한 127만호 공급계획, 3080+ 공급계획 등의 물량도 그 이후에 중장기에 걸쳐 추가적으로 지어지게 될 것이다.

여기에 이미 존재하고 있는 집들도 굉장히 많다. 서울에 약 168만 채의 아파트가 있고, 20년도 채 안 된 아파트가 92만 채가 넘게 있다. 이런 데도 사람들은 여전히 목말라하고 불안해하고 있다. 결코 집이 부족하지 않고 최근의 집값 폭등에 불안해하거나 좌절할 필요가 없음에도 사람들은 불안해 하고 있다.

집값이 계속 오른다하고 그에 비해 분양을 받으면 시세차익이 최소 7억원에서 10억원이라고 하니까 계속 사람들이 분양에 열을 올리고 있다. 공급이 부족하다고 얘기하니까, 가격이 계속 오르면 내 집 마련 못할 것 같은 불안감이 가장 크다. 그런데 서울의 아파트는 정말 모자랄까?

통계를 들여다보면 정말 많은 수가 늘었다. 인허가가 역대급으로 늘었고, 착공은 MB 시절보다 2배나 늘었다. 2017년도에 서울의 인허가 실적은 7만 5,000호이고, 2018~2019년에도 기존보다 많은 시행 아파트가 인허가를 받았다. 또한 실제로 착공도 많이 이루어졌다. 2017년도에는 5만 채가 넘었고 2018년과 2019년도에는 각각 4만 5,000채, 5만 4,000채가 착공에 들어갔다. 어딜 가도 지금 다 공사판이다. 이렇게 많이 짓고 있는데 사람들은 집이 부족하다고 느꼈고 그 부족하다고 느끼는 상황에서 집값은 계속 올랐다.

아파트 멸실 현황을 보면 그렇게 느낄 만한 시절이 있긴 했다. 2017년도에 멸실이 유난히 많았기 때문이다. 멸실로 사라진 아파트 수를 제외하면 실질 입주 물량이 1만 5,000가구 밖에 안 됐기 때문에 당장 살 집이 없다고 느끼는 사람들이 많았고, 여러 채를 매입한 사람들이 많아 가격 상승률이 높았다. 수요는 늘어나는데 당장 공급이 이루어지지 않으니까 집값이 폭등하는 상황이었다. 여기에 2019년도에도 멸실 물량이 많았으니 아직도 집이 부족한 거 아니냐라고 질문하는 사람도 있을 것이다. 그런데 2019년도 멸실 물량이 중요한 게 아니다. 서울의 대규모 아파트 단지들은 다 그 이전에 이주를 마쳤다. 이주가 시작되면 사람들이 원래 살던 집에서 나가야 하고, 옮겨갈 집을 필요해지니까 수요가 더 폭증한다. 이게 모두 맞물려 있었다.

둔촌주공은 2017년도에 이주했는데, 멸실은 2019년도에 이루어졌다. 이주의 영향이 이미 2017년도에 반영된 것이다. 개포권의 많은 단지들은 2017~2018년도에 이주했다. 이런 이주가 수요를 자극하고 그로 인해서 가격이 폭등하는 상황이 이미 선 반영되었다는 뜻이다. 그렇다면 이제는 반대의 상황이 올 수밖에 없다. 그렇게 사라진 집들이 더 많은 수의 집으로 이제 속속들이 들어왔다. 2019년에 4만 5,000가구에 달했고, 2020년에도 5만 3,000가구가 입주가 된다. 또 다음에 3만 6,000가구가 입주를 하고 그 다음에 5만 가구가 입주를 한다.

재건축·재개발을 규제하고 있기 때문에 이제 멸실은 많지 않다. 재건축·재개발에 따른 이주 수요가 전세 수요를 자극하게 되는데, 이제 그런 상황이 많이 해소되었다. 2020년 분양 물량이 역대 최대인데, 그 물량들이 앞으로 3년 후면 들어온다. 개포 1단지는 2024년 입주 예정이다. 지금 이렇게 분양하고 있다는 의미는 또 그 많은 수의 물량이 집으로 돌아온다는 뜻이다. 즉 공급은 계속된다. 그런데도 지금 집이 부족하다고 얘기하면서 지금 거래도 안 되는 호가가 계속 유지될 테니 빨리 분양받아야 하는 거 아닌가 불안해하고 있는 것이다.

개포 1단지 주변에 얼마나 많은 물량이 들어왔는지 부동산빅데이터업체 호갱노노의 데이터를 살펴보자. 3년 전에 서초 에스티지, 아크로리버뷰 등 강남·송파·서초 합쳐서 거의 1만 세대 가까이 입주했다. 그 다음으로 반포 써밋, 래미안 블레스티지, 헬리오시티 1만 6,000세대 가까이가 입주를 했다. 그 다음에 또 1만 8,000세대가 입주를 했다. 2020년 8월부터 1만 5,000가구가 입주 예정이고, 그 다음에는 숫자가 5,400가구, 5,200가구로 좀 줄어든다. 하지만 그 다음에 또 분양된 물량들이 들어온다. 2022~2023년 물량이 부족할 거라는 이야기가 있는데, 이미 기존에 있던 92만 채는 그대로 있고, 새로 분양되는 물량이 추가되는 것이다. 강남을 예시로 들었지만 이는 강남에만 국한된 문제가 아니라 서울 수도권 전역에 있는 일이다.

부동산 붐을 타고 전국 서울 수도권에 수많은 공급이 있었고, 이 집들은 사라지지 않고 계속 있다. 지금 입주된 물량의 40% 가까이가 전세다. 기본적으로 전세 물량이 이렇게 많다는 의미다. 자기가 살기 위해서 갖고 있는 집이 아니라, 그 중에 절반 가까이는 남에게 빌려주고 있는 것이다.

❙ 모든 상황은 무주택자에게 유리하다

이 많은 집들이 현재보다 더 높은 가격을 유지하려면 전세가를 더 올릴 수 있거나 그만큼 레버리지를 끌어와야 되는데 임대차 3법이 통과되어 그 길이 막히고, 대출도 다 잠겨 있는 상태다. 지금 정부는 투기 억제의 모든 수단을 강구하고 있다. 부동산 때문에 정부에 대한 지지율이 떨어지고 있는 상황에서 지금 부동산을 과연 풀어줄까? 절대 풀지 않을 것이다. 공급 대책도 내놓고 있다. 태릉 골프장, 대치 세텍(SETEC) 지구, 성남 골프장, 용산 정비창 등에 집을 짓는다고 한다. 태릉 골프장 면적에 2만 가구 넘게 지을 수 있다. 가용한 모든 부지를 활용해서 주택 보급을 늘리겠다는 의미다.

신축만 공급이 아니다. 이미 여러 채 갖고 있는 사람들이 기존 주택을 내놓는 것도 공급이다. 기존 다주택자들을 정책으로 계속 옥죄고 있다. 이런 조치에 빠삭한 법인들은 벌써 움직였다. 세금 폭탄 계산해보고 매도 쪽으로 기울어서, 세부담 커진 법인들은 이미 탈출했거나 진행중이다. 지방에서는 이미 시작되었다. 부동산 세금이 강화되어서 가지고 있으면 종부세 6% 내야 하고 나중에 팔면 양도세 72%다. 남는 게 하나도 없다. 1주택자도 종부세·양도세 폭탄이라고 아우성인데 다주택자들이 보유에도 세금을 내야 하고 나중에 팔면 차익의 70%는 세금으로도 내야 하는 상황이다. 또 분양권도 주택 수에 포함된다. 이제 주택 한 채를 갖고 있으면서 한 채 더 분양을 받으면 다주택자로 간주되어 세금이 부과된다. 이 모든 상황은 이제 무주택자에게 유리한 상황으로 가고 있다.

첫 번째로 입주 물량이 매우 많다. 분양 물량의 40%가 전세로 풀리는데, 임대차 3법을 적용받기 때문에 전세가는 한 번 결정되면 큰 폭의 상승 없이 최소 4년간 한 곳에 거주할 수 있게 된다. 굳이 집을 살 이유가 사라졌다. 또 분양가상한제 이후에 청약을 하게 되면 그동안 주변시세에 의해 결정되었던 분양가가 비용과 적정 이윤만을 따져서 결정이 된다. 더 합리적인 가격으로 분양받을 수 있는 것이다. 경쟁률도 낮아진다. 분양권도 주택 한 채로 간주되기 때문에 가수요가 사라지게 된다. 정말 집을 사고 싶다면 받을 수 있는 상황이 되는 것이다. 또 기존 주택의 공급도 늘어날 것이다. 강화된 세금으로 인해 법인과 다주택자들이 매물을 내놓을 것이다. 따라서 실수요자 입장에서는 훨씬 더 유리한 상황이 되고 있다.

아직도 코로나19가 확산되고 있고 전 세계가 빗장을 걸어 잠그고 지금 굶어가고 있다. 주변을 돌아보면 정말 사람들이 돈이 없다. 이런 이 상황에서 거액의 빚을 내서 집 한 채를 끌어안을 이유는 없고, 조금 더 기다려도 된다. 정책의 효과도 서서히 나타나고 있으니 여유를 갖고 생각해도 된다.

아직도 영끌을 고민한다면 필독

– 비규제 폭등의 사례 김포

풍선효과는 어떤 부동산 정책이 나오기만 하면 기다렸다는 듯이 언론에서 이야기한다. 어떤 지역을 규제하면 규제를 피한 곳에 자금이 몰려 들어가서 시장이 과열되는 현상이 나타나는 건데, 대책이 나올 때마다 대책의 효과가 나타나기도 전에 풍선효과는 계속 나왔다. 15억원 초과 대출을 금지한 12.16 대책이 나온 후에 중저가 주택에서 풍선효과가 나타났다. 중저가 아파트는 오른다고 매일매일 기사가 난다.

6.17 대책으로 규제지역을 확대하니 비규제 지역으로 남은 김포에 풍선효과가 나타났다. 추가로 공급 확대 정책을 발표를 했어도 공급이 부족한 이상 계속 이러한 현상은 나타날 거라고 얘기를 했고 비규제 지역은 급등했다.

비규제 지역으로 폭등한 김포

김포 신도시는 비규제 지역으로 남으면서 가수요가 몰려들었다. 김포는 서울의 서부 끝자락에서 한강이 바다로 연결되는 데까지 넓게 자리하고 있다. 예전에 강화도로 유배를 많이 보냈는데 강화도와 마주 보고 있는 곳까지가 김포다. 서울 강남을 기준으로 김포시청까지 거리를 보면 약 36킬로미터 정도 떨어져 있다. 그렇게 가까운 곳이 아니라는 뜻이다. 양주나 화성, 오산과 맞먹는 거리로 서울에서 굉장히 멀다. 그리고 획기적인 대중교통이라고 할 수 있는 건 골드라인밖에 없다.

공급도 굉장히 많이 이루어진 지역으로 오랜 기간 미분양이 지속됐던 곳이다. 2016년도 김포의 미분양은 어마어마했다. 2,700가구 정도 됐는데 건설사들은 분양가를 절대 낮추지 않았다. 초기 계약률이 30%면 공사비 다 충당하고도 남기 때문에 이것만 채우면 다 해소될 거니까 계속 버티겠다는 입장이었다. 그렇지만 건설업계 사이에서도 평당 1,000만원이었던 분양가가 굉장히 높다고 판단을 했었다. 이렇게 버텼는데 계속 미분양이 해소되지 않았다. 그래서 2018년도에 미분양 관리지역으로 지정이 됐다.

2019년 3기 신도시가 발표되면서 사실 김포에는 더 안 좋은 영향을 끼치게 되었다. 김포 신도시보다 입지적으로 우세한 3기 신도시가 대거 등장을 하니 그나마 해소되던 미분양이 다시 증가하게 되면 어떡하냐 울상을 지었던 지역이 바로 김포다.

그런 김포가 비규제로 엄청나게 뜨거워진 것이다. 신고가가 수백 건이 속출했다. 2020년 10월 한 달 동안만 신고가가 100건이 넘어가는 등 거래가 폭발을 했다. 김포 풍무프로지오가 7억원에 거래가 되고, 고촌읍이나 사우동, 운양동에 있는 단지들이 가격이 폭등했다. 그런데 김포도 골드라인을 따라서 굉장히 많은 아파트가 포진되어 있다.

구래역 인근은 이러한 기사에 힘입어서 호가가 많이 올랐다. 그런데 거기보다 서울에 가까운 장기역 인근은 변화가 없다. 2020년 말까지 수도권 비규제 지역에서 또 8,000가구가 공급 예정이었고 그중 김포 통진·마성 지구에 또 공급이 이루어졌다. 사업지 인근에 김포대로와 골드라인 구래역이 있다고 하는데 지도로 살펴보면 마성 지구와 구래역까지의 거리는 약 6킬로미터 정도 떨어져 있다. 인근이라고 하기엔 꽤나 거리가 멀다.

기사에서 언급됐던 풍무동 같은 경우는 검단과 굉장히 인접한 곳에 위치하고 있다. 그러나 김포는 비규제 지역이고 검단은 규제 지역이었다. 그래서 김포는 너무나 뜨겁고 검단은 정반대로 차갑게 식었다. 과거 검단도 김포랑 비슷했다. 청약에 1만 3,000명이 모이고 미분양 무덤이었던 검단도 청약 열풍이 불어서 최고 경쟁률을 경신하는 등 살아난 조짐이 보였었는데 인천 서구에 위치하는 바람에 규제 지역으로 편입이 됐다. 그랬더니 청약 열기가 식어버렸다. 워낙 물량이 많기도 했는데 규제 지역 지정 이후에 분양권 프리미엄이 급락했다. 분양권 프리미엄이라는 건 내가 끝까지 보유해서 거주하려고 분양받은 게 아니라, 잠시 소유했다가 전매제한이 풀리면 다른 사람에게 이익을 붙여서 팔아먹는 것이다.

그런데 이게 뚝 떨어졌고, 그나마 있던 매수 문의도 완전히 끊겼다.

과연 지금이 가장 쌀까?

비규제 지역은 대출도 나오고, 또 전매제한이 6개월밖에 안 되므로 거주하지 않고 피 받아서 넘기기에 딱 좋은 물건이다. 김포가 그런 상황이었다. 바꿔 말하면, 직접 거주하려는 실수요자 수요보다 단타 이익을 누리려고 분양받는 사람들이 그만큼 많이 몰려들었다는 것을 의미하기도 한다. 틈새를 노린 투자자들이 던진 물건을 실수요자들은 언제 미분양이었냐는듯 수천만원의 돈을 더 얹어서 패닉바잉하며 사들인 것이다. 그것도 자기 돈이 없어서 영끌해서 이 물건들을 받아주었다.

2030세대가 주택시장의 큰손으로 등극을 했다. 2020년 가장 많이 아파트를 사들인 게 30대이다. 영영 집을 못 살까 봐 불안감에 매입에 동참했다. 그것도 비싼 건 사들이지 못하고 못난이 위주로 비싸게 사들였다. 2030대가 산 집값의 평균이 7억 3,000만원에 달하는데, 그중 절반이 빚이다. 60% 가까이가 빚으로 충당했다. 신용대출만 47조에 이른다. 김포가 계속 미분양이었다고 했는데, 미분양이 되는 데는 경기 상황도 영향을 미치지만 그럴 만한 이유가 있는 경우가 대부분이다. 교통 등의 인프라가 다른 데보다 좋지 않으면 그만큼 가격을 내려야 되는데 그거보다 훨씬 비싸게 팔려고 했기 때문에 미분양이 나는 것이다.

미분양 된 물건을 수십 채 한꺼번에 사들이는 사람들도 있다. 수십 채 사면서 할인 받아서 이 물건들을 끌어안는다. 그리고 붐이 일어나면 여기에 플러스 알파를 얹어서 실수요자들에게 넘기고 있다. 그동안의 상승에 대한 피로감, 그리고 절대적인 집값에 대한 거부감 때문에 움직이지 않고 있었는데 젊은 세대들은 나만 소외되고, "기성세대들은 청약을 통해서 받을 수나 있지 나는 못 받지 않느냐?" 하면서 이러한 구매에 동조해서 비싸게 이 물건들을 샀다. 자기 돈 1억원에 남의 돈 3~4억원씩 끌어당기는 거 아무렇지도 않게 생각하면서 법인들이 던지는 못난이 매물들을 비싸게 사들였다. 그게 또 가격을 지지해주는 역할을 하고 있다.

'지금이 가장 싸다'는 믿음에 추호의 의심이 없었다. 부동산에 관심을 가진 이후에 떨어지는 상황을 겪어본 적도 없고, 그런 건 있을 수 없는 일이라고 이미 생각하고 있기 때문에 이러한 물량을 비싸게 사들인 것이다. 절대 조급할 필요가 없는데도 호구 잡히러 이러한 물건들을 받아준 셈이다.

6.17대책 이후 3개월 간(7월 첫째주~11월 첫째주) 김포의 누적 아파트값은 4.9% 상승했다. 거래량은 7,398건으로 직전 같은 기간보다 49% 늘었다. 전국 아파트 거래량이 14% 증가한 것과 대조된다. 그리고 2020년 11월 19일 '조정대상지역 지정을 통한 시장안정 기조 강화' 방안으로 김포시(일부 읍·면 제외)가 조정대상지역으로 지정되었다. 며칠 만에 매물이 쌓이며 아파트값도 조정되었다.

❙ 정책의 효과는 나타나고 있다

2020년 10월 강남 매매가 고작 27건에 그쳤다. 거래가 안 되고 있는데, 이를 집값 하락을 신호라고 볼 수 없다고 언론은 얘기한다. 매물이 증가하고 있지만 이것도 알 수 없다고 얘기하고, 호가가 내리고 매물이 쌓여도 하락으로 전환되는 건 아니라고 언론은 이야기하고 있다. 상황이 전환되는 모습들이 나타나고 있지만 계속 부정하고 있다.

10억 아파트 거래 비중이 줄어들었다. 정책의 효과가 나타나고 있는 것이다. 돈을 못 빌리면 못 사는 수준의 금액에 도달했기 때문에 거래가 없는 것이다. 그런데도 하락이 아니라고 이야기하고 있다. 이런 신호들이 있음에도 계속 하락이 아니라고 얘기하고, 부동산 가서 물어보면 아 "지금이라도 사야 된다", "지금 싸게 나온 거니까 이거라도 잡아라" 이러니까 영끌들이 마지막 희생양이 돼서 지금도 뛰어들었다. 전문가라는 사람들도 하락의 시그널로 볼 수 없다고 얘기하면서 해결책으로 거래 시장으로 실수요자를 유도하고 매도자 탈출구를 마련하라고 얘기하고 있다. 이렇게 오른 호가에 물건이 안 팔리는 건 그 가격이 터무니없기 때문인데 실수요자가 이 물건을 받을 수 있도록 대출을 풀어주든 들어올 길을 마련해주라고 하고 매도자들한테 세금을 감면해줘야 이 상황이 해결된다고 전문가가 이야기하고 있다.

정책의 효과는 나타나고 있다. 현금 부자가 많다고 하니까 15억원 초과 아파트 대출을 규제했다. 그랬더니 고가 아파트 거래가 뚝 끊겼다. 그 이하의 풍선효과가 나타난다고 막 얘기해서 규제 지역을 더 넓히고 대출을 조였더니 이제 비규제 지역만 오르고 있다. 법인 세워서 빠져나가고 한다고 하니까 법인에 대한 세금을 강화하는 정책을 발표했다. 그랬더니 법인 매물이 속출했다. 정말 상황이 많이 달라졌지만 이런 상황에도 '나는 실수요자고 지금이라도 늦기 전에 집을 사야겠다' 이런 마음으로 집을 사려는 사람들, 제발 투기꾼들이 들어간 자리에 따라가지 않기를 바란다. 말이 좋아 투자이 투기하러 가는 것이다.

투기꾼들이 비규제 지역으로 몰려드는 이유는 6개월 전매제한만 끝나면 피를 붙여서 팔기 위해서다. 그 지역을 규제하지 않는 이유는 그 지역이 핫하지 않기 때문인 건데, 그 지역에 가수요로 들어가서 실수요자 등에 빨대를 꾸준히 꼽는 것이다. 그런데 이걸 불안해하면서 사들이고 있다.

정부도 이 상황이 되게 걱정스러운지 부동산 대책이라고 발표하진 않았지만 추가적인 규제책을 계속 내놓고 있고, 대출을 조이고 DSR 규제 등을 통해서 이 상황에서도 연구를 하는 사람들 못하게끔 제도적으로 막고 있다.

규제지역에서는 3억원 이하도 자금조달계획서를 제출해야한다. 이건 정부 허락받고 집을 사라는 의미가 아니다. 감당할 능력이 안 되면서 분위기에 휩쓸려서 막 뛰어들지 못하도록 이런 거라도 하는 것이다. 또 공급도 늘릴 거라고 제발 좀 안심하라고 얘기하고 있다. 생애최초 특별공급 소득 기준도 완화시켜서 대부분 특별공급에 참여할 수 있게 지금 정책들을 더 보완하고 있다. 못난 이 버린 물건 비싸게 사들이지 못해서 불안해하지 말고 상황을 직시하고 기다려 보자.

전세대란은 없다

– 전세가 나올 수밖에 없는 상황

전세계약을 갱신하고도 불안한 마음을 가지는 사람들이 많다. 임대차 3법 때문에 5억원대 하던 전세가 호가가 10억원으로 뛰어오르고, 매물이 잠겨서 이제 전세도 없고 노후 아파트의 전셋값도 급등하고 있다고 연일 기사가 나오고 있다.

임대차법은 세입자를 보호하기 위한 법인데 이것 때문에 오히려 문제가 심각하다고 얘기를 한다. 전세난으로 아우성이기 때문에 빨리 전세 대책을 내놓으라고 이야기를 하는데, 갱신을 했거나 갱신청구권이 있는 사람들도 갱신 기간이 끝나면 이러한 상황을 겪게 될까 봐 굉장히 불안한 상황이다.

▎전세의 특징

먼저 전세의 특징을 알 필요가 있다. 전세금은 전세 세입자들에게는 거의 자기 자산의 대부분이다. 이 전세금을 대출을 일부 활용해서 집을 산다면 이게 투자의 개념으로 바뀌게 된다. 이제 전세금은 투자금으로 바뀌게 되는 것이다.

집을 사지 않고 계속 전세를 살고 있다는 건 투자 개념이 아니라 거주에 대한 비용 개념으로 그 돈을 사용하고 있는 것이다. 투자를 하는 것과 비용을 쓴다는 건 엄청난 차이가 있다. 비용이 있기 때문에 자기 소득을 넘어서서 무리하게 사용하지 않는다. 그렇기 때문에 전세금을 올려주는데 한계가 있다. 전세금을 더 올려주려면 올려질 만큼 여윳돈이 있어야 하는데, 그 여윳돈을 투자해서 얻을 수 있는 수익을 포기하고 비용으로 쓰는 선택은 하기 어렵다. 그래서 자기가 감당할 수 있는 넘어가면 이동을 택하게 된다. 이게 바로 전세를 무작정 올릴 수 없는 이유다.

전세자금 대출을 활용하는 경우에도 그 이자가 월세를 내는 것보다 훨씬 저렴하기 때문에 감당할 수 있는 수준에서 활용하는 것이다. 그런데 집주인은 전세는 계속 올리려고 하고 있다. '혼돈의 전세시장'이라고 한다. 똑같은 아파트 전세인데 갱신은 4억원이면 신규는 8억원대를 부르고 있다. 계약갱신청구권 때문에 전세 매물이 완전히 급감을 했고, 일부 시장에 나오는 매물은 두 배가량 올려 부르고 있는 상황이다.

계약이 간간이 이루어지기도 한다. 신규 세입자 중에서 지금 오른 호가를 비용으로서 감당할 수 있는 사람이 그 금액에 계약을 해서 들어오고 있는 것이다. 앞서 언급한 대로 전세는 투자가 아니라 비용이기 때문에 이 비용을 감당할 수 있는 수요는 당연히 소비를 한다. 임대인은 이제 한번 세입자를 들이면 4년 동안 거의 전세금을 올릴 수 없기 때문에 높은 호가를 부르고 있다. 또 세입자가 있는 상태에서 매매도 굉장히 제한적이기 때문에 지금 이러한 상황이 벌어지고 있다. 한번 전세를 놓으면 4년 동안 팔지 못하거나 싸게 팔아야 하기 때문에 호가를 최대한 높게 부르고 있는 것이다.

헬리오시티 예를 들면 2020년 10월 90건에서 11월에 252건으로 전세 매물이 굉장히 많이 늘었다. 그런데 호가는 여전히 11~12억원 수준이다. 전세가 없는 게 아니라 더 많이 나왔고, 비싸게 부르고 있어 소화는 안 되는 상황이다. 헬리오시티는 2018년 12월에 준공이 돼서 입주한 지 2년이 넘었다. 거의 1만 세대에 이르는 대규모 단지였기 때문에 입주 6개월 전부터 매물이 굉장히 많이 나왔고, 잠실 일대는 헬리오시티 여파로 역전세 태풍이 불었다. 전세가가 1억원 이상 하락을 했는데 가격을 낮춰도 물어보는 사람도 없고 계속 약세를 보였으며, 84제곱미터 기준 전세가가 5억원선까지 떨어졌다. 그런데 헬리오시티에 정말 다행인 게 인근에 대규모 이주가 있었다. 잠실·미성·크로바·진주 3,000세대가 이주를 했다.

대규모 이주 수요와 또 인근에 위례 전세를 초토화시키면서 전세 매물을 소화해낼 수 있었던 것이다. 그렇게 소화된 물량이 이제 2년이 지나서 다시 전세 매물로 나오고 있는데, 대부분이 갱신을 했기 때문에 나오는 물량은 굉장히 적다. 그렇지만 움직이는 사람들이 있다. 전세 5억원에 살고 있던 사람들이 최근 몇 년간 폭등한 상황을 견디지 못해서 많이 분양을 받았고, 이제 그런 물량들이 입주를 시작하고 있으니까 이제 여기를 떠나는 사람들이 생긴다. 그러니까 전세 매물이 계속 나오고 있다.

❙ 채워줄 사람이 없는 전세 시장

입주 당시와의 차이는 인근에 대규모 이주 수요가 없다. 그리고 전세 수요 대부분도 계약 갱신을 통해서 움직이지 않는다. 여기에 비싸게 전셋값을 받을 수 있다고 하니까 호가는 굉장히 높게 형성되어 있는데, 이 전세 매물은 소화되기가 굉장히 어렵다. 그러니까 거래가 없는 것이다.

헬리오시티 호가 11~13억원을 부르고 있지만 거래는 없다. 최근에 거래된 게 7억 7,000만원짜리 거래다. 전셋값을 너무 높게 부르니까 '그럴 바에는 차라리 집을 사자' 하면서 탈서울 현상이 일어나고 있다. 서울 사람들의 경기도 주택 매입이 최고치에 달한다고 한다. 차라리 산다는 입장으로 돌아선 사람들도 있기 때문에 서울 전세를 채워줄 사람이 없다.

송파를 포함해서 강남 소유자의 40% 가까이가 다주택자인데, 이 사람들이 한꺼번에 두 집에 살 수는 없다. 팔지 않는다고 하니까 나머지 하나는 전세를 내놔야 하는데 전세 살이 못하겠다고 지금 매매로 돌아선 수요가 있고, 이미 분양을 받은 사람들이 전세 수요에서 빠졌고, 또 대규모 멸실은 이제 재건축 규제로 지금 이뤄지지 않고 있다. 최근 입주 물량이 역대 최대이고 2년 만기 도래한 물건들이 굉장히 주변에 많이 있는데 지금 전세를 2배 올린 호가로 내놓은 물량을 채워줄 사람이 있을까?

전세가를 올려 부르는 현상은 서울만 있는 게 아니라 거의 대부분의 지역에서 일어나고 있다. 그런데 각 지역마다 전세 수요자들이 과연 그 전세를 메꿔줄 수 있을까? 동탄이 약 10억원이 넘었다고 하는데, 2015년 2월에 우남퍼스트빌은 2년 단위 갱신을 했다고 보면 입주 시점의 전세가는 2억원대였다. 2년이 지나서 갱신한 시점이 됐을 때는 입주 때보다는 조금 오르긴 했지만 여전히 2~3억원 사이였다. 그리고 다시 2년이 지나서 두 번째 갱신 시기를 맞이했을 때도 여전히 2억원대였다. 그런데 가장 최근 전세가 5억원이 넘었다. 2억원 하던 전셋집이 갑자기 5억원이 되었으니 2억원에 살던 사람들이 메워줄 수 있을까? 돈이 있어도 섣불리 들어가기 힘들다. 각 지역마다 비용으로 쓸 수 있는 전세는 한계가 있다.

전셋값 상승 때문에 전세대출이 엄청 늘었다. 가계대출이 10조가 넘었는데 전셋값 상승 때문에 전세대출이 3조가 늘었다고 한다. 전세대출은 투자가 아니라, 오롯이 비용이다. 소득을 고려해서 2억원만 빌려도 이자 2% 하면 한 달에 30~40만원의 비용을 내야 한다. 월세를 내는 것보다 이 이자 비용이 싸고 또 이 정도를 소득으로 감당할 수 있는 경우에만 대출을 받아서 전세금을 올려주지 안 되면 이동을 할 수밖에 없다.

대부분 갱신 청구를 해서 예전만큼 전세 매물이 많지 않은 게 사실이지만 그래도 여전히 상당히 매물이 나오고 있다. 오히려 지금 부르는 호가에는 세입자를 구하기 어려운 게 현실이다. 기존에 2년 단위였던 전세계약이 이제 4년 단위로 가니까 그 시점에 맞춰서 세입자를 구하기는 더 어렵다.

임대차법을 시행한다고 집이 사라지는 것이 아니다. 여전히 많은 수의 집이 존재하고 그 집의 대부분은 다주택자 소유다. 전세가 안 나올 수가 없는 것이다. 최대한 많이 받으려고 하지만 그 기간 안에 다른 사람을 받지 않으면 나가는 사람들에게 그 돈을 돌려줄 수 없기 때문에 그 상황에 맞춰서 전세를 놓는 것이다. 전세가 사라진다는 말은 다 허구라고 보면 된다.

입주 기간이 완료되면 전세 매물은 늘고 호가는 내려갈 수 밖에 없다. 입주 기간이 완료되었다는 건 이때부터 연체에 대한 부담이 시작된다는 의미다. 분담금이나 유상 옵션 대금이 연체가 되면 6~7% 정도의 연체 이자를 부담해야 한다. 강남 포레스트의 조합원 분담금을 예로 들면, 기존 13평형 소유자가 33평형 받았을 때 분담금이 4억원 가까이 되는데, 4억원에 6%이면 2,400만원, 한 달에 200만원 정도의 연체가 발생한다. 그렇게 빈집으로 둘 수는 없고 연체 이자가 발생을 하니 결국 급한 상황에 맞닥뜨리게 되고 전세 호가는 내려가게 된다.

과천 전세가가 10억원이 넘었다는 기사가 나왔는데 얼마 지나지 않아 4억원으로 내려도 전세가 안 나가는 상황이 되었다. 인근에 입주 물량이 늘어났기 때문에 금액을 수억 낮춰도 이 전세를 채워줄 사람이 없는 것이다. 결국은 제자리로 돌아갈 수밖에 없다. 계약 갱신 청구하고 다음 계약 때는 극심한 전세난에 시달릴 거라는 말은 허구에 불과하다. 몇 달만 지켜봐도 이 상황은 정리될 수밖에 없다. 전세난은 없다.

아무리 오른다 말해도 The End

– 서울 부동산 시장의 결말

'부동산 블루'에 시달리는 사람이 늘었다. 아파트값이 8년 만에 최대폭의 상승을 보였다. 전세 대란이 촉발한 불장이라고 하면서 저가 지역의 아파트 가격이 상승하고 있다는 기사가 연일 나오고 있다. 김포·파주·일산 동구 등 가격 싼 지역의 아파트값이 대폭 상승하고 있다고 하면서 지금 이게 불장이다, 지금 시장이 너무나 뜨겁다고 이야기를 한다.

전세난에 떠밀려서 아파트값이 오르고 있다고 하는데, 매물은 계속 쌓여 있고 그래서 호가는 낮추지 않고 있다고 한다. 전세난 때문에 오히려 가격 상승 압력이 더 크다는 기사가 연일 쏟아지고 있다. 오른다고 계속 얘기를 하고 그러니까 호가가 계속 올라가고 있어서 가격 상승이 브레이크가 없는 것처럼 보이긴 하지만 사람들이 사지 않는다.

▎아파트 시장의 중심이 된 2030세대

2020년 11월 한국감정원에 따르면 아파트 매입자 연령대별 현황에서 10대, 20대 아파트 매수가 늘었다고 한다. 10월 20대 이하 아파트 거래가 3,561,건으로 집계되었는데 이는 전달보다 25% 늘어난 수치다. 전체 거래에서 비중이 처음 5%를 넘었고, 서울 아파트의 경우에는 30대 매수 비중이 38.5%에 달한다는 기사가 나왔다. 영끌, 패닉바잉은 더 이상 없을 줄 알았는데 여전히 들어오고 있다. 그런데 거래량을 보면 가장 패닉바잉 현상이 두드러졌던 2020년 6월에 대비해서 4분의 1 수준이다.

계속 거래는 없다. 이런 상황에서도 사들이는 사람들의 연령대를 한번 살펴보니까 정말 2030이 많이 사고 있다. 2030이 집을 막 사들였다는 기사가 쏟아진 건 감정원에서 통계치를 발표했기 때문인데, 부동산 정보광장의 발표와는 약간 시차가 있다. 패닉바잉이 두드러졌던 시기는 2020년 6월과 7월이다.

구체적인 수치를 한번 보면 가장 매수가 많이 일어났던 시기에 30대의 비중은 33.4%였다. 40대, 50대는 각각 29%, 18% 정도 비중을 차지하고 있었는데 지금 거래량이 4분의 1토막 난 상황에서 30대의 비중이 38.5%로 상승했다. 그런데 나머지 연령대 그리고 자산을 많이 모았을 가능성이 높은 40대, 50대, 60대의 비율은 더 줄어들었다. 30대 이하는 매일 비중이 늘었고 40대부터는 매일 비중이 줄어들었다. 6월에 거래가 최대치를 기록했던 이유는 6.17 대책 전후로 패닉바잉 수요가 절정에 이르렀기 때문이다. 2030대들이 노원, 도봉구 등 이른바 외곽 지역에서 많이 사들였다.

그래서 거래량은 역대 최고치를 찍게 된다. 젊은 세대의 패닉바잉이 절정에 이르고 패닉바잉 하면서 못난이 물건들을 비싸게 사주니까 이걸 팔아 치운 사람들이 똘똘한 한 채로 많이 갈아탔다. 6.17, 7.10 대책 등으로 여러 채 갖고 있으면 세금 부담이 크기 때문에 그동안 오른 집값에 대한 차익 실현을 한 후에 똘똘한 한 채로 갈아타는 현상이 일어났다. 그래서 거래량이 폭발을 했다. 실제로 2020년 6월의 거래를 보면 노도강 금관구 지역의 거래량이 2배 이상 늘었다. 못난이 물건의 거래가 폭증했다. 그리고 똘똘한 한 채 거래도 최다 거래를 기록했다. 강남·송파·서초·강동 등 강남 4구가 모두 올해 최고치를 경신할 정도로 똘똘한 한 채로 갈아타는 거래가 급증했다.

지금 상황을 보면 똑같이 못난이들을 2030에게 팔고 있다. 그런데 이게 끝이다. 똘똘한 한 채를 가지고 있기 때문에 이제 갈아타지를 않는 것이다. 그래서 전체 거래량은 최저 수준을 기록하고 매입자 중에서 못난이 물건을 끌어안은 2030의 거래 비중만 늘어났다. 2020년 10월 거래량 기사를 보면 중저가 아파트에 몰렸다. 가장 거래가 활발했던 지역이 노원구다. 그리고 강서구 등 상대적으로 중저가 주택이 몰려 있는 서울 외곽 지역의 거래가 활발히 일어났다. 경기도도 거래가 늘었다. 특히 비규제 효과를 누리고 있다는 김포의 거래가 엄청나게 늘었는데, 갈아타기는 없고 못난이 물건만 팔리는 거래량이었다.

못난이 물건은 다주택 법인 소유의 물건들이었다. 핵심 지역의 거래가 아니라 못난이 아파트들만 있는 지역의 거래만 있는 상황이었다. 거래 주체별로 봐도 너무나 명확하다. 패닉바잉과 갈아타기가 합쳐졌던 6~7월의 거래를 보면 개인에서 개인으로의 이전이 67.6%, 법인에서 개인으로 이전된 게 24.8%였는데, 지금은 개인에서 개인은 64.4%, 법인에서는 개인은 28%이다. 개인간의 거래는 줄었고, 법인과 개인의 거래는 비중이 더 늘어났다. 서울도 마찬가지다. 서울은 7월에 10%밖에 안 되던 법인에서 개인의 거래가 지금은 25.7%의 비중을 차지하고 있다.

가격은 있고, 살 수 있는 사람은 없는 상황

상황이 이런데도 언론은 계속 돌려 막기 수준의 기사를 쓰고 있다. 규제하면 규제 지역이 눌려서 비규제 지역으로 풍선효과가 발생한다고 계속 떠들어댔는데 이제 비규제 지역을 또 규제한다고 하니까 다시 똘똘한 한 채가 오를 곳은 오른다, 공급이 부족한 지역이 또 오른다고 돌림 노래 같은 얘기를 또 하고 있다.

'못난이'라고 표현을 하는 것은, 돈이 없으니까 못난이를 사는 것이다. 그 돈밖에 없기 때문에 못난이를 사는 건데, 이 못난이도 못 사는 상황이 됐는데 더 비싼 걸 사러 지금 사람들이 또 갈아탈 거라고 언론은 말도 안되는 이야기를 한다. 대출이 없으면 아무도 살 수 없는 금액이고, 대출은 계속 줄이고 있다. 미쳐 돌아가는 부동산 시장 때문에 소득이 탄탄한 중산층도 빚을 내어 뛰어들었다. 이런 상황이 심각해지니까 한도를 줄이는 등 지금 대출 조이기에 들어갔다. 지금처럼 호가로 다 자기 돈 주고 살 수 있는 능력 갖춘 사람이 없다다. 가격은 있고 거래가 없는, 살 수 있는 사람이 없는 시장이 되어버렸다.

김포가 핫하다고 난리 났는데 2020년 10월 거래된 아파트 절반이 외지인이 샀다고 한다. 외지인 거래가 급증을 했다는 건 자기가 가서 살려고 한 사람도 있겠지만 대부분이 투자 목적이다. 김포를 묶으니까 경기도 고양이 꿈틀하고 있다. 조정 지역으로 묶인 김포에는 급매물이 하루 만에 10배 이상 늘었다. 자기 돈 없이 사면 돈 번다고 하니까 뛰어든 사람이 이렇게 많았는데 결국 다시 얼른 털고 빠져나오려는 상황이 벌어지고 있다.

정부가 돈을 쏟아부어도 빈부 격차가 심해지고 있다. 외환위기 때 금모으기가 있었다. 상징적이긴 하지만 우리나라 경제가 위기를 겪을 때마다 그나마 부지런한 국민들이 버텨줄 수 있었는데 지금은 그 버텨줄 힘이 없는 상황이다. 가계의 대부분이 꼭대기가 아니라 바닥으로 갈 수 있는 심각한 상황이다. 이런 데도 누군가 사줄 거라는 환상에 빠져서 계속 지금 부동산 시장으로 젊은 세대가 불나방처럼 들어오고 있는데, 정말 살 사람이 없고 지금 그게 숫자로 나타나고 있다. 그런데 팔 매물은 계속 늘어나고 있다.

다주택자 통계를 보면 220만명에서 2019년도에 228만명으로 더 늘어났다. 쏟아진 정책들 감안하지 않고 집을 막 사들인 결과다. 2020년은 쏟아진 대책으로 이 다주택자들 발등에 불이 떨어졌고 그래서 그 매물들이 팔려나가면서 거래량이 반짝 폭등을 했던 것이다. 그렇지만 아직도 팔 물량이 많이 남아 있다. 가수요인 다주택자들의 세금 폭탄이 2021년이면 현실화되기 때문에 그 물건들이 시장으로 공급이 되고 있는 것이다. 또 임대사업자에 등록해서 주택 수에서 빼놔서 세금 부담 없다고 생각했던 27만 채에 이르는 물건들도 다 자동 말소될 예정이다.

그래서 먼저 임대사업자 말소하고 파는 사람들 있었고 매물로 나오고 있다. 대출받으면서 주택 처분을 약속했던 물건도 또 나오고 있다. 매수자는 사라졌고 물건만 시장에 잔뜩 쌓여 있다. 서울 아파트 시장은 정말 끝이 났다.

코로나 팬데믹 이후 부동산은 더 오를까?

- 빚, 실업, 연체의 위험성

우리나라뿐 아니라 전 세계가 지금 고난의 시기를 겪고 있다. 백신의 효과가 나타나서 코로나19가 종식되기 전까지는 끊임없이 봉쇄 정책을 반복하고 또 사람들이 그때까지 버틸 수 있도록 끊임없는 부양책을 펼칠 것이다. 이번에 시도되는 백신이 성공을 하든 못하든 1년 가까이 이 상황이 지속되고 있기 때문에 지금 버틸 체력은 거의 바닥이 난 상태다. 앞으로 부동산은 정말 폭망했다고 볼 수 있다.

대공황에 버금가는 미국의 경기 침체

코로나19 팬데믹의 피해를 가장 크게 보고 있는 미국의 경우 지금 2024년까지 제로금리를 유지하겠다고 이야기를 하고 있다. 코로나 팬데믹으로 오는 경기 침체를 막기 위해서 제로 금리를 유지하고 끊임없는 부양책을 쓰겠다고 하고 있는데, 백신이 나오고 접종이 시작되니 조금씩 분위기가 달라지고 있다. 긴축이 생각보다 빨라질 수 있다는 예상도 나온다. 코로나19의 출연이 대공황보다 더 큰 충격을 줄 수 있는 심각한 문제였기 때문에 미국은 이 문제가 불거지기 전에 막대한 재정 정책을 펼쳤는데, 이제 그 이후의 상황에 대해서 고민하기 시작했다. 코로나19가 언제 종식될지 모르고 심각하게 사람들이 패닉에 빠지는 걸 방지하기 위해서 차라리 과열이 낫다고 하면서 공포가 시장을 뒤덮지 않도록 차라리 파티를 즐기라고 막대하게 돈을 풀었는데, 이제 백신이 나오고 그에 따른 경제 전망이 개선되고 있으니까 이제 출구 전략을 모색하고 있다.

그런데 연준이 긴축을 하겠다고 하면 시장은 크게 흔들릴 수밖에 없다. 2016년도에 난 기사를 보면 긴축 속도를 내면 침체 가능성이 50%라고 하면서 굉장히 불안해했다. 긴축 신용만 해도 시장이 크게 흔들리는 상황을 경험했기 때문에 지금 주저하고는 있지만 부작용이 크기 때문에 결국 안 할 수도 없는 상황이다. 미국에 인플레이션이 올 수 있다는 경고가 나오고 있다. 막대한 유동성에 실물 경제가 살아나게 되면 그에 따른 인플레이션이 발생할 수 있는데 중앙은행이 제때 대처하지 못하면 1970년대 같은 인플레이션 사태가 올 수 있다고 경고하고 있는 것이다.

대공황만큼 침체를 겪을 수 있었던 상황에서 막대한 재정 정책을 통해 지금 아무 일도 없었던 것처럼 시장을 이끌었는데 이건 제때 대처할 것이다. 인플레가 예상되는 등 유동성 때문에 올 부작용이 감지되면 반드시 선제적 대응을 할 것이다. 미국이 만약 이 상황에 대처하지 않으면 약 달러 기조로 무한정 찍어냈기 때문에 달러가 기축통화로서의 지위에 대한 신뢰성 문제가 생기게 되면 미국이 가만히 있을 리가 없다. 그러기 전에 아마 움직일 것이다. 빚이 너무 많아서 섣불리 금리 인상을 하기는 어렵겠지만 금리 인상이 아니더라도 시장의 유동성을 흡수하기 위한 조치들을 단행할 것이다.

그런데 그 시기는 우리나라의 상황을 봐줘 가면서 하지는 않는다. 이미 경고가 나오고 있기 때문에 시장의 상황을 보고 선제적으로 움직일 것이다. 우리나라는 저금리 기조로 가고 있으며, 기준금리를 계속 동결하고 있다. 그러니 사람들이 느끼는 금리는 점차 올라가고 있다. 언제 터져도 이상하지 않을 만큼 많이 부채가 늘어났다. 그래서 지금 총량 규제가 들어가고 신용대출의 금리가 가파르게 상승 중이다. 신용대출 금리의 인상 폭이 예금금리의 3배 가까이 된다고 하면서 금리 조절을 통해서 지금 대출을 규제하고 있다. 신용대출 금리만 오르고 있는 게 아니고 주택담보대출 금리도 오르고 있다. 코픽스(COFIX·자금조달비용지수)가 6개월 내에 최고를 보이고 있다.

코픽스는 국내 8개 은행이 조달한 자금의 금리를 가중 평균한 값이다. 쉽게 말해서 은행이 돈을 조달하는 비용이 더 올라간다는 뜻이다. 그러니까 은행에서 돈을 빌려 쓰는 사람들에게 더 높은 금리를 받을 수밖에 없다. 기준금리는 동결이지만 조달금리는 올라갔고 따라서 주택담보대출의 금리도 올라가고 있다. 이런데 자산시장은 지금 과열되고 있으니까 사람들은 빚내서 투자하고 있다.

신용대출이 2020년 1월 기준 109조원을 돌파를 했고 코로나 이후 134조를 넘어섰다. 시중 통화량이 3,000조가 넘었다. 은행이 대출을 조이자 사람들은 더 빚을 내려고 하고 있다. 은행 대출이 줄어드니까 카드로는 고신용자 비중이 4배가 훌쩍 뛰었고, 2금융권 대출도 급증했다. 원하는 만큼 돈을 빌리지 못하니까 금리가 높은 데서 이제 돈을 빌리고 있는데, 기준금리가 아무리 고정되어 있어도 사람들이 부담하는 금리는 계속 올라가고 있는 상황인 것이다. 자산시장이 상승한다고 하니까 장밋빛 기대감을 가지고 영끌해서 부동산 샀고 부동산 버블은 커졌다. 여기에 주식도 활황이라고 하니까 이제 카드론 내고 주식담보대출 받아가지고 지금 큰 부자를 꿈꾸고 있다. 더 큰 빚을 내서 자산시장 투자에 뛰어들고 있다.

빚, 실업, 연체의 위험성

백신을 접종하고 코로나 팬데믹이 끝나고 나면 이 상황은 어떻게 될까? 미국은 풀린 유동성 때문에 인플레 압박을 받고 또 미국의 달러 가치가 계속 하락하고 있는데 기축통화의 위상이 흔들릴지도 모르는 이 상황을 그대로 내버려둘 수 있을까? 결국 선제적으로 대응할 수밖에 없고 그 시기는 우리나라의 상황과 상관없이 언제고 닥칠 수 있다.

언제 터져도 이상하지 않을 만큼의 빚을 지고 있는 가계는 그 상황이 되면 파산이 속출하면서 심각한 충격에 빠질 것이다. 유동성을 흡수하면 그동안 부풀어 올랐던 자산 가격에 거품이 빠지면서 큰 충격을 주게 되는데, 이 거품의 대부분을 빚으로 만들어낸 상황이기 때문에 유동성을 흡수하는 조치가 이어지면 빚을 많이 지는 사람들은 결국 나락으로 떨어질 수밖에 없다. 대부분의 가계가 지금 처해 있는 현실이다.

만약에 실패해도 부동산 시장에 오는 결과는 똑같다. 계속 버틸 힘이 없다. 지금 저금리 유지해주고 계속 버틸 수 있게 만기를 연장해주고 있지만 실물경제의 체력이 급속도로 떨어지고 있다. 코로나19가 종식되지 않으면 이 상황은 더 심각해질 수밖에 없다.

통계청의 2020년 11월 고용동향에 따르면 전달 취업자가 27만 3,000명이 감소해 9개월 연속 감소했다. 고용률도 떨어지고 실업률은 올라가고 상대 고용지표가 7개월째 트리플 악화를 보이고 있다. 일시적인 휴직자는 47만명이 넘어서서 1년 전보다 66%나 올라갔다. 직장은 있지만 일하지 않는 일시적인 휴직자가 굉장히 많이 늘었다. 상황이 길어지면 이 사람들은 이제 완전 실업으로 가게 될 것이다.

기업 24.7%가 2020년에 직원을 줄였다고 하고, 2021년에도 인원을 줄일 예정이다. 코로나19의 직격탄을 맞은 여행·숙박·항공업에서 가장 많이 줄였는데, 지금 다른 분야에서도 경영난에 오고 이러한 상황을 타개하기 위해서 조직을 재정비하기 하느라 구조조정을 실시하고 있다. 비대면 장기화에 보험업계도 희망퇴직을 하고 있고 은행권도 구조조정의 칼바람이 불고 있다.

이런데 대출은 여전히 그대로 있다. 연체율이 소폭 상승했는데, 지금 연체율이 낮은 수준을 유지하고 있는 이유는 코로나 팬데믹 때문에 대출 만기를 연장해주고, 이자를 유예해주고 있기 때문이다. 유예기간이 2021년 3~6월까지 연장되어 있으니까 지금 연체율이 그렇게 높은 것처럼 보이진 않지만 부실 위험이 잠재되어 있다. 지금 원금 아니라 이자까지 유예해주고 있으니까 이 사람이 이자 지급은 할 수 있는 사람인지에 대한 판단도 못하고 그냥 미뤄두고 있는 상태다.

또 대출액이 너무나 많이 늘어서 숫자의 함정에 빠졌다. 연체율은 총 대출 채권에 대비해서 계산을 하는데 대출 규모가 너무나 늘었기 때문에 오히려 연체율이 줄어든 것처럼 보일 수도 있다는 것이다. 기업들은 앞으로는 상황 때문에 유동성 확보 차원에서 대출을 당기고 있고, 개인들은 역대급 유동성 잔치에 부동산이나 주식 등 자산 가격이 오를 것을 기대해서 지금 대출을 잔뜩 끌어 쓰고 있기 때문에 대출 규모가 이렇게 늘어났는데, 연체로 나타나는 데는 일정 시간이 필요하기 때문에 부실 위험은 더 커지고 있다.

❙ 코로나 팬데믹 이후 부동산 시장의 운명

코로나19가 종식될 거라고 생각해서 지금 자산시장이 이전보다 더 많이 올라가 있는 상황인데, 실제 백신이 크게 효과가 없고 상황이 더 장기화되면 시장은 패닉으로 갈 수밖에 없다. 종식이 안 된다면 장기 침체로 가는 건 정해진 수순이다.

어떤 시나리오로 가든 간에 지금 부동산 시장에는 악재일 수밖에 없다. 빚을 잔뜩 지고 지금 상황에 뛰어든 사람들은 심각한 위기로 갈 수밖에 없다. 이런데도 집값은 계속 오른다고 이야기하고 있다. 세금 내도 버티는 게 상책이라고 하면서 안 팔고 버틴다고, 그 피해는 고스란히 무주택자의 몫이 될 거라고 언론은 이야기한다.

아파트값이 왜 오르나 보니까 불법 의심 사례가 1,000건에 달한다고 한다. 거래가 없다가 갑자기 4억원이나 오른 거래가 신고가 됐는데 한 달여 넘게 성사 여부는 확인되지 않고 있다고 한다. 가격을 올려서 거래를 신고해 놓고 실제로는 거래를 취소하거나 실제 거래가를 낮추는 수법으로 위법 행위를 했을 가능성이 매우 높다. 이는 가격 띄우기의 전형적인 모습이다.

지금 거래는 늘었는데 싼 거래만 늘었다. 더 싸게 샀던 다주택자가 판 매물이다. 최근에 영끌한 사람들은 불과 1년 전에 샀으니 팔지 않는다. 다주택자나 법인들은 지금 매물을 계속 내놓고 있고 그 매물은 쌓여가고 있다. 거기에 수년간 역대 최대치로 분양되었던 물량이 신축으로 돌아오고 있다. 다주택자 법인들은 탈출을 진행 중인데 나중에 매입한 사람들은 전세를 올려 받아서 버티고, 정권이 바뀌면 또 달라질 수 있으니까 끝까지 버티겠다고도 한다. 하지만 전세도 빚이다. 결국 영끌해서 사놓고 또 빚내서 더 버티겠다고 하는 상황인 것이다.

코로나 팬데믹이 끝나면 그 치료비를 내야 되는 상황이고, 끝나지 않으면 계속되는 침체에 그 빚을 끝없이 갚아나가며 힘겨운 생활을 계속해야 한다. 지금 탈출하고 있는 다주택자와 이제 영끌해서 들어온 버티겠다는 사람들, 대체 누가 더 똑똑하고 현명한 사람들일지 생각해 보자.

한번도 경험하지 못한 부동산 세상

– 정책의 허점과 불신이 끌고 온 부동산의 끝

2021년 3월 국토교통부는 역대 최고가로 실거래가 이루어졌다가 돌연 취소한 의심 사례를 포착해 대대적인 기획조사를 펼치겠다고 예고했다. 요즘 부동산 시장에선 '실거래가 신고'가 화두다. 3년 전부터 꾸준히 제기되던 의혹인데 특정인이 여러 번 관여를 해서 실거래가를 띄운 정황이 나타났다. 집값 자극을 목적으로 한 시장교란 행위에 대해서 이제야 사람들이 인식하게 되었다. 집값 2억 띄우기 하고 돌연 거래 취소되었다고 하는 거래가 강남구는 63%, 서초구는 66%에 달한다.

기존 시세와는 비교도 안 될 정도로 높은 금액의 거래가 이루어지면 사람들은 불안해하고 패닉에 빠졌다. 그것보다 조금 싼 거래가 있으면 달려들게 되며 시장은 과열되었다. 하지만 이렇게 이루어진 신고가 거래가 돌연 취소되는 사례가 굉장히 많이 있었다. 취소 안 하고 그냥 가지고 있는 경우도 비일비재했다. 90일 넘기고 180일 넘기고, 1년 이상 넘겨도 막을 방법이 없었다.

집값 띄우기 의혹이 불거진 2018년에는 해제 신고 의무도 없었다. 그러나 2020년 2월 부동산거래신고법을 개정해 실거래 신고 기한을 해당 계약 체결일부터 '30일 이내'로 단축하고, 신고한 거래 계약이 무효·취소 또는 해제된 경우에도 이를 신고하도록 하는 의무 조항을 만들었다. 또 2021년 2월부터는 국토부실거래가공개시스템에서 실거래 신고 '해제 여부'와 '해제 사유 발생일'을 확인할 수 있게 했다. 해제 신고 건에 대해 해제 이력을 공개한 것이다.

실거래가의 중요성

이런 상황인데 실거래가 신고에 관해서 논란이 많다. 정부와 무주택자들이 시장 교란 행위로 가장 크게 꼽는 것은 '자전거래'다. 실제 거래 의사가 없으면서 높은 가격에 실거래 신고를 한 뒤 이를 슬쩍 취소하는 식으로 시장 시세에 영향을 미치는 방식이다. 하지만 유주택자들은 일부 공인중개업소들이 특정 가격으로 매매를 유동하는 이른바 '가두리 영업'을 막아야 한다고 주장하며 실거래가를 더 빨리 신고하게 해야 한다고 이야기한다.

'가두리'는 그 지역 상황에 정통한 사람들이 이야기하는 가격인데 유주택자들이 그 가격을 받아들이지 못하기 때문에 '가두리'로 보는 것이다. 부동산중개사는 비싸게 팔면 더 수수료 많이 받을 수 있는데 왜 이걸 마다하면서 그런 일을 할까?

실거래가는 시장 가격의 시초가 되기 때문에 굉장히 중요한 문제다. 신속성도 중요하지만 그 정확성에 대한 신뢰가 중요한 사항이다. 그 자체가 잘못되었는지조차 알지 못한 채 그대로 반영이 된다면 시장에 큰 왜곡을 가져올 수 있다. 집값이 올랐다는 기사가 매번 나오는데 그 기사의 근거는 바로 주택가격 동향조사다. 한국부동산원에서 주 단위, 월 단위로 조사해서 발표를 한다.

예를 들어 "2월 수도권 집값이 껑충 올랐다"는 기사나 "지방 집값의 오름세가 주춤하고 수도권 상승률이 최고를 기록했다"는 기사도 주택가격 동향조사에 기초한 것이다. 그런데 주택가격 동향조사는 어떻게 진행될까? 결국 실거래와 공인중개업소에 자문을 통해서 가격을 판단한다. 한국부동산원뿐 아니라 KB지수도 마찬가지이다. 실거래가에 부동산중개업소가 직접 온라인상에 입력하는 자개식 조사를 기본으로 한다.

과정을 간단하게 설명해 보면 실거래가가 하나 신고가 된다. 그런데 이게 진짜인지 가짜인지는 알 수 없다. 그렇지만 고가의 거래가 신고되면 언론은 어디가 얼마 올랐다며 대서특필한다. 집을 가지고 있는 사람은 '아 우리 집도 올랐네' 하면서 호가를 올리고 싶어 한다. 매도인들도 전화해서 "우리 집값 올랐다는데 왜 이것밖에 안 받냐"고 항의 전화를 하거나 아니면 중개업소가 먼저 가격을 조금 더 올려도 될 것 같아고 제안을 한다. 이때 집값이 오른다는 기사를 접한 사람들이 패닉바잉을 하려고 찾아온다. 부동산중개업소는 그들에게 "지금 이렇게 오르고 있으니까 조금이라도 싼 물건이 있을 때 얼른 잡으라"고 하고 실거래가가 찍히게 된다. 그러면 언론은 이 조사 결과를 기초로 집값이 올랐다고 또 다시 이야기 한다. 돌고 도는 셈이다. 계속 이렇게 거품을 키워왔다.

전세도 마찬가지이다. 임대차 3법이 도입되고 나서 큰 혼란을 겪었다. 임대인의 70% 이상은 계약갱신청구권을 사용해 그대로 살고 있고, 나머지 30%가 억울한 상황을 겪었다. 억울한 상황은 애매한 조항 때문이다. "내 집에 내가 들어가려고 하는데 이건 억울한 거 아니냐?"는 목소리가 나오니 본인이 실거주하는 경우에 갱신 거절할 수 있는 조항을 넣었다. 차라리 유예기간을 주는 형태로 했어야 되는데 이런 조항을 넣다 보니 분쟁의 발단이 되었다.

▎정책의 허점과 불신이 끌고온 부동산의 끝

실거주 확인도 굉장히 번거롭고 또 위반 사실이 드러났다고 해도 처벌은 솜방망이에 불과하다. '걸리면 그만'이라고 생각하는 사람이 많기 때문에 시장은 더 혼란에 빠지게 되었다. 결국 전세난의 원흉이 되었고, 전세난을 계속 얘기하면서 중저가 아파트에 대한 패닉바잉 열풍을 만든 셈이다.

실거래가 신고 위반 사례도 늘었다. 3년간 2만 7,000천 건인데 위반한 과태료는 1천억원 밖에 안된다. 미신고 지연하는 경우가 74%를 차지했다. 취소 안 하고 그냥 둬도 많아야 300만 원 과태료를 낸다. 300만원 과태료 내고 수억의 이익을 챙길 수 있는 구조인데 계속 이러한 현상이 일어날 수밖에 없다. 세입자들은 집주인이 실거주한다고 하면 의심스러워도 소송까지 가는 번거로움에 그냥 나가주는 상황이 벌어졌다.

전세 오른다, 계속 올랐다고 불안 심리를 자극하니 이게 매매로 전환이 되면서 많은 사람들이 유입이 되었다. 70%는 그대로인데 나머지 30%가 영향을 받았다. 정책의 구멍을 만들어서 불이 난데다 기름을 부은 것이다.

LH 직원들의 광명·시흥 3기 신도시 사전 투기가 밝혀지면서 변창흠 국토교통부장관이 대국민 사과를 하고 결국 사의를 표명했다. 이미 많은 국민들에게 신뢰를 잃었다. 가뜩이나 정부를 신뢰하지 않는 시장인데 공적 업무를 하는 사람들의 연결성이 정말 중요한 시점인데 현실은 이렇게 참담하다.

이제 간헐적으로 상승세에 주춤하다는 얘기가 나오고 있다. 서울 집값과 전셋값 상승세가 주춤하고 있고 지방도 오름세가 주춤하다. 매매량도 떨어지고 추경 매수세가 좀 가라앉고 있다고 한다. 정책을 잘해서 이런 상황이 온 것이 아니다. 결국 올릴 수 있는 최고의 꼭지점에 와 있기 때문이다. 정책이 효과를 발휘했다면 진작에 사그라들었어야 되는데 계속 허점을 보이면서 여지를 주니까 결국엔 모든 사람들이 뛰어들고 나서야 주춤하기 시작한 것이다.

정말 끝에 와 있다. 사람들 돈이 있는 게 아니라 십만 가지고 있다. 결국 다른 팩트들에 의해서 가격은 하향세를 보일 건데 이렇게 허점 많은 정책을 펴놓고 이러한 결과가 나타났다고 자화자찬하지 않을까 걱정스럽기까지 하다. 여전히 정보의 기초가 되는 자료에는 투명성과 정확성이 없고, 해당 업무를 시행하는 공무원들은 직업 윤리와 연결성이 결여된 상태다. 조작꾼에 대한 처벌은 솜방망이에 불과한 상황이다. 정책의 시작점이 잘못되었고 가장 중요한 부분들을 다 놓쳤다.

정부의 부동산 정책을 믿고 기다린 국민들에게 계속 실망을 줬다. 정말 어디서도 경험해보지 못한 나라를 경험하게 하고 있지만 그래도 정부를 믿고 기다리는 국민들이 있다. 열심히 일하면서 부동산으로 인한 불로소득을 바라지 않았던 사람들이 '벼락거지'가 된 세상이다. 이러한 세상을 우리 자녀들한테까지 물려주지 않았으면 좋겠다.

아파트 시장에 영향을 주는 요소

아파트도 재화이므로 수요와 공급의 균형점에서 가격이 형성된다. 그런데, 아파트의 수요와 공급은 다른 재화와는 달리 수요와 공급에 영향을 주는 유동성, 심리, 정책 등에 의해 그 균형점이 쉽게 드러나지 않기도 한다.

수요

유효수요(有效需要)는 경제학에서 다양한 시장 내의 구매자들이 제한되었을 때의 구매력이 뒷받침이 되는 수요를 뜻한다. 즉 물품을 살 만한 돈이 있어 물품을 입수하려고 하는 욕구다. 아파트를 수요하려면 먼저 돈이 있어야 한다. 일정 수준의 부를 축적하고 모자라는 금액은 레버리지를 이용해서 대출을 받아서 살 수 있는 능력을 갖춘 유효수요만이 참여할 수 있다. 그냥 아파트가 꼭 갖고 싶다고 해서 모든 수요는 아니고 살 능력을 갖춘 수요가 기본이 된다. 하지만 순전히 자기능력으로 아파트 시장에 참여하는 것은 현실적으로 불가하기 때문에 아파트에 대한 대출을 통해서 유효수요가 되는 것이 일반적이다. 따라서 대출의 규모 및 가능성에 따라 시장의 유효수요는 크게 늘어날 수도 줄어들 수도 있다는 특성을 보인다.

수요는 다시 나누면 실수요와 투자수요로 구분할 수 있다. 집을 여러 채 갖고 있어도 우리가 실제로 거주하는 것은 1채다. 따라서 실수요는 내집 마련

등을 목적으로 하는 무주택자, 또는 더 나은 집으로 이동하려는 1주택자 갈아타기 수요가 이에 해당한다. 무주택, 1주택 갈아타기 수요를 제외한 나머지 수요는 투자수요에 해당한다.

우리나라 사람들이 선호하는 주거 형태가 아파트이기 때문에 단독, 빌라, 오피스텔 등 여러 형태의 주거용 부동산에서 최종적으로 관리하기 편한 아파트를 선택하여 실수요는 꾸준한 상황이다. 다만 실수요가 되기 위해서는 기본적인 부를 축적하는 기간이 필요하고 통상적으로 내집 마련에 소요되는 시간이 존재한다. 전체적인 인구의 감소, 사회 트렌드의 변화에 따라 세부 아파트 시장 내에서의 수요 변화는 달라질 수 있지만 시장의 변화에 가장 큰 영향을 주는 투자수요의 유입 여부다.

아파트 시장의 수요에 실질적으로 영향을 주는 것은 투자수요다. 말 그대로 소비하려고 수요하는 것이 아니라 가격의 상승을 기대해서 선점하기 위해 매입하는 수요가 바로 이에 해당한다. 여러 채의 아파트를 매입하는 다주택자, 법인 등이 대표적인 투자수요이고, 분양권 투자, 갭투자 등의 형태로 참여하게 된다.

공급

아파트를 공급하는 것은 새로 아파트를 만들어서 공급하거나, 기존에 투자수요가 갖고 있던 아파트를 공급하는 것으로 나누어 생각할 수 있다. 소비재로서의 아파트는 결국 1채를 소비하는 형태이므로 기존에 자기가 사용하지 않으면서 갖고 있던 아파트를 시장에 내놓는 것도 공급에 해당하며 이러한 특징 탓에 아파트 소유자는 시장의 수요자이자 공급자로서의 양면적 입장에

놓이게 된다.

새로 아파트를 공급하는 것은 절대적으로 시장에 존재하는 물건의 수를 늘리는 물리적인 공급을 의미하는데, 아파트의 경우 한번 공급이 이루어지면 멸실이 이루어지기 전까지는 그 수를 줄일 수 없다. 공급자 입장에서는 수요에 대한 예측이 매우 중요하며 다른 재화에 비하여 생산비용이 높기에 공급물량 대비 수요가 부족한 경우 파산의 가능성에 대한 부담이 있다.

기존의 아파트를 공급하는 것은 수십 채를 보유하고 있는 다주택자, 법인, 임대사업자들이 전세나 월세 등이 아닌 매매로 시장에 아파트를 공급하는 형태다. 자기가 사는 게 아니라 다른 사람이 사용하게 하면서 보유하고 있다가 시세차익을 실현하기 위해 공급자로 나서는 것이 이에 해당한다.

유동성

아파트의 수요에 지대한 영향을 미치는 것이 유동성은 소득과 신용(부채)을 통해 끊임없이 창출된다. 유동성은 자산을 현금으로 전환할 수 있는 정도로 예를 들어 투자 목적으로 아파트를 구입할 경우 자신이 원하는 시기에 바로 현금으로 전환할 수 있는지가 유동성이다. 유동성의 의미에서 조금 더 깊이 들어가보면 화폐의 유동성이 있고 자산의 유동성이 있다. 돈을 주고 내가 물건을 사는 것은 화폐의 유동성이고, 자산의 유동성은 자산을 처분해서 그 돈이 다른 데로 흘러들어 갈 수 있음을 뜻한다.

경제 주체의 유동성이라는 개념도 있다. 가계, 기업, 정부 이들 경제 주체의 유동성도 전체 유동성에 포함이 된다. 경제 주체가 채무를 충당할 수 있는 능력이 있으면 이것을 유동성이 있다라고 판단할 수 있다.

우리나라는 고성장국가에서 이제 저성장 국가로 넘어간 지 오래다. 선진국으로 갈수록 저성장이 고착화되고, 저성장이라도 이루기 위해 막대한 유동성을 풀어내는 정책을 통해 유지해가고 있는 게 현실인데, 유동성의 확장은 자산가격의 폭등이라는 부작용을 낳는다. 실제 돈이 풀려 소비가 진작되고 경제가 활성화되서 성장을 이루어 내는 게 아니라 풀린 돈이 소비로 이어지는 대신 부동산에서는 아파트나 또는 주식으로 몰려 자산가격의 급등을 가져오게 되는 것이다. 하지만 유동성(부채)으로 급등한 자산가격은 실물과 금융과의 괴리가 커지면 거품이 터지면서 조정을 겪게 되고 이를 감당하지 못하는 다수는 채무의 늪에 빠지게 되고 소수로 부가 집중되는 결과를 낳는다.

부동산 정책

정책은 부동산시장에 영향을 미치는 중요한 변수다. 부동산 경기가 과열될 때는 수요를 억제하고 공급을 늘리는 정책을 통해서 경기가 침체될 때는 수요를 늘리는 정책을 통해서 시장에 직간접적으로 영향을 끼친다. 아파트시장의 수요는 앞서 언급한 바와 같이 실수요와 투자수요로 구분 지을 수 있는데 금리 및 대출 등 금융정책을 통해서 또 부동산 관련 조세정책을 통해 수요에 영향을 준다.

현대사회로 접어들면서 생산은 비약적으로 늘어났고 기술발전, 효율화를 통하여 비용절감을 꾀하면서 물건은 항상 넘쳐나게 되었다. 결국 수요의 문제인데 부동산 경기침체 시에는 유효수요를 늘리는 정책을 통해 이 문제를 해결해왔다. 부동산 활성화는 경기 전반에 파급효과가 크기 때문에 국가경제 활성화를 위한 수단으로도 활용되는 것이다. LTV, DTI 등을 완화하여 대출을 많이 해줌으서 당장 돈이 부족하더라도 시장에 참여할 수 있도록 길을 열어주고, 저금리 기조를 통해 실수요와 투자수요를 끌어들인다. 취등록세나 양도세 등 거래와 관련된 세금의 완화정책과 재건축·재개발 등 규제 완화도 함께 해주면서 시장에 수요가 유입될 유인책을 편다.

반대로 부동산 경기가 너무 과열되는 경우에는 대출규제 등 금융정책에 관련 세제 강화 시장규제책을 실시한다. 여기에 과열된 심리를 잠재우기 위해 신도시 개발 등 직접적인 공급을 늘리고 투자 목적으로 잠긴 물건이 시장에 공급되도록 압박하는 정책을 펼친다. 다만 신뢰의 이익 등 이유로 정책은 즉각적으로 발휘되기 어려운 특성이 있고, 직접 공급 정책은 시장에 반영되기까지 일정 시간이 필요하기에 정책의 효과는 후행한다는 특성이 있다.

부록

문재인 정부의 부동산 정책 연표

순서	일시	주요 내용
1	2017. 6. 19.	**「주택시장의 안정적 관리를 위한 선별적 · 맞춤형 대응방안」** • 조정대상지역 추가 선정 • 서울 지역 전매제한 기간 강화(소유권이전등기시) • 조정 대상지역에 대한 규제비율 강화(LTV: 70→60%, DTI: 60→50%) • 조정 대상지역으로 선정시, 재건축 조합원은 원칙적으로 1주택까지만 분양 허용
2	2017. 8. 2.	**「실수요 보호와 단기 투기수요 억제를 통한 주택시장 안정화 방안」** • 투기과열지구 및 투기지역 지정 • 민간택지 분양가상한제 적용요건 개선 • 2018년 1월부터는 재건축 초과이익 환수제를 예정대로 시행 • 투기과열지구 내 재건축 조합원 지위 양도제한 강화 • 투기과열지구 내 재개발 등 조합원 분양권 전매제한 • 양도소득세 강화(조정대상지역에 적용) • 조정대상지역에서 분양권 전매시 보유기간과 관계없이 양도소득세율 50% 적용 • 투기지역 내에서는 주택담보대출을 세대당 1건으로 제한 • LTV·DTI 강화
3	2017. 9. 5.	**「성남시 분당구, 대구시 수성구 투기과열지구 추가지정 및 분양가상한제 적용요건 개선 추진」** • 투기과열지구 추가 지정
4	2017. 10. 24.	**「가계부채 종합대책」** • 차주의 보다 정확한 상환능력 심사를 위해 DTI 산정방식 개선(新DTI)

순서	일시	주요 내용
5	2017. 11. 29.	**사회통합형 주거사다리 구축을 위한 「주거복지로드맵」** • 무주택 서민 • 실수요자를 위한 공적 주택 100만호 공급 • (택지확보) 기 확보한 77만호 공공택지 외에 수도권 인근 우수한 입지에 40여개 신규 공공주택지구를 개발하여 16만호 부지 추가 확보
6	2017. 12. 13.	**집주인과 세입자가 상생하는 「임대주택 등록 활성화방안」** • 지방세 감면 확대 • 임대소득 과세 정상화 및 등록사업자 감면 확대 • 양도소득세 감면 확대 • 건강보험료 정상부과 및 등록사업자 감면
7	2018. 7. 5.	**집 걱정 없이 일하고, 아이 키울 수 있는 나라 만들기를 위한 「신혼부부·청년 주거지원방안」** • 신혼부부 주거지원 (기본방향) 주거지원 사각지대 해소를 위해 최대 88만쌍에게 공공주택·자금을 지원하고, 한부모가족도 신혼부부에 準하여 지원 • 청년 주거지원 (기본방향) 청년 임대주택 본격 공급, 대학 기숙사 확충, 희망상가 공급, 청년의 주거금융 지원 강화 등을 통해 5년간 75만가구 지원
8	2018. 8. 27.	**「수도권 주택공급 확대 추진 및 투기지역 지정 등을 통한 시장안정 기조 강화」** • 투기지역 추가 지정 – 최근 국지적 불안이 발생하고 있는 종로구, 중구, 동대문구, 동작구를 부동산가격안정심의위의 심의를 거쳐 투기지역으로 지정 • 투기과열지구 추가 지정 – 기존 조정대상지역으로 지정된 지역 중 광명시, 하남시는 주거정책심의위원회의 심의를 거쳐 투기과열지구로 지정

순서	일시	주요 내용
8	2018. 8. 27.	• 기존 투기과열지구 지정 유지 – 서울, 과천시, 성남시 분당구, 대구시 수성구, 세종시(행정복합도시 건설예정지) 등 기존 투기과지구는, 최근에도 집값 불안이 지속되거나 안정세가 확고하다고 보기 어렵고, 청약경쟁률도 여전히 높아 투기과열지구 지정을 유지 • 조정대상지역 추가 지정 – 구리시, 안양시 동안구, 광교택지개발지구는 가격상승률이 높고, 구리 및 안양 동안구는 청약도 과열 양상인 바, 조정대상지역으로 지정 • 조정대상지역 일부 지역 해제
9	2018. 9. 13.	**「주택시장 안정 방안」** • 추첨제 당첨자 선정시 무주택자 우선 선정 • 신규 수도권 공공택지 공급방향 – 수도권에 입지가 좋은 양질의 공공택지 30만호를 공급하되, 공공성을 강화하여 주택 실수요자의 주거안정 도모
10	2018. 9. 21.	**「수도권 주택공급 확대 방안」** • "양질의 저렴한 주택이 충분히 공급"될 수 있도록, 입지가 우수한 공공택지(30만호) 확보를 내년 상반기까지 완료 • 신혼희망타운(10만호)은 사업 단축 등을 통해 금년부터 분양착수 • 도시규제 정비 등을 통한 도심 내 주택공급 확대
11	2018. 12. 19.	**「2차 수도권 주택공급 계획 및 수도권 광역교통망 개선방안」** ▶ 3기 신도시 발표 • (규모) 100만㎡ 이상 4곳(12.2만호), 100만㎡ 이하 6곳, 10만㎡ 이하 31곳 – 대규모는 남양주(1,134만㎡), 하남(649만㎡), 인천계양(335만㎡), 과천(155만㎡) – 중소규모는 국공유지(24곳), 유휴 군부지(4곳), 장기미집행 공원부지(4곳) 등 • (지역) 서울(32곳, 1.9만), 경기(8곳, 11.9만), 인천(1곳, 1.7만)

순서	일시	주요 내용
12	2019. 1. 9.	**임차인 거주 안정성 제고를 위한 「등록 임대주택 관리 강화방안」** ▶ 임대사업자 거주주택 양도세 비과세 요건 강화 • (개선방안) 임대사업자 거주주택 비과세 요건 강화(소득세법 시행령 개정) – 등록임대사업자의 거주주택(2년 이상) 비과세를 최초 1회만 허용 ▶ 양도세 비과세 주택보유 기간 요건 강화 • (개선방안) 양도세 비과세 주택보유 기간 요건 강화(소득세법 시행령 개정) – 1세대 1주택 비과세 요건으로서 2년 보유기간 산정시 다주택 보유 기간은 제외하고 1주택이 된 이후부터 보유한 기간만 인정
13	2019. 4. 23.	**「포용적 주거복지, 실수요 중심의 안정적 시장관리」를 위한 2019년 주거종합계획** • 정비사업 등의 공공성 • 투명성 제고 – (정비사업 공공성 강화) 조례에 위임된 임대주택 의무비율 상한을 상향조정(예: 15%→20%)하고, 공공임대로 활용을 강화
14	2019. 5. 7.	**「수도권 주택 30만호 공급방안에 따른 제3차 신규택지 추진계획」** • (신도시) 고양창릉, 부천대장 등 2곳에 5.8만호
15	2019. 8. 12.	**「민간택지 분양가상한제 적용기준 개선 추진」** • 민간택지 분양가상한제 적용기준 개선
16	2019. 10. 1.	**「주택시장 안정화 방안최근 부동산 시장 점검 결과 및 보완방안」** ▶ 주택법 시행령·주택공급규칙·분양가산정규칙 개정 • (내용) 8.12발표에 따라 3개 법령안 개정절차 추진 중 – (주택법 시행령) 상한제 적용 지역 기준 등 개선, 전매제한 강화 – (주택공급규칙) 후분양 건축공정 기준 강화(지상층 골조공사 2/3이상→완료) – (분양가산정규칙) 민간택지 감정평가 절차, 기준 개선

순서	일시	주요 내용
16	2019. 10. 1.	▶ 주택법 개정(후속조치) • (내용) 민간택지 상한제 주택은 5년 범위에서 거주의무기간 부과 * 거주의무기간 내 이주시 LH우선매입, 매입금액 차등화, 입주자 거주실태조사 근거마련, 거주의무기간 위반시 처벌 등 마련
17	2019. 11. 6.	**「민간택지 분양가상한제 서울 27개동 지정 조정대상지역 부산 3개구 전부 해제, 고양·남양주 부분 해제」** • 분양가상한제 적용지역은 집값 불안우려 지역을 선별하여 동(洞) 단위로 핀셋 지정(서울 27개동*)함으로써 시장에 미치는 영향을 최소화
18	2019. 12. 16.	**「주택시장 안정화 방안」** • 투기적 대출수요 규제 강화 – 시가 9억원 초과 주택에 대한 담보대출 LTV(담보인정비율) 추가 강화 • 전세대출을 이용한 갭투자 방지 • 종합부동산세 세율 상향조정 • 공시가격 현실화율 제고 • 1세대 1주택자 장기보유특별공제에 거주기간 요건 추가 • 자금조달계획서 증빙자료 제출 • 임대등록 시 취득세·재산세 혜택 축소
19	2020. 2. 20.	**「투기 수요 차단을 통한 주택시장 안정적 관리 기조 강화」** – 수원시 영통구, 권선구, 장안구 및 안양시 만안구, 의왕시를 조정대상지역으로 신규 지정(2.21 효력 발생)
20	2020. 5. 6.	**「수도권 주택공급 기반 강화 방안」** ▶ 용산정비창 8천호 ▶ 공공성을 강화한 정비사업 활성화 : 4만호 ▶ 유휴공간 정비 및 재활용 : 1.5만호 • (준공업지역 활용 : 0.7만호) 민관합동 공모사업을 통해 대규모 공장이전 부지에 주거 • 산업 복합시설 조성하고 순차 정비 추진

순서	일시	주요 내용
20	2020. 5. 6.	▶ 도심 내 유휴부지 추가 확보 : 1.5만호 • 국·공유지, 공공기관 소유 부지 활용, 공공시설 복합화 등 다양한 도심 유휴부지 활용을 통해 주택 1.5만호 확보 ▶ 기존 수도권 공급계획 조기화 • 수도권 공공택지*에서 향후 공급할 아파트 77만호 중 50% 이상을 '23년까지 입주자 모집 착수하고, 일부는 사전청약제로 조기분양
21	2020. 6. 17.	**「주택시장 안정을 위한 관리방안」** • 최근 주택가격 급등세를 보이는 경기, 인천, 대전, 청주에 대해서 조정대상지역과 투기과열지구 추가 지정 • 주택담보대출 및 전세자금대출 규제 강화 • 법인을 활용한 투기수요 근절 – 법인 보유 주택에 대한 종부세율 인상 – 법인 보유 주택에 대한 종부세 공제(6억원) 폐지 – 법인의 조정대상지역내 신규 임대주택에 대해 종부세 과세
22	2020. 7. 10.	**「주택시장 안정 보완대책」** • 생애최초 특별공급 확대 – (적용대상) 국민주택뿐만 아니라 민영주택에도 도입 – (공급비율) 국민주택도 20→25%까지 확대하고, 85㎡ 이하 민영주택 중 공공택지는 분양물량의 15%, 민간택지는 7%를 배정 • 신혼부부 특별공급 소득기준 완화 • 주택 임대사업자등록 제도 보완 – (단기임대) 신규 등록을 폐지하고, 신규 등록 효과와 유사한 단기임대의 장기임대(8년) 전환은 불허(현재는 4→8년 유형전환 허용)
23	2020. 8. 4.	**「서울권역 등 수도권 주택공급 확대방안」** • 신규택지 발굴 : 3.3만호 태릉(노원), 캠프킴(용산) 등 • 3기 신도시 등 공공택지 용적률 상향 : 2만호

순서	일시	주요 내용
24	2020. 11. 19.	**「서민·중산층 주거안정 지원방안」** • 21년~22년 사이에 총 11.4만호(수도권 7만호)의 전세형 주택이 추가 공급 •「질 좋은 평생주택」을 중심으로 중장기 공급기반도 마련 - 공공임대주택의 공급평형을 넓히고, 입주자격을 완화하여 일부 중산층도 거주할 수 있도록 하되, 입주자의 소득 수준에 따라서 임대료를 부과하는 소득연계형 임대료 체계를 도입 「조정대상지역 지정을 통한 시장안정 기조 강화」 • 경기 김포시(일부 읍·면 제외), 부산 해운대·수영·동래·남·연제구, 대구 수성구 7개 지역을 조정대상지역으로 지정
25	2021. 2. 4.	**「공공주도 3080+」 대도시권 주택공급 획기적 확대방안** • 압도적 물량 공급으로 수급 불안심리 해소 - 물량: 서울에만 분당신도시 3개, 강남3구 APT 수와 유사한 32만호 공급 - 속도: 정비사업 5년 이내로 단축 - 가격: 공공분양을 통해 시세보다 저렴한 주택 공급 - 청약: 분양주택중심(70~80%) + 일반공급 비중 상향(15→50%) + 추첨제 도입(일반공급 30%) • 과감한 규제혁신과 개발이익 공유 - 용도지역 변경 + 용적률 상향 + 기부채납 부담 완화 • 파격적 인센티브와 새로운 비즈니스 기회 창출 - (토지주)10~30%p 추가수익 + 사업기간 단축 + 공공이 리스크 부담

Thanks to 구독자

liuttrune helmute 양반 이경희 1more 공중부양 마쎄이 claire lee bill lee 서울남자 새벽별 폭주기관차 예슬 이외남 김성태 유호두 ss kim 곰동이 왔쌉요 윤댕이 조예 독도새우 Dr.K 타는목마름 돌아온복근왕자 Yoon yoon Samui koh 장유라 S.h.ko 해오름 Dry river 육등급에서 날으샤 김성환 박min 바니

대한민국

부동산을 보는 눈